HENRIETTE HELL

Achtung, ich komme!

W0229285

Buch

Abgetörnt vom heimischen Orgasmusstress begibt Henriette Hell sich auf eine besondere Mission O. durch die Betten dieser Welt. Ob in einer Höhle in Indien oder mitten in der ägyptischen Wüste, ob in einem tansanischen Slum oder in einer Dschungelhütte auf dem Amazonas – am Ende ihrer Reise hat Henriette Hell nicht nur eine Menge erlebt, sondern auch jede Menge Hilfreiches gelernt.

– Es gibt Dutzende Arten, eine Frau zum Orgasmus zu bringen. Und die sollte man alle mal ausprobieren.

– Bei anonymem Sex hat man nichts zu verlieren – weder einen Ruf noch den Respekt des Partners.

– Männer sind wie Roulette: Auf Dauer den großen Gewinn zu machen, ist relativ aussichtslos.

Autorin

Henriette Hell, geboren 1985, arbeitet als Journalistin und Autorin in Hamburg. Sie schreibt für verschiedene Magazine und als Stern-Stimme Kolumnen für Stern.de. Ihr erstes Buch *Achtung, ich komme! In 80 Orgasmen um die Welt* erschien 2015 und wurde prompt zum SPIEGEL-Bestseller.

Besuchen Sie uns auch auf
www.facebook.com/blanvalet
und www.twitter.com/BlanvaletVerlag

HENRIETTE HELL

ACHTUNG ICH KOMME!

IN 80 ORGASMEN UM DIE WELT

blanvalet

Der Verlag weist ausdrücklich darauf hin, dass im Text
enthaltene externe Links vom Verlag nur bis zum Zeitpunkt
der Buchveröffentlichung eingesehen werden konnten.
Auf spätere Veränderungen hat der Verlag keinerlei Einfluss.
Eine Haftung des Verlags ist daher ausgeschlossen.

Verlagsgruppe Random House FSC® N001967

1. Auflage
Copyright © 2015
by Blanvalet in der Verlagsgruppe Randomhouse GmbH,
Neumarkterstr. 28, 81673 München
Redaktion: Susann Rehlein
Umschlaggestaltung: semper smile, München
Karte: Tina Strube – books & infographics, www.tinastrube.de
WR · Herstellung: wag
Satz: Uhl + Massopust, Aalen
Druck und Bindung: GGP Media GmbH, Pößneck
Printed in Germany
ISBN 978-3-7341-0323-0

www.blanvalet.de

Inhalt

EUROPA

Hamburg

Paris

FRANKREICH

NORDATLANTIK

New York

USA

AMERIKA

Iquitos

Lima

Cusco

PERU

SÜDATLANTIK

HENRIETTES WELTREISE

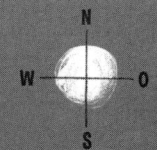

DEUTSCHLAND

ITALIEN

ASIEN

Rom

Istanbul

TÜRKEI

Kairo

VIETNAM

YPTEN

FRIKA

Ho Chi Minh City

TANSANIA

Dar es Salaam

THAILAND

Poipet

Bangkok

Siem Reap

Sihanoukville

McLeod Ganj

KAMBODSCHA

Delhi

Rishikesh

Khajuraho

Varanasi

Goa

INDIEN

Madurai

—— REISEROUTE
● BEREISTE STÄDTE

1 Kommen müssen
Der gestohlene Orgasmus

Dem Orgasmus wird viel zu viel Bedeutung beigemessen. Als müsse er uns für die Leere unseres Daseins entschädigen.

(WOODY ALLEN)

»Sex wird mit den Jahren immer besser« heißt es in allen möglichen Frauenzeitschriften, Talkshows und Gesprächsrunden. Pah! Ich halte das für totalen Schwachsinn. Wenn Sie mich fragen, wird Sex immer komplizierter und anstrengender, je älter man wird. Bitte verstehen Sie mich nicht falsch: Ich liebe Sex und bin äußerst experimentierfreudig. Mit meinem Exfreund hatte ich sogar mal Sex im Watt! Trotzdem habe ich den Eindruck, dass mit jedem neuen Lover der Druck steigt.

Mittlerweile war ich 26. Und Männer erwarteten, dass eine Frau in meinem Alter erstens zu allem bereit war (»Wie, du stehst nicht auf Analsex?!«) und zweitens dass sie gefälligst auch dazu in der Lage war, anständig zu kommen, wenn man es wild und leidenschaftlich mit ihr trieb. Falls das aber – aus welchen Gründen auch immer – nicht hinhaute, dann konnte ich mich auf etwas gefasst machen: Ein regelrechtes Kreuzverhör erwartete mich dann, aus dem es kein Entrinnen gab. So zum Beispiel, als ich Anfang 2011 gerade zum fünften Mal mit meinem neuen Freund Jaro geschlafen hatte.

»Sag mal, bist du eigentlich gerade gekommen?«, fragte mich Jaro, während ich gerade das Kondom zuknotete. Ich hielt kurz inne.

»Ähm, ja. Hast du das nicht gemerkt? Als du mich gestreichelt hast ...«

»Also bist du nicht *richtig* gekommen«, fasste Jaro zusammen. Er hatte offenbar nicht *richtig* zugehört.

»Doch! Beim Vorspiel.«

»Ja, aber das zählt ja nicht. Hm. Du kommst wohl nicht so leicht, oder?«

Wie – das zählte nicht? War es für ihn etwa nur dann richtiger Sex, wenn »er« drinsteckte?! Puh, offenbar tickte Jaro – so wie die meisten Männer – in dieser Hinsicht ähnlich wie Bill Clinton ... Ich hingegen stand ganz klar auf der Seite von Monica Lewinsky: Alles, was mit Anfassen zu tun hatte und geil machte, war für mich Sex.

»Nein, Jaro, leider komme ich nicht so leicht. Eigentlich fast nie. Das ist bei mir halt so. Das hat nichts mit dir zu tun. Ich bin körperlich vermutlich nicht dazu in der Lage.«

Schweigen.

Jaro kratzte sich am Kopf, griff zur Wasserflasche, trank und schwieg weiter.

»Das ist ja scheiße. So macht der Sex doch gar keinen Spaß. Ich *will*, dass du kommst, wenn ich dich ficke. Und ich will auch mal mit dir zusammen kommen!«

»Könnte schwierig werden«, entgegnete ich, stand auf und ging ins Bad. Boah, nervte diese Fragerei ...

»Alles in Ordnung?«, fragte Jaro von drüben.

»Ja-ha, ich geh nur kurz duschen«, log ich. In Wahrheit setzte ich mich auf den Wannenrand und schloss die Augen. Warum nur machten es mir die Männer so schwer? Reichte es nicht, dass ich nicht so häufig und einfach wie andere Frauen zum Orgasmus kam? Das war ja wohl schon scheiße genug. Aber nein, die Herren machten mir auch noch Vorwürfe und setzen mich zusätzlich unter Druck.

Jaro kam rein. »Hör mal, ich will wissen, was ich tun muss, damit du besser kommst. Ich mach echt alles, was du willst!«

Ich sah zu ihm hoch. »Jaro, seit ich sexuell aktiv bin, hat es noch NIE ein Mann geschafft, mich beim Sex zum Orgasmus zu bringen. Keiner! Und dir wird das auch nicht gelingen, fürchte ich. Leider.«

Jaro ließ sich ratlos zur mir auf den Wannenrand sinken.

»Uns fällt schon was ein«, sagte er und streichelte meinen Rücken. »Das wird schon.«

So langsam bekam ich Kopfschmerzen. »Mir genügt es, wenn ich beim Vorspiel komme. Echt jetzt.«

»Ja, aber MIR genügt das nicht.«

»Gut, dann musst du zusätzlich meine Klitoris streicheln. Oder ich mach das.«

»Okay, dann lass uns das doch bitte mal ausprobieren.«

»Jetzt?!«

»Ja, ich will wissen, ob das funktioniert. Los, komm!«

Funktionieren. Kommen müssen. Damit alles perfekt war und sich der Mann in seinem Können bestätigt fühlte. Heile Welt im Schlafzimmer als Schlüssel zu einer harmonischen Beziehung.

Aber ich konnte nun mal nicht kommen! Nicht beim Ficken. Die einzige Chance bestand für mich darin, mich währenddessen selbst anzufassen. Das konnte natürlich ganz geil sein, aber in den meisten Fällen verkam der Sex auf diese Weise zu einer Art Wettlauf. Wildes Gerubbel vs. harte Stöße um den Sieg, den Höhepunkt.

Aber was tat man nicht alles für ein vermeintlich perfektes Sexleben… Im Bett musste es laufen, sonst hing der Haussegen schief, und der Mann ging am Ende noch fremd. Zu einer, die schneller und besser kam als ich – oder es ihm wenigstens vorspielte, was für mich aus Gründen der Selbstachtung nicht in Frage kam. In dieser Hinsicht war ich offenbar ein Einzelfall. Wussten Sie, dass 90 Prozent (!) aller Frauen regelmäßig Orgasmen vortäuschen? Das hat gerade eine Befragung von 575 Frauen an der Berliner Charité ergeben. Heftig, oder? Noch schockierender fand ich allerdings die Gründe dafür: 41 Prozent der Frauen wollten ihrem Partner auf diese Weise bestätigen, dass er ein guter Liebhaber war, 25 Prozent versuchten damit zu erreichen, dass der Partner schneller zum Höhepunkt kam. Und jetzt kommt's: 16 Prozent der Frauen glaubten, ihrem Partner den Orgasmus schuldig zu sein. Schuldig!? Ist das zu fassen? Weitere 15 Prozent trauten sich nicht, dem Mann zu gestehen, dass er es nicht geschafft hatte, sie zum Höhepunkt zu bringen. Wo blieb da der Spaß, die Leichtigkeit, das Spielerische? Mal unter uns: Meine Idealvorstellung von Sex war ein angezogener Mann (ohne Anschlusstermin), der sich eine Stunde lang ausschließlich damit beschäftigte, meine Brüste und meine Klitoris zu stimulieren. Aber die meisten Männer gaben ja schon nach fünf Minuten auf, weil sie sich entweder langweilten, sich nicht mehr beherrschen konnten oder einen Krampf in Hand oder Zunge bekamen.

Wissen Sie was? Manchmal sehnte ich mich zurück in die Zeit, als ich fünfzehn war und mein damaliger Freund Paul und ich unsere Nachmittage damit verplemperten, nebeneinander auf seinem Bett zu liegen und uns gegenseitig anzufassen. Stundenlang! Voller Gier und Wollust, ohne dabei wirklich zu wissen, was wir taten. An Orgasmen dachten wir damals gar nicht. Wir fanden es einfach aufregend, an unseren Körpern herumzuspielen und die Reaktionen des jeweils anderen zu beobachten. Und gerade diese völlige Entspannung führte mitunter zu ganz wunderbaren Erfahrungen. An einem regnerischen Dienstag im Februar 2001 etwa lagen Paul und ich wieder einmal auf seinem Bett. Nebenher lief ein Horrorfilm, ich glaube es war »Chucky – die Mörderpuppe«. Und obwohl wir beide auf solchen Trash abfuhren, hatten wir nur Augen für uns, und Paul machte sich daran, seine Hände unter meinen Pullover zu schieben. Kurz darauf zog er mir zum ersten Mal meinen BH aus. Gott, war das aufregend! Ich merkte ihm an, wie unglaublich ihn der Anblick meiner Brüste erregte und wie sehr er es genoss, sie zärtlich zu berühren. Als er schließlich an meinen Brustwarzen saugte, da hatte ich nach einer Weile das Gefühl, ich würde schweben, abheben, explodieren. In meinem ganzen Körper kribbelte es, und ich stöhnte und wand mich unter Pauls Lippen. Kaboooom! Er hatte mich damals tatsächlich allein durch die Liebkosung meiner Nippel zum Orgasmus gebracht. Was für ein fantastisches Gefühl das war! So etwas hatte ich seitdem nie wieder erlebt, wahrscheinlich, weil sich nie wieder ein Mann so viel Zeit für mich und meine Brüste genommen hat. (P.S. Bei einer Umfrage gaben 30 Prozent der Frauen an, Brustorgasmen erlebt zu haben. Ich war also nicht verrückt.)

Etwa acht Jahre und zahlreiche Liebhaber später kannte ich fast alle Spielarten der Liebe. Ich hatte Sex im Fahrstuhl, Sex zu dritt, Sex im Wasser und Sex total auf Droge gehabt. Aber hatte ich deshalb mehr Spaß daran? Nein, ganz sicher nicht. Man stumpfte ab, wurde routinierter. Und man fühlte sich ständig irgendwie unter Druck gesetzt. Das fing bei mir etwa mit siebzehn an – als ich offiziell meine Unschuld verlor. Denn kaum dass mein damaliger Freund Rocko in mich eingedrungen war, schoss es mir bereits durch den Kopf: Hä? Wie soll ich denn SO jemals zum Orgasmus kommen?! Das geht doch gar nicht! So ein Mist.

Daran hatte sich seither nichts geändert. Rein, raus reichte mir nicht. Und das war auch nicht sonderlich verwunderlich: Die

Vagina ist ja im Grunde »nur« der Geburtskanal und die Klitoris verantwortlich für den weiblichen Orgasmus. Das hatte uns Nina Hagen schon 1979 im ORF-Talk »Club 2« zu erklären versucht. Wenn der Mann es nicht schafft, diese Region vernünftig zu stimulieren, bekommen viele Frauen auch keinen Orgasmus. So einfach ist das. Aber schon Rocko wollte das damals einfach nicht einsehen und tat wirklich alles, was in seiner Macht stand, um es mir dennoch irgendwie zu besorgen. Zu meinem neunzehnten Geburtstag schenkte er mir zum Beispiel einen Vibrator in Form eines Delphins, wir tauften ihn Flipper, und fortan holten wir meinen surrenden Freund fast jedes Mal zum Vorspiel in unser Bett. Das Ergebnis war hervorragend: Kaum dass ich Flipper zwischen meinen Schenkeln spürte, war ich praktisch schon gekommen. Den Delphin auch während des Vögelns zu benutzen, war nicht wirklich zielführend, weil ich mich nicht gleichzeitig auf Rockos Schwanz und den Vibrator konzentrieren konnte und wollte. Die Lösung sollte an meinem zwanzigsten Geburtstag ein Vibrator in Form einer kleinen pinken Schildkröte zum Auflegen und Umschnallen bringen. Das Ding hatte Rocko auf dem Hamburger Kiez für mich gekauft. Die Schildkröte entpuppte sich allerdings als Flop, weil ich mit »Schildi« derart albern aussah, dass sich Rocko gar nicht mehr einkriegte, als ich sie ihm erstmals präsentierte. Tags drauf schmiss ich das Teil wütend in den Müll, und wir machten erst mal wie gehabt weiter.

Die meisten Männer glauben ja, dass der Sex nur dann gut ist, wenn die Frau dabei einen Höhepunkt erlebt. Sie vom Gegenteil zu überzeugen ist ungefähr so schwer, wie auf seiner eigenen Geburtstagsparty nüchtern zu bleiben. »Viele Männer definieren ihre Qualität als guter Liebhaber über ihre Fähigkeiten, einer Frau zum Orgasmus verhelfen zu können«, erklärte die Psychotherapeutin Dr. Elia Bragagna, Leiterin der Akademie für Sexuelle Gesundheit (AfSG) in Wien, kürzlich in einem Interview mit der Zeitung Die Welt. »Ist es ihnen nicht möglich, dieses Klischee zu erfüllen, dann führt das nicht selten zu massiven Verunsicherungen und zu reaktiven Sexualstörungen beim Mann.« Und damit nicht genug: »Sehr viele Frauen fühlen sich durch diesen Anspruch gestresst, einen Orgasmus haben zu müssen. Doch einen Orgasmus zu erreichen und sich dafür anstrengen zu müssen, das passt nicht zusammen«, so die Sexualexpertin. Außerdem hilft ja auch die größte Anstrengung nichts. Das beweist eine Studie mit 4037 Teilnehmerinnen, die 2005 im New Scientist vorgestellt wurde. Die Frauen im Alter zwischen 19 und 83 Jahren wurden unter anderem gefragt, ob und wie häufig sie beim Geschlechtsverkehr einen Orgasmus erleben. Nur 14 Prozent der Befragten gaben an, beim Geschlechtsverkehr immer, 16 Prozent, dabei nie zum Höhepunkt zu gelangen (dazu gehörte dann wohl ich – so ein Mist!), und 32 Prozent erlebten beim Koitus nicht häufiger als jedes vierte Mal einen Orgasmus. Das ist kein Wunder, denn aktuelle wissenschaftliche Untersuchungen besagen, dass 70 bis 80 Prozent der Frauen ausschließlich durch direkte Stimulation der Klitoris einen Orgasmus erreichen können. Ein Fakt, den viele Männer immer noch ignorieren, was aber auch okay ist. »Entgegen dem Mythos, dass Sex nur gut ist, wenn er mit einem Orgasmus endet, gibt jede zweite Frau an, sexuell zufrieden zu sein, auch wenn sie nicht immer einen Orgasmus erlebt. 76 Prozent geben an, dass sie so glücklich sind«, erklärte die Sexualexpertin Bragagna gegenüber Die Welt. Sag ich doch!

Immerhin haben Forscher mittlerweile bewiesen, dass in Wahrheit jeder weibliche Orgasmus von der Klitoris ausgeht, deren Länge in echt etwa elf Zentimeter beträgt. Das ist länger als so mancher Penis! Ihre Nervenenden reichen bis in die Vagina und in die Schenkel hinein. Die allgemein als Klitoris bezeichnete außen sichtbare Klitorisspitze ist also lediglich ein Teil des Organs. Das bedeutet, dass der weibliche Orgasmus auf viele unterschiedliche Weisen klitoral ausgelöst werden kann, auch durch eine vaginale Stimulation. Wie schwer oder einfach es der Frau fällt, einen Höhepunkt zu bekommen, hängt also auch mit der Größe ihrer Klitoris zusammen. Nur bei einem Viertel der Frauen liegt der Kitzler allerdings so nah an der Geschlechtsöffnung, dass zusätzliche Stimulation unnötig ist. Diese Glückskinder kommen beim Sex mit einem Mann von ganz allein zum Höhepunkt. Herrje, wie ich sie beneidete …

Es ist daher nicht weiter verwunderlich, dass der weibliche Intimbereich mittlerweile zum Wirtschaftszweig geworden ist: Aufspritzen der Klitoris mit Hyaluronsäure (für bessere Orgasmen) oder Vaginalstraffungen und Verengungen (für mehr Gefühl beim Sex) nehmen kontinuierlich zu. Allerdings gibt es keine Studien, die belegen, dass eine künstlich vergrößerte Klitoris auch Vorteile bringt. Vielleicht wird das ja gemacht, damit die Männer nicht so lange nach ihr suchen müssen!? Woher das stetig sinkende Selbstbewusstsein vieler Frauen rührt, ist klar: Durch Hollywoodfilme, Pornos und andere Medien bekommen wir ständig suggeriert, dass frau jederzeit und überall in der Lage zu sein hat, innerhalb kürzester Zeit durch »reines Vögeln« zum Orgasmus zu kommen. Aber das gelingt eben nur den wenigsten. Den übrigen wird vorgeworfen, dass sie sich nicht richtig fallen lassen können oder emotional blockiert sind. Die Industrie spielt mit den daraus resultierenden Minderwertigkeitskomplexen der Frauen und wirft das »Viagra für die Frau« auf den Markt, eine Pille, die die Durchblutung in der Vagina ankurbelt. Außerdem kann man mittlerweile sogar schon in ganz normalen Drogerieketten Vibratoren kaufen.

Aber was sind eigentlich die Ursachen für solche vermeintlichen Orgasmusstörungen? Eine Studie der Indiana University belegte 2013, dass Frauen, die die Pille nehmen, seltener zum Orgasmus kommen, weniger Lust auf Sex und dementsprechend auch seltener Sex haben als Frauen, die Verhütungsmittel verwenden, die keinen Einfluss auf ihren natürlichen Hormonhaushalt haben. Eine Studie der Unikliniken Tübingen, Heidelberg und Basel bestätigte im selben Jahr, dass neun Prozent aller Frauen, die die Pille nehmen, über Orgasmusstörungen klagen.

Ich nahm die Pille nun schon, seit ich fünfzehn war. War sie etwa die Wurzel allen Übels? Vielleicht zum Teil. Es gab aber noch viel mehr Gründe: Wissenschaftler des Londoner St Thomas Hospital haben herausgefunden, dass auch die Gene Einfluss haben. Der weibliche Orgasmus habe nämlich eine wichtige biologische Funktion – er prüfe, ob ein Mann der Richtige sei. »Wenn sich ein Mann die Zeit nimmt, eine Frau zu befriedigen, dann ist er auch ein guter Versorger, verlässlich, geduldig, und passt anständig auf die Kinder auf«, sagt Tim Spector, Professor am St Thomas Hospital. »Frauen, die zu schnell kommen, treffen wahrscheinlich häufiger falsche Entscheidungen bei der Partnerwahl. Es lohnt sich, in dieser Hinsicht wählerisch zu sein.«

Diese Theorie sprach eigentlich für Jaro. Wir hatten uns sechs Wochen zuvor in meiner Lieblingskneipe auf dem Hamburger Kiez kennengelernt und verbrachten seitdem jede freie Minute in seinem WG-Zimmer auf St. Pauli. Jaro war vierunddreißig, DJ und sah unfassbar gut aus. Dunkle Locken, sexy Zahnlücke, schöne braune Augen. Außerdem stand er genau wie ich auf Rucksackreisen, guten Rotwein und Jazz. Ich war total verliebt in diesen Mann und plante bereits insgeheim das Design für ein gemeinsames Klingelschild. Und das Beste: Im Bett ging es mit ihm richtig ab. Jaro war leidenschaftlich, ein bisschen versaut, zärtlich, dominant und einfühlsam zugleich – die perfekte Mischung, wenn Sie mich fragen! Allerdings kam ich natürlich auch beim Sex mit ihm nicht zum Orgasmus. Mich störte das kein bisschen, aber ihn.

Wenige Tage nach unserer ersten Diskussion über meinen (nicht vorhandenen) Orgasmus maulte er mich nach dem Sex geradezu an, wie »bedrückend« es für ihn sei, dass ich »schon wieder nicht gekommen« sei; er brauche meinen Höhepunkt »irgendwie als Bestätigung«, sonst würde ihm der Sex »auf Dauer keinen Spaß« machen; ob er »irgendwas tun« könne, damit ich »da unten richtig funktioniere«. Da platzte mir endgültig der Kragen, vor allem, weil ich unseren Sex kurz zuvor als wunderbar empfunden hatte. Aber versuchen Sie das mal einem Mann klarzumachen … *No way!* Jedenfalls war ich zutiefst verletzt von Jaros Worten. »Ich glaube, du bist hier derjenige, der nicht richtig funktioniert«, schrie ich ihn an und lief aus seiner Wohnung. Was für eine Scheiße – so ein Theater hatte ich nun ja wohl echt nicht nötig. Als ich unten auf der Straße ankam, fuhr ein Bus mit einer riesigen Reklame an mir vorbei. Tränenblind las ich: »Kommen Sie im Reich der Mythen und Götterlegenden.« Das war natürlich ein Freud'scher Verleser, aber egal. Als am selben Abend dann auch noch zufällig der indische Kult-Sexfilm »Kama Sutra: A Tale of Love« im Fernsehen lief, in dem die attraktiven Hauptdarsteller ein Höhepunkt nach dem anderen schüttelte, während ich Rotz und Wasser heulte, fügten sich, als Katalysator diente eine Dreiviertelflasche Rotwein, wirre Gedankenfetzen (»Scheiß Jaro!«, »Scheiß deutsche Männer!«, »Indien! Geil!«) zu einem Plan. »Ich muss nach Indien«, schoss es mir durch den Kopf, und ich erinnerte mich an eine Stelle in einem Buch, das ich vor Kurzem gelesen hatte:

»*Oh, I've got a headache…*«
»*Would you like an aspirin?*«
»*No, I think I'll go to India.*«

Kopfschmerzen hatte ich am nächsten Morgen tatsächlich (der verdammte Rotwein). Ich nahm ein Aspirin, aber nach Indien wollte ich seltsamerweise immer noch. Indien. Das Land des Kamasutra, der Räucherstäbchen, des Tantra, der Sinnlichkeit. Der Superorgasmen?!

Als ich noch jünger war, faszinierte mich kaum eine Frau so sehr wie meine Tante Karla. Sie war mit siebzehn von zu Hause weggegangen, um in Indien die hohe Kunst des Kathak zu erlernen. Kathak ist ein indischer Tanzstil, bei dem die Tänzerinnen verführerisch mit ihren Augen rollen und leidenschaftlich mit glöckchenbehangenen Füßen stampfen – also nicht gerade das, was in den Achtzigern in ihrem konservativen Heimatdorf so *en vogue* war. Dennoch zog Karla das durch und begab sich Anfang der Achtziger für drei Jahre in die Lehre eines indischen Tanzprofessors. Nach ihrer Rückkehr eröffnete sie eine eigene Tanzschule und wurde ein Star der Szene. Jedes Mal, wenn ich sie tanzen sah, saß ich wie gebannt da und wusste nie, was ich spannender fand: ihre anmutigen Bewegungen, die seltsam fremde Musik oder ihre kunterbunte Tracht. Was muss das für ein verrücktes Land sein, dieses Indien, fragte ich mich schon damals. Seit dieser Zeit verschlang ich alles, was auch nur im

Entferntesten mit Indien zu tun hatte. Ich war verliebt in die Farben, die Tempel, die Elefanten, Shiva, die Landschaft und sehnte mich danach, endlich selbst zu erfahren, wie dieses Land roch, wie es sich anfühlte und schmeckte. Der Zeitpunkt war nun gekommen, fand ich, machte mir einen Espresso, schickte eine Abschieds-SMS an Jaro (»Du bist raus – wie Möllemann aus'm Flugzeug!«) und buchte noch am selben Abend ein One-Way-Flugticket nach Delhi. *Indien, ich komme!*

2 Goodbye Germany
Meine Flucht ins Reich des Tantra

Deutsche Schwänze kann man alle knicken!
Ich bin geil, aber Deutschland kann nicht ficken!
Ich hab alle deutschen Schwänze ausprobiert,
doch leider bringt es kein deutscher Schwanz bei mir!

(LADY BITCH RAY – DEUTSCHE SCHWÄNZE)

»Ich brauche einfach mal eine Auszeit«, log ich meiner Mutter zwei Wochen später am Telefon vor, während ich meinen Reisepass, meinen roten Bikini, Mückenspray und Kondome in meinen Rucksack stopfte.

»Und was ist mit deiner Arbeit? Und deiner Wohnung? Und mit Jaro? Du spinnst doch, Kind! Wovon willst du das denn alles bezahlen?! Du hast doch nicht etwa… deinen Bausparvertrag…?!«

»Doch Mama, hab ich. Weil die Wahrscheinlichkeit, dass ich jemals gemeinsam mit einem Mann ein Haus bauen werde, seit gestern praktisch gegen null tendiert. Jaro ist Geschichte. Meine Wohnung vermiete ich unter, und arbeiten kann ich als Journalistin auch von unterwegs. Also was soll's – ich klopp die Kohle jetzt erst mal für 'nen netten Entspannungsurlaub auf den Kopf!«

In Wahrheit hatte ich längst einen Entschluss gefasst: Ich würde für unbestimmte Zeit um die Welt reisen und in jedem Land, das ich durchquerte, mit einem Einheimischen Sex machen. In der Hoffnung, dass die Männer in anderen Kulturkreisen lässiger und liebevoller mit dem weiblichen Orgasmus umgingen und ich endlich einen Mann finden würde, der mich nicht aus rein egoistischen Gründen zum Orgasmus bringen wollte – sondern der es mir quasi per Zufall mal so richtig schön besorgen würde. Das konnte doch nicht so schwer sein, oder? Eher, das schwor ich mir, würde ich nicht in dieses Land zurückkehren, in dem sich Frauen zwischen ihrem Mann und ihrem Orgasmus entscheiden müssen.

Die kommenden Tage verbrachte ich mit Recherchen zum Thema Indien. Ich rief sogar meine Tante an und fragte sie, ob sie während ihrer Tanzausbildung eigentlich mal was mit einem Inder gehabt hatte. »Ach, Henriette, wo denkst du hin? Die meisten Inder in meinem Alter waren damals total verklemmt. Ich erinnere mich noch an einen jungen Chai-Verkäufer, der jedes Mal fürchterlich zu stottern anfing, wenn ich Tee bei ihm kaufte. Das wirkte auf mich nicht gerade anziehend.«

Seither hatte sich offenbar kaum etwas in Indien verändert. Vieles, was mit Sex zu tun hat, ist tabu. Die konservative Welt, in der die jungen Inder aufwachsen, steht in krassem Kontrast zu den Bildern, die ihnen durch die modernen Medien vermittelt werden. Und das Frauenbild ist eine Katastrophe: Westliche Frauen gelten seit Langem als schamlos und verdorben, und auch die indische Frau ist in neueren Bollywoodstreifen meist kaum mehr als ein reines Sexobjekt, was im schlimmsten Fall in stetig zunehmenden Vergewaltigungen gipfelt. Aber das erwähne ich nur der Vollständigkeit halber, weil man sich dessen bewusst sein sollte, wenn man nach Indien reist. Was mich an diesem riesigen Land viel mehr interessierte, war die Tatsache, dass sich die Sexualität im Verborgenen abspielt. Unverheiratete Inder unterschiedlichen Geschlechts dürften streng genommen nicht einmal miteinander reden. Erst kürzlich wurde gegen Schauspieler Richard Gere Haftbefehl wegen

»obszöner Handlungen« erlassen, weil er seine indische Kollegin Shilpa Shetty auf einer Benefizveranstaltung umarmt und auf die Wange geküsst hatte. Unfassbar, oder? Vor allem, weil das ganze Land nonstop nach halbnackten Bollywood-Beautys giert und es überall auf den Wänden der heiligen Tempel total versaute Sexszenen zu bewundern gibt. Aber diese Kunst wollen die Inder irgendwie nicht mehr richtig wahrhaben. Gleichzeitig brodelt ihre Sexualität unter der Oberfläche und ist jederzeit zum Ausbruch bereit. Immerhin werden in Indien seit Tausenden von Jahren Kamasutra und Tantra praktiziert. Und genau das faszinierte mich – Tantra.

Tantra ist eine Lehre, wonach die Seele des Einzelnen in der Vereinigung von männlicher und weiblicher Energie mit dem Universum verschmilzt. Tantriker verstehen Sex als ein Mittel zur Bewusstseinserweiterung. Mithilfe bestimmter Riten und Praktiken sind Frauen angeblich in der Lage, (Ganzkörper-) Orgasmen zu bekommen, die Tage (!) andauern. Auch denkt der Tantriker beim Sex nicht: »Das ist meine Frau, ihre Sexualität gehört mir«, sondern er verehrt sie als Ausdruck kosmischer Schöpferkraft. Im Tantra unterschied man drei Nutzen der Sexualität: um Nachkommen zu zeugen, um Freude und Vergnügen zu haben und als Mittel der Bewusstseinserweiterung. Im echten Tantra wird ausschließlich das dritte Ziel verfolgt. Die Erfahrung des Höhepunkts sollte für eine lange Zeit aufrechterhalten werden und aufs Alltagsleben übergehen. Die Erregung geht über die Genital-Ebene hinaus, erfasst den ganzes Körper und schließlich das ganze Sein. Genau das wollte ich: kein Zeit- oder Leistungsdruck, kein schnelles Abspritzen, bloß purer Genuss. Im Einklang mit einem anderen Menschen. Stundenlang.

Die erste Station auf meiner Reise durch Indien sollten die weltberühmten Khajuraho-Tempel im zentralen Bundesstaat

Madhya Pradesh sein, deren Wände ekstatische Sexorgien zieren. Die Tempel gehören zum Weltkulturerbe der UNESCO und werden auch Kamasutra-Tempel genannt. Viele indische Paare verleben dort ihre Flitterwochen. Warum sollte also nicht auch ich ein paar anregende Tage vor Ort verbringen? Danach wollte ich weiter in die heiligen Orte Varanasi und Rishikesh am Ganges sowie McLeod Ganj im Himalaya, wo der Dalai Lama lebt. Seit Jahrtausenden kommen die Menschen in diese Städte, um sich mit den Themen Leben, Tod, Wiedergeburt und Erleuchtung auseinanderzusetzen. Ich war mir sicher, dass ich dort Antworten auf viele meiner Fragen finden würde. Was danach kommen und wie lange ich unterwegs sein würde, wusste ich noch nicht. Ich wollte mich einfach von Land zu Land treiben lassen – je nachdem, was die unterschiedlichen Orte in Sachen sexueller Energie so zu bieten hatten.

Um meine *Mission: Orgasmus* (kurz: *MO*) anständig durchzuführen, wollte ich meine Pille (die Minipille Yasmin) absetzen. Vielleicht hatte sie ja tatsächlich einen negativen Einfluss auf meine sogenannte Orgasmusfähigkeit (ein schlimmes Wort, oder?). In Deutschland schlagen einem die Ärzte ja besonders gerne Dysbalancen der Psyche, ein gestörtes Verhältnis zum eigenen Körper oder zum Partner und körperliche Probleme als mögliche Ursachen vor. Eine Frechheit, ich war doch kein Psychowrack, sondern eine selbstbewusste, junge Frau, die ihr sexuelles Schicksal nun selbst in die Hand nehmen und nicht eher ruhen würde, bis sie gefunden hatte, was sie suchte.

Es war mir leichtgefallen, innerhalb von vierzehn Tagen alles für meine Reise zu organisieren. Über das Internet hatte ich in kürzester Zeit einen Zwischenmieter für meine Wohnung in der Hamburger Innenstadt gefunden. Außerdem besorgte ich mir bei meiner Bank eine sogenannte Sparcard, mit der man umsonst im Ausland Geld abheben konnte. Mein Reisepass war brandneu. Alle wichtigen Unterlagen fotografierte ich mehrmals ab und speicherte sie in meinem E-Mail-Ausgang sowie auf meinem Handy. Wichtige Medikamente kaufte ich auf Vorrat. Kondome auch. Mehr brauchte ich nicht. Ich wollte mit so wenig Ballast reisen wie nur möglich.

Meinen Abschied begoss ich mit meinen engsten Freunden in meiner Stammkneipe BP1 in der Schanze. Ich hatte allen glaubhaft versichert, dass ich mich lediglich ein bisschen erholen und mir gleichzeitig meinen großen Traum von einer Weltreise erfüllen wollte. Indien als Ausgangsziel stieß bei den meisten allerdings auf wenig Verständnis. »Da wirst du doch bloß vergewaltigt«, ließ mein Kumpel Alex die erste Plattitüde los. »Willst du da wirklich ganz allein hin? Du spinnst doch, das würde ja nicht einmal ich mich trauen!«

»Hast du denn gar keine Angst?«, fragte mich meine Freundin Marie. »Die flippen doch bestimmt aus, wenn sie dich sehen – mit deinen roten Haaren, den Sommersprossen und der blassen Haut. Du wirst dich vor Verehrern nicht retten können!« Wir lachten. Meine Freunde dachten natürlich wieder mal nur an das eine. Wenn sie wüssten, wie recht sie diesmal damit hatten.

»Hach, Leute«, antwortete ich. »Das wird alles ganz wunderbar. Ich werde jeden Tag spannende neue M..., äh, Leute kennenlernen und viel erleben. Dieser Trip wird mein Leben verändern, da bin ich mir ganz sicher.«

3 Namaste, ihr Perverslinge!
Solosex im Sechserabteil

Wenn Sex die natürlichste Sache der Welt ist,
warum gibt es dann so viele Ratgeber darüber?
(BETTE MIDLER)

Mein Flieger landete am 20. Januar gegen 8 Uhr auf dem Flughafen von Delhi. Eine graue, wabernde Schicht lag über der Stadt und verhinderte, dass ich bei der Landung einen ersten Eindruck von der Millionenmetropole gewinnen konnte. Smog. Delhi hat nämlich die schmutzigste Luft der Welt. Aber schmutzig ist ja erst mal nichts Schlechtes. Auch ich hatte mir während des Fluges reichlich schmutzige Gedanken gemacht. Wie würde er wohl sein, der erste Inder, mit dem ich Sex haben würde? Wäre er wohl so schön und sinnlich wie der Prinz aus »Kama Sutra: A Tale of Love«, mein heimlicher Traummann? Oder eher so ein Shah-Rukh-Khan-Verschnitt – am Ende noch mit einem dieser überdimensionalen Schnurrbärte, die in Indien (aus welchen Gründen auch immer) voll angesagt waren? Und vor allem: Wie wäre er wohl im Bett? Würde er mit mir das Kamasutra einmal vor und zurück durcharbeiten? Mir gänzlich neue Stellungen und Spielarten der Liebe beibringen? Oder mich einfach bloß machomäßig rammeln, weil ich nur ein wertloses Weibsbild war? Na hoffentlich nicht…

Als ich mit meinem Rucksack auf dem Rücken das Flughafengebäude von Delhi verließ, verschwendete ich erst mal keinen weiteren Gedanken ans Kamsutra. Tief sog ich die Luft der

City in meine Lungen. Irgendwie anders. Aber gut anders. Zeit für eine Zigarette, beschloss ich. Denn darauf würde es bei der verdreckten Luft hier nun auch nicht mehr ankommen. Aber denkste! Der indische Sicherheitsbeamte neben dem Ausgang kippte fast hinten über, als er mich sah: Eine Frau – rauchend! Allein! Ohne männlichen Aufpasser! Da hätte ich mich in diesem Land auch gleich in roten Strapsen an die Straße stellen können. Frauen, die Alkohol trinken oder rauchen, gelten in Indien nämlich als »verkommene Huren«, hatte ich ja gelesen und nur für den Moment nicht parat gehabt. Aber damit konnte ich leben.

Etwa fünfzig Meter vor mir erkannte ich im grauen Dunst die Umrisse eines Taxis. Ich stieg ein und ließ mich ins moderne Zentrum von Neu-Delhi fahren, zum Connaught Place. Am Steuer saß ein dickbäuchiger Typ mit Schnurrbart und Fönwelle. Nicht gerade die Art Mann, auf die ich gehofft hatte. Aber, hey, das war ja erst der Anfang. Während der Fahrt dudelte ein Bollywood-Hit aus den Boxen, und auf dem Armaturenbrett stand eine Art Wackeldackel. Bloß dass es sich nicht um einen Dackel, sondern um Shiva handelte, der bei den vielen Schlaglöchern wie wild seinen Kopf schüttelte – als würde er sagen wollen: »Du hast hier nichts verloren, Weib.« Ich steckte ihm die Zunge raus und schaute aus dem Fenster: Armut, Dreck, Elend und hier und da eine heilige Kuh, die am Straßenrand stand und im Müll nach etwas Essbarem suchte – das war also Delhi.

Als wir an einer Ampel zum Stehen kamen, hämmerte ein mageres kleines Mädchen an meine Scheibe. »Shah Rukh Khan, Lady, Shah Rukh Khan! See, see!«, rief sie und hielt mir die neueste DVD des indischen Sexsymbols unter die Nase. Trash pur! Ich winkte dankend ab. Am Connaught Place, wo zahlreiche US-Ketten wie Pizza Hut und Starbucks eröffnet hatten, checkte ich in das Hostel ein, das in meinem Reiseführer als »annehmbar« beschrieben wurde. Nirgendwo sind die Hostels so schlecht und schmutzig wie in Delhi, hatte ich gelesen. Und obwohl mir die Vergleichsmöglichkeiten fehlten, schien das zu stimmen: Mein Bett war weder gemacht noch frisch bezogen. Auf dem Kopfkissen lagen schwarze Haare. Dafür kostete es bloß zwölf Euro pro Nacht. Je weniger Geld ich ausgab, desto länger würde ich reisen können. Immerhin handelte es sich bei meiner *Mission: Orgasmus* um ein ziemlich großes Projekt, das möglicherweise Jahre – wenn nicht gar ein ganzes Leben lang andauern würde! Mittlerweile war es Mittag, und die Hitze lag schwer in den staubigen Straßen. Ich nahm eine Dusche und fiel danach unfreiwillig in einen komatösen Schlaf. Als ich wieder erwachte, war es bereits dunkel. Vor die Tür wollte ich um diese Uhrzeit nicht mehr gehen, also machte ich es mir auf der Dachterrasse gemütlich, aß ein vegetarisches Curry und plante meine weitere Reise. Bereits am nächsten Tag wollte ich mit dem Zug zu den Kamasutra-Tempeln in Khajuraho fahren. Die Fahrt würde etwa zehn Stunden dauern. Deshalb reservierte ich mir über www.makemy-trip.com (eine geniale englischsprachige indische Website, auf der man ganz einfach Inlandsflüge, Zug- oder Busfahrten buchen kann) für nicht mal fünf Euro ein Abteil im Schlafwagen. Schließlich hatte ich ja noch mit einem fiesen Jetlag zu kämpfen, der mich in jener Nacht wach halten sollte.

Am nächsten Morgen ließ ich mich von einem dürren Mann mit Turban auf einer Fahrradrikscha durch den chaotischen Verkehr zum nahe gelegenen Hauptbahnhof von Neu-Delhi fahren. Beim Anblick des heruntergekommenen Gebäudes stieg eine leise Panik in mir hoch. Tausende Inder, teilweise vollbeladen wie Packesel, strömten in den kleinen Haupteingang. Es wurde geschrien, gespuckt und gedrängelt. Geil, nun war ich mittendrin im allerschlimmsten indischen Wirrwarr. An den Gleisen standen um diese Uhrzeit Dutzende völlig überfüllter Pendlerzüge. Den Menschen blieb nichts anderes übrig, als sich von außen an die Fenster und Türen zu hängen oder auf das Dach zu klettern. Sie riskierten jeden Tag ihr Leben, um zur Arbeit zu kommen. Der seltsam süßliche Gestank von Müll und Exkrementen hing in der Luft. Menschen schliefen auf dem dreckigen Fußboden. Ein nacktes Baby lag dazwischen und weinte.

Es dauerte, bis ich meinen hellblauen Waggon gefunden hatte. Die Sleeper Class – die so gar nichts mit dem Setting aus dem Wes-Anderson-Film »The Darjeeling Limited« zu tun hatte, wo die Darsteller nonstop wilden Sex in einem indischen Zug hatten – bestand aus Sechserabteilen, in denen man sich gegenübersaß und bei Bedarf auf jeder Seite zwei Pritschen herunterklappen konnte.

Jeder Passagier bekam zu Beginn der Fahrt ein, zwei frische weiße Laken, eine braune Wolldecke und ein frisch bezogenes weißes Kissen. Damit konnte man es sich tatsächlich ganz gemütlich machen. Leider saßen in meinem Abteil ausschließlich indische Herren, die mich finster musterten. Also setzte ich mich einfach brav auf meinen Platz und las in der Tageszeitung Hindustan Times, damit die Herren sahen, dass ich zumindest Interesse am gesellschaftlichen und politischen Geschehen in ihrem Land hatte. Ungläubig verschlang ich so grausame Schlagzeilen wie »Vater tötet Tochter mit Beil, weil sie Mann aus anderer Kaste heiraten wollte« oder »Dorfältester befiehlt Massenvergewaltigung von Frau, weil sie einen heimlichen Geliebten hatte«. Mir blieb mein Käsesandwich im Halse stecken. Unauffällig musterte ich die Männer um mich herum. Wenn hier alle Typen so tickten, war ich in akuter Lebensgefahr. Allerdings wirkten meine Mitreisenden recht harmlos: Ein älterer Herr mit Turban und einem Aktenkoffer auf dem Schoß starrte aus dem Fenster. Zwei jüngere Schnurrbartträger unterhielten sich und tranken Chai. Ihre Klamotten erinnerten an die von John Travolta im Film »Saturday Night Fever«. Schlaghosen und Fönwelle waren hier offenbar noch immer schwer angesagt. Die anderen zwei dösten vor sich hin.

Alle zwei Minuten kam irgendein Verkäufer an meinem Abteil vorbei und brüllte »Chai! Chai! Chai!« oder »Ice cream! Fruits! Cookies!« oder »Lunch! Luuuunch! Coca Cola!«. Allerdings verging mir angesichts des Essverhaltens meiner Mitreisenden der Appetit. Wie zu Luthers Zeiten gehörte Rülpsen und Furzen hier offenbar zum guten Ton. Deshalb zog ich es vor, meine Pritsche herunterzuklappen und ein Schläfchen zu halten. Nach ein paar Stunden erwachte ich wieder und stellte fest, dass die Herren sich ebenfalls zur Ruhe gelegt hatten. Der Vorhang zu unserem Abteil war zugezogen, und die Herren schnarchten um die Wette. Bis auf einen. Der holte sich lieber einen runter und starrte mich dabei an. Als ich sah, wie sich seine Decke ruckartig hob und senkte, verfiel ich in eine Art Schockstarre. Wie unfassbar widerlich war der denn? Ich räusperte mich und warf dem Perversling böse Blicke zu. Aber er hörte nicht auf, sondern legte sogar noch einen Zahn zu. Ich zog mir die Decke über den Kopf und drehte meinen MP3-Player auf volle Lautstärke, um nicht auch noch sein Gestöhne mit anhören zu müssen. Der Typ benutzte mich als Wichsvorlage! Ich wollte hier weg! Ging aber nicht, denn der Zug war rappelvoll, und mir blieb nichts anderes übrig, als auf meiner Pritsche auszuharren. Also nutzte ich die restliche Fahrt, um nachzudenken. Offenbar war Sex in Indien doch kein Tabu. Dieser Kerl zumindest hatte keine Scham, seine Triebe öffentlich auszuleben, ohne Rücksicht auf sein Umfeld. Hatte er denn keine Angst, dass die anderen Männer sahen, was er (mir an-)

tat? War es in Indien möglicherweise völlig normal, dass man sich auf längeren Zugfahrten bei Gelegenheit an einer der zahlreichen Touristinnen aufgeilte und sich öffentlich einen von der Palme wedelte? So nach dem Motto: Die wollen es doch nicht anders, sonst wären sie ja wohl kaum allein in unserem Land unterwegs? Das machte keinen Sinn: Über die Sexualität zwischen Mann und Frau wurde geschwiegen, nicht mal Händchenhalten war erlaubt – aber Sex mit sich selbst in öffentlichen Verkehrsmitteln ging in Ordnung? Gerade als ich mich so weit wieder erholt hatte, dass ich mir einen Kaffee organisieren wollte, wurde meine Zugfahrt noch versexter. An einem kleinen Bahnhof in irgendeinem Kaff enterte plötzlich eine Horde Transen im Conchita-Wurst-Look den Zug und stolzierte aufreizend in bunten Saris durch den Gang. »Namaste«, flötete eine der, äh, Damen auch in unsere Richtung, und einer der beiden Mittdreißiger mit den John-Travolta-Hemden folgte ihr Richtung WC. Mir fiel die Kinnlade runter. Prostitution war in Indien illegal, trotzdem befand ich mich gerade in einer Art Puff auf Schienen! So etwas hatte ich selbst an einem Samstagabend an der S-Bahn-Haltestelle Reeperbahn noch nicht erlebt. Ob das an meinem Ziel, den Kamasutra-Tempeln von Khajuraho, lag? Egal, ab sofort war ich auf alles vorbereitet.

4 Indiens antike Sexshow
Die Porno-Tempel von Khajuraho

In Kleinigkeiten wundern wir uns nicht
über Geschmacksunterschiede, sobald
es sich aber um die Wollust handelt, geht
der Lärm los.

(MARQUIS DE SADE)

In dem kleinen Städtchen Khajuraho geht es pornotechnisch ganz schön ab. Die erotischen Steinmetzarbeiten an den Wänden der örtlichen Kamasutra-Tempel gehören zum UNESCO-Weltkulturerbe und sind nach dem Taj Mahal die meistbesuchte Sehenswürdigkeit Indiens. Zu sehen gibt es Blowjobs, flotte Dreier, anale Penetration und Sex mit Tieren. »Die 120 Tage von Sodom« und YouPorn sind nichts dagegen! Als der britische Offizier T.S. Burt die Hindutempel 1933 im Dschungel entdeckte und Königin Victoria Bericht erstattete, wurde in Europa sogar darüber diskutiert, die Tempel in Khajuraho zu zerstören, weil sie »höchst unanständig« und »ausgesprochen obszön« seien. Gut, dass sich die Herrschaften nochmal umentschieden hatten, sonst hätte ich das spektakuläre Gelände jetzt nicht von meinem Hotelbalkon aus überblicken können.

Khajuraho gefiel mir ausgesprochen gut. Es war ruhig, grün – und statt Abgasen lag Sex in der Luft. Überall im Ort sah man verliebte indische Paare nebeneinander herspazieren, die sich in der Öffentlichkeit natürlich zurückhalten mussten, aber man sah ihnen an, dass sie es später in ihren Hotelzimmern krachen lassen würden. Bereits am frühen Nachmittag hörte ich in meiner Unterkunft Gestöhne aus dem Nebenzimmer: »Uh! Uh-ha-ha-ha-haaaaah!« Mann, waren die laut. Irgendwo hatte ich gelesen, dass der durchschnittliche Geschlechtsakt in Indien 13,2 Minuten dauerte. Und so, wie die Dame nebenan quiekte, schien sie in der kurzen Zeit auf ihre Kosten zu kommen.

Ich wollte nun endlich auch das sehen, was das indische Pärchen auf Touren gebracht hatte, und schlenderte nach einer kurzen *Smooktaim* (um meine Nervosität zu bändigen) hinüber zum Tempelgelände. Vor dem Haupteingang des Geländes umringten mich sofort unzählige indische Herren, die mir ihre Dienste als Tourguide anboten: »Hey, lady, I am the best guide in town – only fifty rupees for one day! That's not half bad! Good price!« oder »Lady, lady – trust me, trust me. I am the only certified tourist guide in Khajuraho – all the others are criminals!«

Intuitiv entschied ich mich für den Attraktivsten unter ihnen, einen jungen Mann mit schulterlangen schwarzen Haaren und lässigen Leinenklamotten, der mich ein wenig an den Prinzen aus »Kama Sutra: A Tale of Love« erinnerte. »Ähm, sorry«, sprach ich ihn auf Englisch an. »Kannst du mir die Tempel zeigen?« Er blickte irritiert auf.

»Ich bin kein Guide. Seh ich etwa so aus?«

Hoppla, wie peinlich. »Ähm, nein, entschuldige bitte…« Ich deutete auf den Skizzenblock, den er in der Hand hielt und den ich erst jetzt bemerkte. »Was zeichnest du denn da?« Der Schöne räusperte sich.

»Ich zeichne die Figuren von den Tempelwänden ab und verkaufe sie an Touristen. Möchtest du mal sehen?« Ich nickte, nahm seinen Block entgegen und blätterte darin. Was ich sah, trieb mir die Röte ins Gesicht: Eine Frau stand Kopf, während ein Mann mit einem ziemlich beachtlichen Penis von oben in sie eindrang. Rechts griff ein zweiter Mann nach der Brust der

Frau und penetrierte zudem ihren Hintern. Zu ihren Füßen kuschelte ein nacktes Mädchen mit einem Schwein.

»Krass«, kommentierte ich sein Werk, was er als Kompliment zu nehmen schien.

»Wenn du willst, zeig ich dir die Wände, von denen ich das abgemalt habe«, sagte er. »Ich bin übrigens Ranjid. Komm mit!« Beschwingt folgte ich Ranjid auf das Gelände und freute mich, dass ich so einfach in Kontakt mit einem coolen Einheimischen gekommen war (der zudem kein Geld von mir verlangte). Vor einer Tempelmauer, auf der zwei Elefanten den Mittelpunkt einer Liebesszene bildeten, blieb ich fasziniert stehen.

»Sag mal, steht ihr hier irgendwie auf... Tiere?« Glücklicherweise lachte Ranjid über meine Frage.

»Ich hab mal meinen Onkel dabei erwischt, wie er ein Huhn gefickt hat. Aber, nein, eigentlich nicht. Du darfst diese Darstellungen nicht allzu ernst nehmen. Die Darstellung von Sex mit einem Tier steht in der hinduistischen Tradition für die Vereinigung eines Menschen mit einem in einen tierischen Körper inkarnierten Gott.« Ach so. Erleichtert wischte ich mir mit meinem Ärmel den Schweiß von der Stirn. Mittlerweile herrschten gefühlte vierzig Grad.

»Und was ist mit Homosexualität?«, fragte ich weiter, während wir Zuflucht in dem schattigen Inneren eines Tempels suchten. »Sex zwischen Homosexuellen und Analsex sind doch in Indien verboten, oder?« Ranjid nickte, und sein Blick verfinsterte sich. »Ja, leider. Vergewaltigungen innerhalb einer Ehe hingegen nicht. Das ist wie ein schlechter Witz. Ich schäme mich dafür, dass unsere Regierung solche menschenverachtenden Gesetze macht.« Wir hockten uns auf eine kleine Steinmauer und tranken aus unseren Wasserflaschen. Ranjid holte seinen Block hervor und skizzierte ein kopulierendes Paar. Die

Frau sah mir ein bisschen ähnlich – sie hatte sogar Sommersprossen. Ich spürte ein komisches Kribbeln in meiner Bauchgegend. Ranjid musterte mich unterdessen lächelnd von der Seite und rückte näher an mich heran. »Magst du das?«, fragte er mich leise. »Was meint du?«, flüsterte ich. »Sex«, sagt er, legte plötzlich eine Hand auf meinen Oberschenkel. Ziemlich weit oben und ziemlich weit innen. Ich sprang auf. So etwas hätte ich nach seinem flammenden Vortrag nun wirklich nicht erwartet. »Spinnst du?«, fragte ich vorwurfsvoll.

Ranjid schien meine Aufregung nicht zu verstehen. »Wieso, ich dachte, du willst das jetzt«, sagte er und guckte mich herausfordernd an. »Oder warum bist du sonst mit mir hierhergekommen?«

Hm… Gute Frage. »Weil ich mich… für Kultur… interessiere…«, stammelte ich und schämte mich gleichzeitig vor mir selbst, denn immerhin war ich ja hauptsächlich wegen Sex nach Indien gekommen. Aber jetzt und hier – einfach so? Nö. So weit war ich noch nicht.

Zur Info: Mein Indien-Trip fand 2011, also ein Jahr vor der tödlichen Gruppenvergewaltigung einer indischen Studentin in Delhi statt. Mein Misstrauen hatte sich daher in Grenzen gehalten. Obwohl es natürlich schon damals kein Geheimnis war, dass Frauen in Indien sehr häufig sexueller Belästigung ausgesetzt waren. Dafür gab es sogar einen eigenen, verharmlosenden Begriff: »Eve teasing« (»Eva necken«). Erst kürzlich war eine junge Frau in Azamgarh von sieben Männern an einen Baum gefesselt und bei lebendigem Leibe verbrannt worden, weil sie sich gegen »Eve teasing« gewehrt hatte. Schuld an diesem untragbaren kriminellen Verhalten einiger Männer ist laut Experten die jahrelange Praxis, weibliche Föten abzutreiben, aus der resultiert, dass es in Indien derzeit laut Die Welt etwa 15 Millionen »überschüssige« Männer im Alter von 15 bis 35

Jahren gibt, das ist die Altersspanne, in der Männer am ehesten Verbrechen begehen, und zwar Männer, die keine Ehefrau oder Freundin haben.

»Überschüssige Männer«, was für ein trauriger Ausdruck. War Ranjid etwa einer von ihnen? Dabei war er doch vorhin noch so... sexy und freundlich. Gewesen! In jedem Fall wusste ich nicht, wie ich mich jetzt verhalten sollte. Möglicherweise hatte ich ihm ja allein dadurch, dass ich ihn angesprochen hatte und mit ihm spazieren gegangen war, Hoffnungen gemacht? Was sollte ich jetzt tun? Wegrennen? Um Hilfe schreien? Zuschlagen? In dem Moment betrat – puh! – ein älteres französisches Touri-Ehepaar den Tempel. Ich nutzte die Gelegenheit und floh aus der steinernen »Liebeshöhle«.

Ranjid rannte mir hinterher. »Warte! Warte doch! I'm sorry, Henriette! I'm sorry!« Aber ich hatte bereits entschieden, dass der Zeitpunkt für Sex mit einem Inder für mich noch nicht gekommen war.

Auf meinem Rückweg zum Hotel kam ich an einem Buchladen vorbei, in dem neben Postkarten von den erotischen Tempelwänden auch eine deutsche Ausgabe des Kamasutra angeboten wurde. Ich nahm ein Buch mit und las den gesamten Nachmittag darin. Ein wenig Theorie vor der Praxis konnte ja nicht schaden. Neben Kapiteln, die sich damit beschäftigten, wie sich eine Frau am besten einen reichen, unverheirateten Mann angelt und wie sie das Beste aus einer Zweckehe mit einem Volltrottel macht, stehen darin auch einige kluge Sätze zum Thema Orgasmus: »Da einmal verschiedene Kräfte zusammenwirken, um ein Ergebnis zu erzielen, und da zum anderen der Mann und die Frau ihre eigenen jeweils unterschiedlichen Ziele im Sinn haben, kann doch keinesfalls eine gleichartige Empfindung als Ergebnis entstehen«, las ich. »Da gleichwertige Wonne beiden als Ziel vorschwebt, muss der Mann die Frau früher erfreuen, ehe noch die letzte Einung erreicht ist.« Schon merkwürdig, dass diese Erkenntnisse bereits vor Hunderten von Jahren zu Papier gebracht worden waren und sich heutzutage trotzdem kaum jemand auf sie besann. Besonders gut am Kamasutra gefiel mir auch die lustige Einteilung der Geschlechtsteile in drei Größen. Bei den Frauen gab es die Gazelle, die Stute und die Elefantenkuh, die sich entweder mit Hase, Stier oder Hengst paaren konnten. Kamen zum Beispiel Gazelle (sehr enge Vagina) und Hengst (sehr großer Penis) zusammen, war der Liebesgenuss für beide besonders hoch. Das leuchtete mir durchaus ein. Allerdings wusste man ja leider vorher nie, was die Hose eines Mannes so zu bieten hatte. Und überhaupt: Woher sollte ich eigentlich wissen, ob ich selbst eine Gazelle, Stute oder (Gott bewahre!) Elefantenkuh war? Hätte ich mal Jaro gefragt… In jedem Fall beschloss ich, dass ich den nächsten Mann, den ich scharf fand, einfach mal ganz direkt fragen würde, wie er sich selbst (und mich) so einschätzte. In Varanasi, mein nächstes Ziel und angeblich eine der verrücktesten Städte der Welt, würde ich bestimmt einen *dirty guy* treffen, der mir diese Frage ehrlich beantworten würde.

5 Guru gefällig?
Erleuchtung am Ganges

Ist Ihnen je aufgefallen, dass »Ach, was soll's?«
immer die richtige Entscheidung ist?
(Marilyn Monroe)

Patsch. Das Erste, was ich in Varanasi sah, fühlte, roch, war
ein saftiger Haufen Kuhscheiße. Die warme bräunliche Masse
quoll seitlich in meine linke Wildledersandalette, die damit rui-
niert war. Na, das fing ja super an!

»Oh, holy cowshit – very good, very good«, krähte mir ein
zerknittertes Männchen aufmunternd ins Ohr und bot mir an,
meinen Rucksack zu tragen. Wenn Varanasi die älteste Stadt
der Welt war (um diesen Rang kämpft Benares, wie es traditionell genannt wird, mit Städten wie Rom oder Jerusalem), dann
war er ganz sicher der älteste Mann der Welt: Vor lauter Falten
konnte ich kaum etwas von seinem Gesicht erkennen. Trotzdem hatte er offenbar noch die Kraft, sich ein paar Rupien da-
zuzuverdienen. Ich nahm sein Angebot dankend an (auch ein
bisschen aus Mitleid, weil er so kaputte Sandalen trug), bereute
meine Entscheidung jedoch schon im nächsten Moment. Denn
das Männlein drohte unter dem Gewicht meines Gepäckstücks
ganz einfach zur Seite zu kippen.

»Are you okay?«, fragte ich besorgt und stützte ihn ein wenig.

»No problem, lady. Gupta veeeeery strong. Strongest man
in India«, antwortete er beschwingt, nahm ein bisschen Anlauf
und flitzte los, durch das Gassengewirr der Altstadt zum Ho-

tel Alka, von dessen Terrasse aus man laut meines Reiseführers
»einen spektakulären Blick auf den Ganges« haben sollte. »No
husband?«, fragte mich Gupta unterwegs. Ich verneinte. »Is he
dead?« Ich schüttelte den Kopf.

»Nein, ich habe leider noch keinen anständigen Mann gefunden.« Da lachte er und nickte.

»Ah, verstehe. Und nun bist du auf Brautschau in Indien,
wie?«

Ich zuckte mit den Schultern. »Keine Ahnung. Glauben Sie,
die Männer hier wären was für mich?«

Gupta blieb abrupt stehen, drehte sich zu mir um und sagte
im Brustton der Überzeugung: »Oh, sure, lady! Hundred per-
cent sure!« So etwas hörte frau doch gerne. Ich gab Gupta ein
üppiges Trinkgeld (seine Dienste hatten mich umgerechnet nur
fünfzig Cent gekostet), als wir nach zehn Minuten vor dem
Eingang des Alka-Hotels standen. Ich buchte ein Zimmer der
billigsten Kategorie, ohne Badezimmer, warf meinen Rucksack
aufs Bett und eilte auf die große Terrasse im Innenhof. Vor mir
lag die *Heilige Mutter Ganga*. So groß, so weit, so wunderschön. Ich bekam eine Gänsehaut. Zur Feier dieses Moments
orderte ich eine Tasse heißen Chai. Gerade als ich den Tonkrug
an meinen Mund führen wollte, wurde ich unterbrochen.

»Das Wasser für die Plörre pumpen die aus dem Ganges«,
rief mir ein glatzköpfiger Asiate vom Nebentisch zu. »Nur so
als Warnung… Kann sein, dass du danach erst mal nicht mehr
vom Klo kommst…«, sprach er, während er betont lässig mit
einer Serviette den Rand seiner Pepsi Cola abwischte, ehe er
sie sich aus etwa zehn Zentimetern Entfernung in den Mund
kippte. Pfff, Durchfall. Sei's drum. Ich war jetzt in Indien und
würde mich den Gegebenheiten des Landes anpassen, anstatt
rumzuzicken. Wie sollte ich auch sonst einen coolen Inder kennenlernen? Ich genoss jeden Tropfen meiner »Plörre«, bestellte

sogar noch einen zweiten Krug und machte mich anschließend zu einer ersten Entdeckungstour entlang der *ghats* auf. Ghats nennt man in Indien die Treppen, die zu einem Gewässer hinunterführen. Unten am Wasser wimmelte es vor jungen Männern, die einen zu einer Bootstour auf dem Ganges überreden wollten. Mädchen wollten einem die passenden Extras andrehen: kleine Körbe, in denen sich pinkfarbene Lotusblüten, Kerzen sowie Räucherstäbchen befanden. Die sollte man zu Ehren von Mutter Ganga auf dem Wasser schwimmen lassen. Das sah bei Sonnenuntergang wunderschön aus. Und so entschloss ich mich tatsächlich zu einer kleinen Bootstour durch das Lichtermeer.

»Hello sexy«, raunte mir ein etwa siebzehnjähriger Inder zu, als ich am Ufer entlangging, um mich nach einem geeigneten Boot samt Paddler umzusehen. Seine Freunde taten es ihm gleich: »Hey, you want sex?«, riefen sie mir zu und lachten dreckig. Ich ignorierte sie einfach und sah zu, dass ich in eins der Boote kam. Herrje, was dachten sich diese Milchbubis eigentlich? Dachten die wirklich, ich würde jetzt einfach so mit ihnen mitgehen? Sowieso war mir aufgefallen, dass mich in Varanasi besonders viele Männer unverhohlen anstarrten. Teilweise sogar mit offenen Mündern. Die Erklärung hierfür lieferte mir wenig später der junge Bootsmann, der in behutsamem Tempo mit mir über das Wasser ruderte. Nachdem wir uns eine Weile über das Kastensystem unterhalten hatten und ich gemerkt hatte, dass er offenbar eine eher aufgeklärte Weltsicht vertrat, traute ich mich zu fragen.

»Kannst du mir sagen, warum mich so viele indische Männer anstarren, als wäre ich das achte Weltwunder? Manchmal lecken sie sich dabei sogar über die Lippen oder rufen mir obszöne Sachen hinterher. Was denken die sich eigentlich?«

»Willst du die Wahrheit hören?«

»Ähm … ja.«

»Ganz einfach, wir Inder beziehen 99 Prozent unserer Pornos aus den USA und Europa. Und da seid immer nur ihr weißen Frauen zu sehen. So kommen natürlich gewisse Assoziationen zustande …«

»Ach so, dann denken die indischen Männer also, dass alle weißen Frauen total notgeil und pervers drauf sind, oder wie?« Er nickte.

»Du hast es erfasst.«

Na, toll. Instinktiv wickelte ich mich fest in das Tuch, das ich um die Schultern trug. Ich wollte kein Pornostar sein! Wenn die wüssten, dass mein privates Sexleben so gar nicht dem entsprach, was in den westlichen Pornos gezeigt wurde. Nix Gangbang. Ich kriegte ja noch nicht mal 'nen Orgasmus. Pornos waren für mich schon immer eher so etwas wie Komödien gewesen. Mit sechzehn ließen meine Freundinnen und ich die billigen Streifen von Gina Wild auf Partys zum Spaß im Hintergrund laufen, weil uns das wilde Gestöhne schon damals so verdammt absurd vorkam. Und nun wurde ich also hier in Indien mit Frau Wild über einen Kamm geschoren. Ich war am Ziel meiner Träume.

Nachdenklich trottete ich später durch die Gassen der Altstadt, die an jeder Ecke eine neue Überraschung bereithielt. Da waren zum einen Berge von Müll aus Plastik und weggeworfenen Lebensmitteln, in denen magere Hunde wühlten oder verwahrloste Kleinkinder spielten. Hinzu kamen die vielen öffentlichen Pissoirs auf den Straßen und der schwarze Rauch von verbranntem Fleisch. Denn gleich nebenan, am *burning ghat* werden Leichen verbrannt. Das *burning* erklärt sich von selbst: Auf dem kleinen Platz am Ufer kokeln rund um die Uhr leblose Körper im Ewigen Feuer Shivas vor sich hin. Eine Flamme, die angeblich vor Tausenden Jahren von Shiva selbst in einem Tempel am Ganges entzündet worden war und seitdem durchgehend in Gang gehalten wird. Der süßliche Duft von Sandelholz und Mensch liegt in Varanasi fast überall in der Luft. Gläubige Hindus reißen sich darum, eines Tages am Ufer der Heiligen Mutter Ganga verbrannt und anschließend mithilfe eines Besens in die matschbraunen Fluten gekehrt zu werden. Auf diese Weise können sie dem Kreislauf der Wiedergeburt entrinnen. In Varanasi wird innerhalb von sieben Kilometern aus dreißig Kanälen Abwässer in den Fluss geleitet. Das führt dazu, dass so gut wie kein Sauerstoff mehr im Ganges ist. Trotzdem baden hier jeden Morgen rund sechzigtausend Inder, um sich »reinzuwaschen«. Frauen in bunten Saris, Leprakranke, Bettler, verlorene Seelen, Kleinkinder mit nackten Hintern.

Während ich so am Ufer entlangging und die fremden Eindrücke in mich aufsog, merkte ich, wie gut es mir tat, so weit weg von zu Hause zu sein. Ohne Menschen, die an einem zerrten, ohne klingelnde Handys, ohne Fernsehen oder Facebook. Hier, in Indien, war ich einfach nur Henriette. Niemanden interessierte es, woher ich kam, welchen Job ich hatte, wie viel ich verdiente oder wie oft, mit wem und auf welche Weise ich Sex hatte. Ich wurde gänzlich auf mein pures nacktes Ich reduziert. Mal sehen, wie weit ich damit kam.

Nach all den anstrengenden Bus- und Zugfahrten musste ich jetzt dringend etwas für meinen Körper tun. Ich hatte gehört, dass in Indien nichts über eine ayurvedische Massage geht, also kehrte ich auf meinem Rückweg zum Hotel in einen kleinen Massagesalon ein. Dort konnte man sich eine »Full Body Massage« verabreichen lassen – von Lalith, einem etwa dreißigjährigen freundlichen Inder, der mir sogleich seine unzähligen Urkunden und Auszeichnungen präsentierte. »Ich bin der beste Masseur in Nordindien«, behauptete er auf meine Frage nach einer Masseurin für mich und zerstreute meine anfängliche

Skepsis, indem er mir eine kurze Nackenmassage »for free« spendierte. Der Mann hatte tatsächlich Hände aus Gold! Und ich war total verspannt. Also folgte ich ihm in den Raum nebenan, zog mich aus und legte mich auf eine bequeme Liege. Ziel einer ayurvedischen Massage ist es, mithilfe von festen streichenden Bewegungen sämtliche Giftstoffe aus dem Körper zu befördern.

Seine »Behandlung« hatte es in sich: Ich schrie vor Schmerz, als Lalith damit begann, meine Waden zu kneten, und quietschte vor Lachen, als er sich meiner Füße annahm. Die Luft blieb mir allerdings weg, als er plötzlich mit einer kreisenden Bewegung sowohl die Innenseite meiner Schenkel als auch den kleinen schmalen Bereich bis zu meinen äußeren Schamlippen massierte. »Halt! No! That's too much!«, quäkte ich.

Aber Lalith ließ sich nicht beirren. »Entspannen Sie sich, seien Sie ganz ruhig, das gehört dazu, das wird Ihnen guttun.« Ich überlegte kurz. Wir waren nur durch einen kleinen Vorhang von seiner Kollegin getrennt, die an einem Schreibtisch saß und Kunden beriet. Außerdem lag nebenan eine weitere Frau, die gerade eine Kopfmassage verpasst bekam. Ich war also in, äh ... Sicherheit. Außerdem wollte ich doch nicht spießig sein, sondern offen für alles Neue. So ließ ich Lalith weiter zwischen meinen Beinen herumkreisen ... Und tatsächlich hatte ich das Gefühl, dass ich in diesem Bereich endlich mal ein paar Verspannungen loswurde, die mir schon lange zu schaffen gemacht hatten. Deshalb legte ich mich zurück und seufzte.

Zwischendurch musste ich an die Kinokomödie »Hysteria« denken, in der Hugh Dancy einen jungen Arzt im viktorianischen London spielt, der die hysterischen Beschwerden seiner Patientinnen mit viel Hingabe und Rosenöl wegmassiert – bis er Muskelkater in der Hand kriegt und zusammen mit einem Freund eine elektrische Maschine erfindet – den ersten Vibrator. Sogenannte Unterleibsmassagen galten zu jener Zeit als angesehene Therapie gegen weibliche Hysterie. »Im ausgehenden 19. Jahrhundert (…) hatte jeder Heilkundige unter seinen weiblichen Kunden ›ewige Patienten‹, die er über Jahre hinweg, üblicherweise wöchentlich, zur manuellen Linderung hysterischer Beschwerden aufsuchte«, schrieb der Spiegel darüber. Erstaunlicherweise schien die medizinisch indizierte Fummelei keineswegs Argwohn oder Eifersucht der Ehegatten hervorzurufen; deren Logik zufolge zentrales Ziel des Geschlechtsaktes der männliche Orgasmus war. Was Frauen unter ärztlicher Zuwendung erlebten, galt folglich nicht als sexueller Lustgewinn, sondern als »hysterischer Paroxysmus«, eine »Krise, wie sie auch bei fiebrigen Erkrankungen der Genesung vorausgeht«. Darauf, dass auch den Medizinern die Unterleibsmassage heimliches Vergnügen bereitet hätte, gäbe es keine Hinweise. Vielmehr hätten Heilkundige im 17. Jahrhundert ihre Abneigung gegen die langwierige und für sie anstrengende Therapie aktenkundig gemacht. Typisch.

Am nächsten Tag schaute ich mir am Marnikarnika-Ghat, dem heiligsten aller Ghats, die allabendliche Prozession an, bei der Gläubige am Ganges musizieren und beten. Ein Spektakel, das unzählige Menschen aus allen Himmelsrichtungen anlockt. Hier saßen sie nun, still und friedlich, und lauschten den meditativen Klängen. Und ich zwischen ihnen. Körperlich war ich nun zwar entspannt, aber in meinem Kopf rotierte es. Ich war schon seit anderthalb Wochen in Indien, hatte aber immer noch mit keinem Mann geschlafen. Verdammt, wo waren bloß all die heißen Typen, und wieso sprach mich keiner an?

Just in diesem Moment tippte mir jemand von hinten auf die Schulter und flüsterte: »Hey, du, Lust auf Yoga?« Ich drehte mich um und blickte in das braungebrannte Gesicht eines steinalten Mannes. Er trug ein weißes Leinengewand, seine langen grauen Haare hingen ihm weich über die Schultern, und er lächelte mich freundlich durch runde Brillengläser hindurch an. In seinen Augen lag viel Wärme und Klugheit.

Deshalb gab es für mich, die schon seit Jahren regelmäßig Yoga übte, im Grunde nur eine Antwort auf seine Frage: »Ja, klar!«

Da strahlte er über das ganze Gesicht und sagte: »Prima, dann komm mit. Ich werde dein Yogalehrer – nenn mich einfach Guru G.!« G wie Gangsta oder was?! Naja, egal... Wie krass. Genau so einen Typ hatte ich insgeheim gehofft hier zu treffen: charismatisch, klug, durchgeknallt und bereit, mich in die uralten Lehren Indiens einzuführen. Für gerade mal 250 Rupien die Stunde, knapp 3 Euro. Ich zögerte keine Sekunde und folgte dem verrückten Männlein durch das Getümmel des Marktplatzes, hinein in das Gassenlabyrinth von Varanasi. Aus irgendeinem Grund vertraute ich ihm sofort. Wir schlängelten uns vorbei an Bettlern, Obsthändlern, Musikern und Kühen, Kühen und nochmals Kühen. Schließlich machten wir vor einem heruntergekommenen Bretterverschlag halt. »Mein Heim«, erklärte er stolz. Auf einem staubigen, alten Schild stand: »Shiv Shakti Yoga, Jyoti Medical Centre«. Ich erbleichte. Worauf hatte ich mich bloß eingelassen? Wer oder was würde hinter dieser Stalltür lauern? Wir traten ein. Drinnen war es dunkel und angenehm kühl. Überall standen bunte Götterfiguren, es duftete nach Räucherstäbchen. Sofort zog Guru G. (gesprochen: »Dschi«) seine Schuhe aus, befahl mir, es ihm gleichzutun. Das Haus hatte einen großzügigen Innenhof und war in Wahrheit viel größer, als es von außen gewirkt hatte. Bestimmt drei oder vier Stockwerke hoch. »Ich lebe hier zusammen mit meiner Ehefrau, meinen Töchtern«, erklärte mir Guru G., während er mich zu einer schmalen Tür führte. »Sie werden uns aber nicht stören. Mir nach, mir nach!« Ich folgte ihm in ein kleines Zimmer, sein »Arbeitszimmer«, das bloß von einer schwachen Glühbirne erleuchtet wurde. Überall an den Wänden hingen Bilder von Shiva und dessen Gefolgsleuten. Auf dem Boden lagen Kissen, Decken und vollgekritzelte Papiere. Spontan und scheinbar wahllos pickte Guru G. einen kleinen gelben Klumpen vom Teppich auf und hielt ihn mir hin. »Hier, bitte, mein persönliches Geschenk an dich. Honig. Iss, iss.« Ich war angeekelt, wollte aber weder ein Weichei noch unhöflich sein. Also steckte ich mir den süßen Klumpen, der hier schon seit Gottweißwann auf dem Teppich vor sich hin gemodert hatte, in den Mund.

»Mmmmmhhh«, machte ich und hoffte inständig, dass es sich nicht um Opium in Bröckchenform handelte. Das war in Indien nämlich ziemlich beliebt, hatte ich mir sagen lassen.

»Soooo«, begann Guru G. seine erste Theoriestunde und holte tief Luft. »Waaaaaaaas ist denn Yoga überhaupt, hm?« Ich überlegte.

»Äh, so 'ne Art Sport für die Seele?« Da wurde er gleich mal richtig wütend.

»Falsch, falsch, ganz falsch!«

Ich probierte es noch einmal. »Etwas, um zu sich selbst zu finden?«

»Faaaaaaaaalsch! Dummes Mädchen!« Und – Patsch!!! – hatte ich eine Backpfeife sitzen! Kein Scherz. Tat aber nicht weh. Es fühlte sich eher wie ein freundschaftlicher Klaps an, der meinen Geist aufwecken sollte. »Einen Versuch hast du noch. Streng dich an!« Ich bekam feuchte Augen.

»Ääähhh … Sorry, ich weiß es nicht. Bitte sag es mir, Guru G., deshalb bin ich doch hier!« Herrje, das war ja wie damals im Matheunterricht.

Aber Guru G. gab mich nicht auf: »Nun, beginnen wir am

besten mit einem Lied: »Shiva, Shiva, Shiva …« Ungefähr fünf Minuten lang trällerte er mir inbrünstig etwas vor. Natürlich verstand ich kein Wort. »Na, weißt du es jetzt?«, fragte er schließlich triumphierend. Pause. Schweigen. Kopfschütteln meinerseits. »Na dann, folge mir aufs Dach«, rief Guru G. versöhnlich. Oben angekommen, mussten wir erst einmal ein paar Affenmütter mit ihren Jungen verscheuchen. Ich war etwas ängstlich, weil ich nicht gegen Tollwut geimpft war. Als ich Guru G. von meinen Bedenken erzählte, hielt er sich seinen kugelrunden Bauch vor Lachen. »Sei nicht albern.« Dann ging es ans Eingemachte. Guru G. breitete eine große braune Decke auf dem Steinfußboden aus. Unsere Yogamatte. Vorher wischte er mit seinen Händen Staub und Dreck vom Boden in alle Himmelsrichtungen fort. Zuerst dachte ich, er führte eine Art Tanz auf. Aber nein, er putzte bloß den Boden für mich. Wir setzten uns im Schneidersitz einander gegenüber, und er begann: »Was ist Yoga? Ganz einfach: Yoga ist die Vereinigung von Körper und Geist. Das unterscheidet es vom Fitnessstudio. Und Meditation ist die Vereinigung von Herz und Seele. Unser Medium ist *OM*, gesprochen *A-O-M*. Was bedeutet OM? Ganz einfach: A ist der erste Laut in allen Sprachen. O ist die Gegenwart – wir sind am Leben. M ist die Zerstörung (des Lebens). Denn alle Kreaturen weinen *Mmmmhhhh,* wenn jemand stirbt.«

»Das mit O kapier ich nicht so ganz«, warf ich zögerlich ein.

»Can I touch you?«, fragte er und machte Anstalten, mich zu kneifen.

Da schrie ich schon von selbst: »Ooh!« Guru G. bekam daraufhin einen Lachanfall und lachte so laut, dass ringsherum die Nachbarn aufs Dach stiegen, um zu schauen, was los war.

»Clever girl, very clever girl«, lachte er und hielt sich das Bäuchlein. »Jetzt hast du's kapiert, oder?« Ich lachte ebenfalls schallend. Das schien ihn derartig zu begeistern, dass er spontan aufsprang und zehn Vorwärtsrollen machte. »Und nun du«, verlangte er. Ich tat, wie mir geheißen, und machte zehn Vorwärtsrollen. »Very good«, lobte er. »Jetzt sitzt deine Seele locker!« Geschäftig rückte er seine Brille gerade, legte seinen Rock ab und erklärte weiter: »Beim Yoga wirst du eins mit der Natur. Wir sind alle Schöpfungen Gottes. Deine Eltern sind nicht deine Eltern. Wir beide haben dieselben Eltern. Millionen Menschen haben dieselben Eltern. Die Natur, den großen Schöpfer. Wer ist er? Keine Ahnung. Aber er ist da, so viel steht fest. Und wenn wir Yoga machen, dann bekommen wir Power. Mental und physisch, für unseren Körper.« Es folgten einige Übungen mit dem Schwerpunkt Hüfte und untere Beckenbodenmuskulatur, während die glutrote Sonne langsam unterging. »Diese Übungen wirbeln deine Chakras so richtig schön durcheinander«, erklärte Guru G. »Du wirst vor Energie nur so strotzen, wenn ich mit dir fertig bin. Du wirst merken, wie sie durch deinen Unterleib bis hinauf in dein Herz und deinen Kopf fließt.« Und tatsächlich kribbelte es ein klein wenig in meiner Beckengegend, als ich beim Nachspüren auf dem Dach lag und in den Himmel starrte. Klar, dass ich mich gleich für den nächsten Morgen bei Guru G. anmeldete. Die Ideale, die er als Yogalehrer vertrat, waren im Moment genau das Richtige für mich: Er lebte ein reines, enthaltsames und wertfreies Leben im Einklang mit Mutter Natur. Dazu gehörte, dass er sich zu hundert Prozent pflanzlich ernährte und mindestens vier Stunden am Tag Yoga übte. In seinem Fall Ashtanga Yoga, bei dem das Gleichgewicht zwischen Körper und Geist durch eine Kombination aus körperlichen Übungen, also Asanas, Atem (Pranayama) und Meditation angestrebt wird. Wenn ich das regelmäßig machen würde, wäre ich nach ein paar Wochen vermutlich ein anderer Mensch: gelenkiger, entspannter, offener für alles, was in Sachen Körperlichkeit noch so auf mich zukommen würde. Als ich mich nach unserer ersten Stunde von Guru G. verabschieden wollte, bestand er darauf, mich zu meinem Hotel zurückzubringen. Unterwegs flüsterte er mir zu, dass er auch Astrologe sei. »Ich wette, du bist von Sternzeichen Löwe. So mutig und selbstbewusst!« Leider lag er damit falsch. Als ich jedoch den Kopf schüttelte, verpasste mir Guru G. schon wieder eine Kopfnuss. »Unsinn, natürlich bist du ein Löwe! Du weißt es nur noch nicht. Los, brüll mal!«

Er sagte das mit so viel Ernst, dass ich ohne zu überlegen loslegte: »Roooaaar!«

Daraufhin kicherte Guru G. wie ein kleiner Junge. »Hast du noch alle Tassen im Schrank? Mach nicht alles, was andere von dir verlangen, klar? Benutz dein Gehirn!« Ich nickte beschämt. »Goodbye, my friend«, verabschiedete sich Guru G. schließlich am Eingang meines Hotels. »I wait for you tomorrow – at six am. Komm bloß nicht zu spät!« Ich versprach es. Meine Güte, was für ein verrückter Abend.

Auf der Terrasse meines Hotels war inzwischen die Hölle los. Nach Einbruch der Dunkelheit trafen sich hier offenbar alle, die in Varanasi tagsüber auf der Suche nach einem Versteck, Drogen oder dem Sinn des Lebens waren, auf ein Bier: ein Hartz-IV-Empfänger aus Köln, ein arbeitsloser Hausmeister aus Belgien, eine arbeitslose Animateurin aus Holland, ein Schwede, der auf der Flucht vor seinem Sektenführer war, ein Afghanistan-Veteran, der mit Plastikgewehren das Ufer des Ganges unsicher machte, Drogenbosse, Drogenopfer, Studenten, Loser, Irre, Ex-Führungskräfte – und ich. Jenen Abend verbrachte ich mit Aks (38, ein Koch mit Burnout aus Bangkok) und Vena (28, eine arbeitslose Opernsängerin aus Sydney). Wir gingen gemeinsam ins Raga Cafe, ein koreanischer Gourmet-

Tempel gleich um die Ecke. Dort aßen wir vegetarische Sushi mit Aks' Bekanntem Gail (30, aus Montreal), der mit seinem Spitzbärtchen aussah wie der Zirkusdirektor aus dem Film »Moulin Rouge«. Der schwule Aks baggerte Gail (gesprochen: »gay« – kein Witz) den ganzen Abend über an. Das Ende vom Lied war, dass Aks auf der Dachterasse des Shiva Guesthouse Ganja-Lassies für sich und Gail orderte, die nach vergammelter Banane schmeckten, und eine Stunde später den völlig zugedröhnten Gail mit auf sein Zimmer nahm. Offenbar hatten wir alle, die hier die nächtlichen Dachterrassen bevölkerten, eins gemeinsam: Wir waren nach Indien gekommen, weil wir etwas suchten. Aks wollte schnellen Sex und Ablenkung davon, dass er als Koch gescheitert war. Gail hatte möglicherweise endlich jemanden gefunden, der ihn in die wunderbare Welt des schwulen Sex einführte. Und auch ich hatte vielleicht schon längst das gefunden, was ich suchte: Am Nebentisch saß ein Typ, der mich schon die ganze Zeit anstarrte und sich mir schließlich als Yonni vorstellte – ein Israeli, der hauptberuflich für Warner Brothers als Comiczeichner arbeitete. Gemeinsam tranken wir ein Bier, lästerten ein wenig über alle, die sich gegenwärtig noch mit Bürojobs (wie spießig!) abmühten, und schließlich spielte er mir auf seiner Gitarre »Sweet Dreams« in der Version von Marilyn Manson vor, mein Lieblingslied. Ich sang lauthals mit. Der ganze Laden starrte uns amüsiert an. Yonnis Irokesenschnitt wackelte im Takt. Als er das Stück beendet hatte, fragte er mich, ob ich ficken wolle.

»Wo denn?«, gab ich zurück.

»Mein Hostel ist gleich um die Ecke.«

Ich überlegte einen Moment. Yonni war verdammt sexy. Wenn ich jetzt mit ihm mitgehen würde, dann wäre das Eis für meine *Mission: Orgasmus* endlich gebrochen. Anderseits: So etwas Krasses hatte ich noch nie gemacht. Einfach so mit einem fremden Mann mitzugehen, der noch nicht einmal so tat, als wolle er irgendetwas anderes von mir außer Sex. Sondern die Karten auf den Tisch legte: Ficken! Du und ich! Jetzt! Aber irgendwie gefiel mir gerade das, weil es so ehrlich und fast schon animalisch war.

»Okay, alles klar«, sagte ich und folgte Yonni, nachdem er unsere Rechnung beglichen hatte. Unterwegs fragte ich ihn noch schnell, ob er sich selbst als Hase, Hengst oder Stier einschätzte. »Eindeutig Stier«, sagte Yonni und grinste. So weit, so gut. Leider entpuppte sich Yonnis Unterschlupf als ein 4-Mann-Bett-Zimmer, in dessen Ecke zwei seiner (gut aussehenden) israelischen Kumpels saßen und kifften.

»Was ist mit denen?«, fragte ich.

»Die dürfen zuschauen«, entgegnete Yonni mit rauer Stimme und streichelte meine Schulter. Okay, scheiß drauf. Das hatte schließlich auch was: Beim Sex beobachtet werden. Ich hob mein Kleid, zog mein Höschen aus und warf es Yonni an den Kopf. Dann wollte ich ihn küssen. Aber er zog mich auf sein Bett und bedeutete mir, mich hinzulegen. Dann schob er mein Schenkel auseinander, tauchte unter mein Kleid und begann, mich zu lecken. Zuerst bewegte er seine Zunge ganz langsam und genüsslich von unten nach oben – als wäre mein Allerheiligstes ein cremiges Eis am Stil. Dann wurde er schneller und massierte mich mit seiner Zunge genau da, wo ich es brauchte. Als er dann auch noch zwei seiner Finger hinzunahm, war es um mich geschehen: In meinem gesamten Körper braute sich ein Sturm zusammen, überall kribbelte und pulsierte es. DAS WAR ES! Ich hielt die Luft an, bäumte mich kurz auf und riss den Mund auf – und stöhnte meine Lust laut heraus: »Ooohhh, jaaa! Oh Gott! JA! Uuuhhh!« Danach sank ich zurück in die Kissen und lag eine Weile völlig unbeweglich und stumm da, um meinem fantastischen Orgasmus bis in die letzte

Millisekunde nachzuspüren. Ich war überglücklich und schwer beeindruckt – von Yonni und von meinem eigenen Körper. Noch nie hatte es einer meiner Exfreunde geschafft, mich allein durch Oralsex zum Höhepunkt zu bringen. Das hatte ich vermutlich Laliths Massage und Guru G. zu verdanken, die dafür gesorgt hatten, dass sämtliche Verspannungen aus meiner Beckengegend gewichen waren. Und Yonnis Talent. Dieser Israeli war ein wahrer Ed v. Schleck, der sich offenbar bestens mit der weiblichen Anatomie auskannte und Freude daran hatte zu geben. Herrlich, so ein Orgasmus, der allein durch die raffinierte Zungenarbeit eines Mannes verursacht wurde. Das war nochmal etwas ganz anderes, als wenn mich ein Mann fickte oder mit der Hand bearbeitete. (Gut gemachter) Oralsex war eine wahre Hommage an die Weiblichkeit. Ich war mir dabei wie eine Königin vorgekommen, als ich so auf dem Bett gethront und Yonni zwischen meinen Schenkeln gekniet hatte.

»Wow, that was amazing – thank you so much«, rutschte es mir heraus. Nun wollte ich, dass Yonni mich richtig fickte – wer weiß, was er sonst noch so draufhatte und welchem Tier sein Penis nach dem Kamasutra entsprach – aber er stand einfach auf und ging aus dem Zimmer, lächelnd. Wie selbstlos! Während ich noch so vor mich hin seufzte, stand plötzlich einer der beiden anderen Typen mit einem Kondom in der Hand vor mir und fragte, ob er mir irgendwie behilflich sein könnte. Unter seiner dünnen Stoffhose zeichnete sich bereits ein Ständer der Kamasutra-Kategorie Hengst ab.

»Show me what you got«, hauchte ich. Was er zu bieten hatte, war nicht übel. Und so zog ich ihn zu mir herunter und trieb es mit ihm. Noch ein Orgasmus war leider nicht drin. Dafür kam er viel zu schnell, wofür er sich mehrmals aufrichtig entschuldigte. Trotzdem hatte ich den Sex mit ihm genossen, weil er ziemlich hemmungslos gewesen war. Zugegeben, ich war auch ein bisschen entsetzt von mir selbst. Gleich zwei Typen auf einmal! Aber dafür war ich ja hier. Um Dinge über mich und meine Sexualität zu erfahren. Und die erste Erkenntnis hatte ich schon erlangt: Offenbar konnte ich mich bei einem Fremden besser gehen lassen als mit einem Mann, mit dem ich eine Liebesbeziehung führte. Aber warum? Weil ich bei ihm nichts zu verlieren hatte? Weil ich ein Problem damit hatte, wenn mein Lebensabschnittsgefährte wusste, auf was für schmutziges Zeug ich so abfuhr? Das war mir nicht ganz klar, aber in jedem Fall war dieser Sex ein grandioser Auftakt für meine Mission gewesen. Außerdem wusste ich jetzt auch, welches Kamasutra-Tier ich war. (Bleibt aber mein Geheimnis.) Und auch der Israeli schien beglückt zu sein. »Sehen wir uns wieder?«, fragte er mich, als wir zusammen noch eine Kippe auf seinem Balkon mit Blick auf den Ganges rauchten. »Vielleicht«, sagte ich lächelnd und gab ihm zum Abschied einen Kuss. Auf Nimmerwiedersehen.

Am nächsten Tag stand ich um sechs auf. Um diese Uhrzeit herrschten noch angenehme Temperaturen in Varanasi. Die Luft war feucht, und es roch nach Curry. Ich war mit Guru G. zum Yoga bei Sonnenaufgang verabredet und irrte erneut durch das Gassenlabyrinth von Varanasi. Vorbei an Bergen von Chili-Schoten, die in der Sonne trockneten, schlafenden Bettlern und geschäftigen Frauen, die Gebäckteilchen in heißem Öl frittierten. Die aß man hier gerne »to go« zu seinem morgendlichen Chai. Überall versperrten mir müde Kühe den Weg, eine schlief sogar vor dem Hauseingang von Guru G., sodass ich ihn durchs Fenster rufen musste: »Guru Giiiiiiii?! It's me, Henriette!«

Gleich darauf ertönte eine aufgeregte Stimme von innen: »Yes, yes, my friend. I am coming – but, please: *Shanti shanti!*« Ungefähr zwei Minuten später öffnete mir mein Guru die Tür –

ausschließlich mit einem orangefarbenen Wickeltanga beklei-
det. Außerdem hatte er die langen grauen Haare mitten auf
seinem Kopf zu einem Dutt im Stil von Lord Shiva zusammengeknotet. Guru G. strahlte unfassbar viel Ruhe und Gelassenheit aus, was auf mich eine geradezu hypnotische Wirkung hatte. Sogar dann noch, als er sich mit seinem ganzen
Gewicht (höchstens fünfzig Kilogramm) gegen die Kuh lehnte,
um sie vom Eingang wegzuscheuchen. »Come in, my friend,
come in and sit down«, forderte er mich auf, nachdem er das
tierische Problem gelöst hatte. Er selbst duschte sich noch kurz
mit dem Gartenschlauch ab (zum Glück behielt er seine Unter-
hose an), ehe er sich ein wallendes Gewand überwarf und mich
aufs Dach führte.

Oben angekommen, breitete Guru G. erneut die alte braune
Decke auf dem Boden aus, und wir setzten uns einander im
Lotussitz gegenüber. Was folgte, waren Asanas, die ich im Vergleich zu dem, was so in den hippen Studios in Hamburg abging, durchaus als hardcore bezeichnen würde. Denn während
die meisten gestressten Büromenschen in Deutschland Yoga
nach Feierabend zum Ausgleich betreiben, ging es bei Guru G.
um Hochleistungssport. Wer *Krähe*, *Krokodil* und *halbe Taube*
nicht perfekt beherrschte, wurde lauthals ausgelacht und bekam eine (zärtliche) Kopfnuss. Mit Gewalt bog und drückte
mich mein Guru in die abgefahrensten Positionen. Aber ich
vertraute ihm vollkommen! Der Mann wusste schon, was er
da tat. Nach drei Stunden Unterricht inklusive Meditation und
Gesang (»Om, shanti shanti, om!«) war ich ein körperliches
Wrack, spürte aber erneut dieses leichte Kribbeln in meiner
Mitte. Guru G. schien zufrieden mit mir zu sein: »Gott ist nun
in dir! Dein Körper ist ein Tempel! Und Yoga schafft Frieden in
diesem Tempel!« Na, halleluja.

Von nun an kam ich über viele Wochen jeden Abend zu Guru G. Jedes Mal lernte ich mehr über Yoga, mich, das Leben und entschloss mich auf sein Drängen hin sogar, bei ihm eine Ausbildung zur Yogalehrerin zu machen. »You are a greeeaaaaat talent«, hatte Guru G. mich immer wieder gelobt. Ich sei mit Sicherheit ein »amaaaaazing teacher« und könne doch auf seinem Dach Kurse für Touristen geben. »You are my daughter! You can stay here forever!«, fügte er hinzu. Vielleicht, weil sich seine Töchter weniger für Yoga als vielmehr für ihr IT-Studium interessierten. Das war natürlich eine große Ehre für mich. Deshalb konnte ich auch nicht widerstehen, als mir Guru G. eine Kammer in seinem Haus gab, damit wir die Zeit bis zu meiner Weiterreise intensiv nutzen konnten. Pro Monat zahlte ich dafür hundertfünfzig Euro, was ein wirklich guter Deal war. Ich sah meine Yogaausbildung nämlich als eine Art physische Vorbereitung für meine Mission, weil sie mich in völlig neue Sphären beförderte. Selten war ich so entspannt, schlank und biegsam gewesen! Wohl auch, weil ich in dieser Zeit kaum etwas anderes als Reis zu essen bekam, den Gurus Ehefrau Nilam für mich zubereitete, und scheußlich schmeckenden Detox-Tee trank. Leider sprach Nilam kein Wort Englisch, sodass sich unsere Kommunikation auf ein stets warmes »Namaste« beschränkte.

Ein bisschen kam ich mir damals vor wie Uma Thurman in »Kill Bill« – mit dem Unterschied, dass Guru G. mit der Zeit so etwas wie ein väterlicher Freund wurde. Abends gingen wir zusammen am Ganges spazieren und philosophierten über das Leben. Hin und wieder wieder durfte ich sogar unter seiner Aufsicht Yogakurse für Touristen geben, was mir großen Spaß bereitete. An den Wochenenden unternahmen wir Ausflüge ins Umland, um in freier Natur meditieren zu können.

So vergingen vier Monate in Varanasi wie im Flug. An Sex dachte ich in diesen Wochen kaum, weil ich körperlich extrem gefordert wurde. Außerdem hatte mir Guru G. ans Herz gelegt, es täte mir gut, meinen »inneren Tempel« mal gründlich zu reinigen – und das ging nur, wenn ich weltlichen Lastern wie Alkohol, Zigaretten, fettigem Essen oder Sex entsagte. Ich hörte auf ihn. Immerhin zehrte ich ja insgeheim immer noch von meiner heißen Nacht mit Yonni und seinem Freund. Als ich jedoch nach ein paar Monaten endlich mein Yogadiplom in den Händen hielt, beschloss ich, dass es für mich an der Zeit war weiterzureisen. Bei dem heißen Wetter hatte ich meine Hormone so langsam doch nicht mehr unter Kontrolle.

»Es gibt noch so viel zu sehen«, erklärte ich meinem Guru. »Aber ich werde mich immer an dich erinnern. Dank dir habe ich ein völlig neues Körpergefühl. Ich habe meinen Körper durch Yoga erst so richtig zu lieben und respektieren gelernt. Mein Geist und mein Körper sind nun endlich eins. Dafür danke ich dir.«

Wir weinten, als wir uns in den Armen lagen, und ich musste ihm versprechen, dass ich ihn irgendwann besuchen würde. »Und zur Eröffnungsfeier deines eigenen Yogastudios in Deutschland lässt du mich gefälligst einfliegen«, rief er und gab mir noch eine allerletzte Kopfnuss, ehe ich in eine Fahrradriksha einstieg, die mich zum Bahnhof brachte.

6 Der Höhlenmensch
Vögeln unter freiem Himmel

Gib's mir richtig, ganz egal, wo!
(DJ TOMEKK FEAT. LIL' KIM – KIMNOTYZE)

Auf meiner langen Zugfahrt nach Rishikesh blätterte ich in einem deutschen Klatschblatt, das ich in einem Restaurant gefunden hatte. Darin stand, dass der »Durchschnittsdeutsche« knapp zwei Mal die Woche Sex hat, nichts von One-Night-Stands hält und angeblich auch noch nie fremdgegangen ist. Wenn dem tatsächlich so war, dann war ich in den Augen des Durchschnittsdeutschen vermutlich ein ganz schönes Flittchen. Allerdings hatte ich mir auf meinem Flug nach Indien geschworen, alles im Leben auszuprobieren und auszukosten und nie einen Fehler zu bereuen. Auf meinem Sofa sitzen, Chips in mich reinstopfen, keinen Sex mehr haben und »Schlag den Raab« glotzen, das konnte ich ja noch früh genug.

In Rishikesh – wo winterliche Temperaturen herrschten – mietete ich mich in einem hübschen kleinen Hotel namens Bandari Swiss Cottage ein. Von meinem Balkon aus hatte ich einen fantastischen Blick über den gesamten Ort, den ich auch sogleich zu Fuß erkundete. Über eine große Brücke, die von unzähligen Affen belagert war, von denen mir sogar einer mein Sandwich klaute, gelangte ich ins Stadtzentrum, wo ich mir ein paar Tempel anschaute und den spektakulären Ausblick auf den himmelblauen Ganges, der hier noch nicht verschmutzt war, genoss. Am dritten Tag kam ich an einem der typischen indischen Souvenirgeschäfte vorbei, in denen bunte Klamotten,

Kissen und Lampen feilgeboten wurden. Weil es ein außergewöhnlich schönes Geschäft war, blieb ich einen Moment lang stehen – bis plötzlich ein Mann anfing zu schreien: »Oh my god, oh my god, I was waiting for you – the German girl!«

Irritiert starrte ich den vor mir auf und ab hüpfenden Shopbesitzer an, ein junger Inder in lässigen Klamotten, der mich mit großen leuchtenden Augen anschaute. Wieso um alles in der Welt hatte der auf mich gewartet? Als er sich ein wenig beruhigt hatte, erzählte er mir, dass er mich schon vorhin gesehen und erkannt habe, dass zwischen uns eine *special connection* bestehe. Deshalb wolle er mich nun unbedingt auf eine Tasse Chai einladen, weil er so viele Fragen zu *Germany* habe.

Woher wusste er denn bitte, dass ich *german* war?! »Please! Please! Please! STAY!«, flehte er weiter, und so entschloss ich mich, auf einen Tee zu bleiben – denn es schien dem Jungen ja ziemlich wichtig zu sein. Kaum dass ich mich auf eines seiner Kissen niedergelassen hatte, ging das Licht aus. In der ganzen Stadt war Stromausfall. Er entschuldigte sich tausendfach und zündete ein paar Kerzen an. Dann legte er los: »Ist es in Deutschland echt so, dass jeder ständig besoffen ist und man praktisch immer und überall eine Frau flachlegen kann?!« Puh, hier war Aufklärungsbedarf. Ich holte zunächst zu einem längeren Vortrag aus, in dem ich versuchte, ihm den Unterschied zwischen Genusstrinken, zum Beispiel von gutem Rotwein zu einem leckeren Essen mit Freunden, und dem Komasaufen in den Clubs zu erklären. Er war fasziniert. »Und ich kann in Deutschland auf jeden Fall eine Frau kennenlernen, die mit mir schläft?!«, fragte er mich mit großen, leuchtenden Augen. Prinzipiell ja, allerdings käme es darauf an, wie er sich verkaufe.

»Where exactly can I find a girlfriend in Germany?«

»Eigentlich überall. Im Supermarkt, auf der Straße, in einer Bar …«

»Und dann frage ich sie einfach …?«

»Was jetzt?«

»Ob sie mit mir schlafen will?«

»Lieber nicht. Es wäre taktisch klüger, sie zunächst zwei oder drei Mal auszuführen, um ihr Herz zu erobern, wenn man so will.«

»Und dann? Nach zwei, drei Tagen? Kann ich dann mit ihr schlafen?«

»Ähm … wenn du Glück hast, ja.«

»OH MY GOD! THAT IS SOOOO AMAZING!« Allmählich kam ich ins Grübeln. Wir Deutschen waren tatsächlich ganz schön leicht zu haben – im Vergleich zu den Inderinnen, die man ja erst ehelichen musste. War das eigentlich okay? Munech, so hieß der putzige Kerl, jedenfalls war hin und weg von der Aussicht, in Deutschland innerhalb kürzester Zeit zum Abschuss zu kommen. »I don't like Indian girls. I only like foreigners«, schwärmte er. Wie könne er das denn so pauschal sagen, das sei doch reichlich oberflächlich, widersprach ich. Aber Munech blieb bei seiner Meinung. »Indische Frauen muss man immer gleich heiraten. Das stresst mich total. Mein Vater nervt mich ständig mit der Frage, wann ich denn nun endlich eine Frau heiraten wolle. Ich hab ihm gesagt, dass ich niemals heiraten werde. Ich finde Westlerinnen einfach viel cooler.«

So, so. Aber es gäbe doch sicherlich auch coole, bezaubernde Inderinnen?

»No, too complicated.«

»Aber dafür beherrschen sie das Kamasutra doch bestimmt aus dem Effeff, oder?«

»Kamasutra? Hahaha! No, they don't. Das ist ein sehr altes Buch, keiner liest das mehr.«

»Und warum nicht?«

»Heutzutage gucken die Leute lieber Bollywoodfilme.«

Ich war enttäuscht. Dieses gruselige, quietschbunte Bollywood hatte in Indien also das altehrwürdige Kamasutra abgelöst. Es war damit genauso schädlich wie Hollywood für den Westen. Mich fröstelte es mittlerweile ganz schön. In Rishikesh war es nämlich im Januar scheißkalt. Und in meinem Zimmer gab es nicht mal eine Heizung, geschweige denn heißes Wasser. Wie Munech das in seinem Apartment mit der Kälte regelte, wollte ich wissen. Da lachte er nur. »Oh, I don't have an apartment, I am sleeping in a cave in the forest in the mountains with wild elephants.« Ach, herrje. Ich maulte über mein Hotelzimmer, und dieser arme Junge pennte allen Ernstes in einer Höhle. Ich schämte mich. »It's not too cold, I have a fireplace. But it's always better, to share your bed with someone else, that makes it more warm, you know what I mean?!«

Hm, war das jetzt 'ne Anmache? Eigentlich wollte ich nach Hause, es war ja mittlerweile stockfinster. Blöderweise war die Brücke, die über den Ganges und zu mir nach Hause führte, ebenfalls vom Stromausfall betroffen und dementsprechend düster.

»Soll ich dich mit meinem Motorrad nach Hause fahren?«, fragte Munech.

Warum eigentlich nicht? Unzählige Leute hatten mich mit ihm gesehen. Sollte ich morgen also zerstückelt am Ufer des Ganges aufgefunden werden, wüsste die Polizei zumindest, wer als Täter in Frage kam. Also für den Fall, dass Inder sich gegenseitig verrieten. Aber davon abgesehen, hatte ich ein gutes Gefühl, was Munech anging. Seine kindlich-naive Plapperei wirkte harmlos und gutherzig. Ich stieg also kurz darauf auf seine Maschine, und wir düsten durch das beinahe komplett finstere Rishikesh. Vor meinem Hotel fragte ich ihn, ob ich ihn zum Dank noch auf einen Tee einladen dürfe. Munech wurde daraufhin ganz aufgeregt, verkündete, dass er *mich* zum

Abendessen einladen wolle, und führte mich in ein ziemlich stylishes Restaurant in der Nähe, das komplett aus Bambusholz war und ausschließlich vegane Köstlichkeiten servierte. Wir unterhielten uns hervorragend und lachten viel. Irgendwann wurde ich aber müde und wollte zu Bett gehen.

»Zu zweit ist es viel gemütlicher im Bett, findest du nicht?«, versuchte Munech es noch einmal. »Come on, I want to show you my beautiful cave in the forest.«

Aha. Er wollte mich jetzt also in seine Höhle verschleppen. Ich musste lächeln. Zugegebenermaßen war meine Neugier auf diese Höhle übergroß, obwohl ich natürlich auch ein bisschen Angst hatte, was mich dort erwarten würde. Angst vor Munech hatte ich jedenfalls keine. Er war ein gutherziger, liebenswerter Junge. Also holte ich noch schnell meine Zahnbürste und Kondome aus meinem Hotelzimmer, und dann sausten wir auf seinem Motorrad zurück über den Fluss nach Lakshma Jhula und von dort aus noch etwa eine Dreiviertelstunde lang am Ufer des Ganges entlang, immer tiefer in die Berge hinein.

Ein paar Mal wären wir beinahe in den Gegenverkehr gerast, ein LKW hätte uns fast umgenietet, und streckenweise schrie ich wie am Spieß. Irgendwann hielt Munech abrupt an und fuhr mitten in den stockfinsteren Wald hinein. Nach zehn Minuten erreichten wir tatsächlich eine Felswand mit einer kleinen Einbuchtung – hier lebte er! Alles, was ich sah, waren ein paar Stöcke, über die lose eine Plane gelegt worden war, die offenbar als Wände und Dach diente. Entsetzlich! Wir würden erfrieren! Aber Munech machte sich sogleich daran, ein Feuerchen zu entfachen. Die Hitze strömte direkt in seine kleine Höhle, und auf der speckigen Matratze mit den dicken Wolldecken war es bald gar nicht mehr so kalt. Dennoch zog ich es vor, meine Hose bloß ein kleines Stückchen herunterzuziehen, ehe ich ihm ein Kondom reichte.

»Oh, really?«, fragte er mich.

»Na, klar! Was denkst du denn?«, flüsterte ich zurück. »Los, mach!«

Aber Munech gab mir das Gummi mit den Worten »not good, not good« zurück, damit ich das Überziehen erledigen konnte. Puh, war das etwa Neuland für ihn? War ich möglicherweise sogar seine... erste Frau? Naja, egal. Nicht mein Problem. Ich wollte jetzt vögeln. Pullover, Schuhe, Mütze und Schal ließ ich an, während Munech in mich eindrang. Und während er so seitlich hinter mir lag und sich ganz langsam in mir bewegte, wurde mir ziemlich heiß. Besonders schön wurde es, als er seinen Schwanz nach etwa vier Minuten aus mir herauszog und sich an mich kuschelte. Und so schlief ich mit heruntergelassener Hose in Munechs Armen ein. Am nächsten Morgen stahl ich mich gegen fünf Uhr morgens ohne ein Wort des Abschieds davon.

Natürlich hatte ich auch in der freien Natur, in der Höhle eines armen Souvenirladenbesitzers keinen Orgasmus bekommen. Aber immerhin hatte es keinen Stress deswegen gegeben. Offenbar war es tatsächlich typisch deutsch, dass der Sex immer so effizient und ordnungsgemäß abgewickelt werden musste. Hier, mitten im Wald, war alles deutlich entspannter abgelaufen, weil es viel mehr darum gegangen war, sich körperlich und kulturell auszutauschen und gegenseitig aufzuwärmen. Das hatte wunderbar geklappt. Nach meinem Orgasmus hatte Munech überhaupt nicht gefragt. Vielleicht spielt er ja in Indien gar keine Rolle? Und falls dem tatsächlich so ist, so hatte ich das nicht als negativ empfunden. Im Gegenteil: Im Grunde ist es doch sogar ein Vorteil, wenn ein Mann überhaupt nicht damit rechnet, dass eine Frau zum Höhepunkt kommt. Schließlich hat sich der Sex in unserer emanzipierten Gesellschaft nicht unbedingt verbessert, dadurch dass ständig darüber diskutiert wird. Zudem scheinen die Inder auch deutlich entspannter mit der Liebe umzugehen. Sie lieben in erster Linie ihre Götter, Shiva, Ganesh oder Hanuman, und machen um Beziehungen nicht so ein Brimborium wie wir. Bei uns hat sich die romantische Liebe, wie der deutsche Soziologe Niklas Luhmann in seinem Buch »Liebe als Passion« eingehend dargelegt hat, ja auch erst mit dem Bürgertum entwickelt und als Standard manifestiert. In seinem Buch beschreibt Luhmann sie sogar als Mogelpackung. Nachdem die Menschheit Gott nach und nach immer mehr den Rücken gekehrt habe, müssten plötzlich die Lebensabschnittsgefährten und -gefährtinnen die Leerstelle ausfüllen, die Gott hinterließe. Auf sie würden nun alle Wünsche und Begierden projiziert, was natürlich Enttäuschungen am Fließband zur Folge habe.

Da haben es die Inder mit ihren Gottheiten schon einfacher. Die muss man nur ein paar Mal am Tag mit Räucherstäbchen und Gebeten besänftigen, und das war's. Deshalb empfand ich meine Begegnung mit Munech auch als überaus erfrischend. Trotzdem schlich ich mich lieber diskret davon. Nicht, dass er sich noch in mich verknallt hatte oder so. An der Hauptstraße ließ ich mich von einem fettleibigen Trucker aufgabeln, der mich zurück in mein Hotel brachte.

Nachdem ich heil in meinem Hotel angekommen war und eiskalt geduscht hatte, heißes Wasser gab es nur zwischen sieben und zehn, setzte ich mich mit einer Tasse Chai auf meine Terrasse und dachte über die Bedeutung des weiblichen Orgasmus nach. Was hat er überhaupt für einen Sinn, wenn er ständig ausbleibt? Es gibt ja Forscher, die behaupteten, dass er bloß ein evolutionäres Nebenprodukt war, ähnlich der männlichen Brustwarze. Dafür spricht zum Beispiel die Tatsache, dass weibliche Orgasmen laut der US-Biophilosophin Elisabeth Lloyd

(»The Case of the Female Orgasm: Bias in the Science of Evolution«) in keinerlei Beziehung zur Fruchtbarkeit der Frau oder der Häufigkeit des Geschlechtsverkehrs stehen. Auf der anderen Seite existiert die »Upsuck-Hypothese«, die den Kontraktionen des weiblichen Orgasmus eine fruchtbarkeitssteigernde Wirkung zuschreibt, die allerdings nie wirklich bewiesen wurde. Ebenso wenig konnte eine 2011 veröffentlichte umfassende Recherche die Hypothese bestätigen, dass der weibliche Orgasmus den Spermientransport fördere. Rein evolutionsbiologisch betrachtet, ist der weibliche Orgasmus total überflüssig. Kein Wunder also, dass er über Jahrhunderte von der Männerwelt geleugnet oder ausgeblendet worden ist. Und heute? Da ist das genaue Gegenteil der Fall: Das Verlangen der deutschen Männer nach Bestätigung im Bett durch den weiblichen Orgasmus ist zu einem riesigen Problem für uns Frauen geworden. Die Männer denken, es sei ihre Aufgabe, dafür zu sorgen, dass es unseren Orgasmus überhaupt gibt. Und Frauen glauben, dass sie ihrem Partner einen Orgasmus schuldig sind, damit er sich bestätigt fühlt. Dabei geht es vielen Männern unbewusst vermutlich bloß darum, den Orgasmus der Frau abzuhaken, damit sie ihn nicht – wie häufig in Serien wie »Sex and the City« dargestellt – als Loser bezeichnen kann, wenn er es nicht schafft, sie zum Kommen zu bringen. Ein guter Freund hat mir einmal gebeichtet, wie sehr ihn diese schrillen US-Serien unter Druck setzen. Seit »Sex and the City« hatte er beständig das Gefühl, dass es eben nicht okay war, wenn eine Frau beim Sex auch mal nicht kam. Er hatte genau wie ich das Gefühl, dass es in Deutschland noch nie so wichtig war, gut im Bett zu sein, wie heutzutage. Wichtiger als ein guter Charakter, gutes Aussehen oder ein guter Job. Nur hat sich die Definition von »gut im Bett« mittlerweile völlig verzerrt, und niemand weiß mehr so genau, was er eigentlich beim Sex genau tun soll oder darf.

Mittlerweile dämmerte es, und ich ging nochmal runter ins Restaurant, um mir eine heiße Suppe zu bestellen. Am Nebentisch saß ein freundlicher Inder mit Wollmütze, der manchmal an der Rezeption arbeitete. Er plauderte mit mir, während ich auf mein Essen wartete. »Kalt, nicht wahr?« Ich nickte und rieb mir die Hände. »Darf ich fragen, weshalb Sie in Rishikesh sind? Möchten Sie einen Ashram besuchen oder Yoga und Ayurveda machen?«

Ich schüttelte den Kopf. »Nein, ehrlich gesagt, bin ich auf der Suche nach einem Tantra-Kurs. Kennen Sie da jemanden?«

Der Mann runzelte nachdenklich die Stirn. »Man kann Tantra nicht einfach so in Kursen oder aus Büchern lernen. Tantra ist eine Lebensphilosophie. Wahrscheinlich sind Sie, wie die meisten Westler, an dem sexuellen Aspekt interessiert, nicht wahr?«

Nun fühlte ich mich ertappt. Mir war schon klar, dass in Europa oder den USA hauptsächlich Neotantra praktiziert wird, bei dem die hinduistischen bzw. buddhistischen Inhalte für eine Optimierung der Orgasmusfähigkeit und ein Streben nach sexuell-spiritueller Wellness genutzt werden. Was mich jedoch viel mehr interessierte, waren die letzten echten Geheimnisse der indischen Gelehrten, die Tantra als ganzheitliche Weltanschauung sehen. Ich wollte zurück zu den spirituellen Wurzeln des weiblichen Orgasmus. Das versuchte ich nach anfänglichem Zögern, aber, hey, ich hatte Sex in einer Höhle gehabt, darauf kam es jetzt auch nicht mehr an, auch dem Rezeptionisten klarzumachen, der sich offenbar auf diesem Gebiet auskannte.

»Nun gut, wenn Sie wollen, bringe ich Sie morgen zu Maja. Sie ist 64, hat 16 Kinder zur Welt gebracht, und ihre Urgroßmutter war Kurtisane bei einem Maharadscha. Das behauptet sie zumindest. Maja gibt hin und wieder Workshops, in denen es um die Philosophie von Tantra geht.«

Und so fand ich mich einige Tage später in einem Sitzkreis zwischen lauter Öko-Touris aus aller Welt wieder. Ein grauhaariges australisches Ehepaar (sie in weißen Birkenstocks, er mit Keith-Richards-Gedächnis-Stirnband). Drei blonde Schwedinnen, so um die dreißig. Ein bärtiger, etwa vierzigjähriger Brite, der auf verblüffende Weise Thomas Gottschalk ähnelte. Dazu zwei hagere französische Althippies, die sich selbst »Shiva« und »Poppy« nannten. Wir hatten auf kleinen Kissen Platz genommen und schlürften wässrigen Tee. Ich hatte von meinem Rezeptionisten die seltsame Anweisung bekommen, mich ruhig zu verhalten und bloß keine vorlauten Fragen zu stellen. Später würde ich ihm dankbar sein. Interessanterweise handelte es sich bei Maja um eine hochgebildete Frau, die bereits Workshops in Europa und den USA gegeben hatte. Als sie in ihrem langen weißen Gewand den Raum betrat, eine Yogahalle in einem Waldstück am Ufer des Ganges, herrschte sogleich Ruhe.

»Namaste«, hauchte sie in die Runde, entzündete ein paar Räucherstäbchen, goss sich eine Tasse Tee ein, nahm auf einem kleinen Podest im Schneidersitz Platz und begann mit ihrem Vortrag. »Im Westen denken alle, dass sich Tantra bloß um Sex und phänomenale Orgasmen dreht, aber das ist nicht so«, erklärte Maja mit ruhiger, klarer Stimme, die keinen Widerspruch zu dulden schien. »Das Ziel des Tantrismus ist die Einswerdung mit dem Absoluten und das Erkennen der höchsten Wirklichkeit. Es geht darum, neue Kraft aus sexueller Energie zu ziehen. Aber das ist nur möglich, wenn ihr euch selbst liebt. Nur dann könnt ihr auch euren Partner und die Menschen in eurer Umgebung lieben.« Und dann haute sie, klar, den Lieblingssatz aller spirituell angehauchten Inder heraus: »Euer Körper ist euer Tempel.« Amen. »Sexualität ist eine göttliche Gabe, die ihr ehren müsst. Nehmt euch Zeit, wenn ihr mit eurem Partner schlaft, und vergesst die vermeintlichen Ziele, die euch von der Gesellschaft durch Pornos oder Zeitschriften aufgezwungen wurden. Vergesst den Orgasmus!« Ach, was? Jetzt fing es an, interessant zu werden. »Ich möchte nun mit euch hinaus in den Garten gehen. Dort sollt ihr lernen, wie man mit einem Lebewesen verschmilzt.« Das australische Paar, das offenbar schon Erfahrung hatte, eilte voran. Der Rest trottete etwas verunsichert hinter Maja her. Draußen wies uns Maja jeweils einem Baum zu. »Nun möchte ich, dass ihr euren Baum mindestens zwanzig Minuten lang umarmt.« Eine von den Schwedinnen kicherte, aber Maja ließ sich nicht beirren. Sie schien diese Reaktionen zu kennen. »Erst nach dieser Zeit wird euch der Baum in sein Energiefeld einladen und eures in sich aufnehmen. Bei Mann und Frau ist das ähnlich. Es kann zu keiner Verschmelzung kommen, wenn es dem Mann bloß darum geht, ein Ziel zu erreichen, also sich schnellstmöglich zu entladen. Das Problem ist, dass der Mann sofort bereit ist. Sein Penis ist von Anfang an erigiert, und das Vorspiel verzögert nur das, was er eigentlich will: in die Frau eindringen. Statt ein Ziel erreichen zu wollen, sollte man lieber den Moment auskosten, sich selbst spüren. Umso tiefer erreicht man den anderen.« Maja hielt inne und musterte uns eindringlich, einen nach dem anderen. In ihrem weißen Gewand sah sie aus wie ein freundlicher Geist, der über dem Boden schwebte. »Frauen brauchen Zeit. Es dauert, bis die Zellen eines Menschen auf einen anderen antworten und sich für ihn öffnen. Das ist nur möglich, wenn man Sex nicht nur als ein Mittel zur Befriedigung sieht, sondern als tiefe Vereinigung zweier Seelen.« Hinter mir hörte ich ein Schluchzen. Eine der Französinnen hatte angefangen zu weinen. Und auch ich war zutiefst berührt von Majas Worten, die fast so etwas wie eine Erlösung waren. Eine Erlösung von der Pflicht, kommen zu müssen. Sanft schloss ich meine Arme um den Stamm meines Teakbaums und legte meine Wange an seine Rinde. Er war warm und roch herrlich intensiv nach Holz. Ich fühlte mich geborgen und schloss die Augen. Tatsächlich konnte ich spüren, wie ich mehr und mehr eins mit diesem Lebewesen wurde. Maja fuhr fort: »Denkt immer daran: Euer Körper ist eure Basis, in ihm seid ihr geerdet. Euer Körper ist Gott. Deshalb seid niemals gegen euren Körper. Tantra lehrt Ehrfurcht, Liebe, Respekt und Dankbarkeit für den Körper. Wie häufig und auf welche Weise ihr zum Orgasmus kommt, sagt nichts über eure sexuelle Genussfähigkeit aus. Es geht darum, wie intensiv ihr genießt.« Ich sog Majas Worte in mich auf wie ein Schwamm und schwor mir, in Zukunft nur noch Sex mit Männern zu haben, zu denen ich eine tiefe innere Verbindung spürte.

Nach drei Stunden war der Tantra-Workshop beendet, und Maja überließ uns wieder uns selbst. Ich hatte das Gefühl, in völlig neuen Sphären zu schweben, und war nun bereit für McLeod Ganj, die Heimat des Dalai Lama und Hauptstadt der buddhistischen Spiritualität in Indien.

7 Schiffbruch mit Tiger Boy
Eine tibetische Bet(t)geschichte

Lalalalalalalala – komm, schlaf mit mir!
(HGich.T – DER ROSENKAVALIER)

In McLeod Ganj, wo der Dalai Lama und Tausende Tibeter im Exil leben, hat Buddha das Sagen. Das Straßenbild des kleinen Städtchens ist geprägt von tibetischen Gebetsflaggen und Mönchen in roten Kutten. Ich mietete mich im von einer tibetischen Familie betriebenen Hotel Green ein. Das Angebot an Kuchen und Kaffeespezialitäten war beeindruckend. Glücklich ließ ich mich auf der Terrasse nieder und genoss den Ausblick auf die schneebedeckten Gipfel des Himalaya, als sich plötzlich so ein schräger Typ neben mich setzte. Er hatte schmale, mandelförmige Augen, die er hinter einer herzförmigen Sonnenbrille versteckte. Seine langen schwarzen Haare waren zu einem gigantischen Afro gestylt, und seine Kleidung ähnelte der eines Varietékünstlers. So einen verrückten Inder hatte ich noch nie gesehen!

»Hallo, mein Name ist Tiger Boy. Warum sitzt du denn hier so allein? Wo sind deine Freunde?«

»Ich bin allein unterwegs.«

»Oh, wie traurig, das tut mir leid«, entgegnete er.

»Nee, nee, schon okay. Mir macht das nichts aus.«

»Wenn du willst, bin ich dein Freund. Hier, ich hab was für dich«, sagte er und drückte mir einen Flyer in die Hand. »Ich bin ein tibetischer Künstler und veranstalte heute Abend eine Show. Kommst du? Ich würde mich freuen!« Dann verbeugte er sich vor mir und war auch schon wieder weg. Wie war der denn drauf? Mein Blick fiel auf den kleinen Zettel:

Come See Himalayan Celebrity
Tibetan Dancer »Tiger Boy«
Traditional Song & Dance
Timing: 6 pm, Ganesh Roof Top Restaurant
Ticket: 100 Rs.
An unforgettable experience!!!

Da ich nichts weiter vorhatte, ging ich hin. Das Restaurant war zu meiner Überraschung gut gefüllt. Gut dreißig Touristen hatten sich bereits eingefunden, knabberten mit Käse überbackenes *Naan* (indisches Fladenbrot, das beliebt bei Touristen mit Magenbeschwerden ist) und tranken Bier. Als Tiger Boy mich erblickte, strahlte er übers ganze Gesicht und sorgte dafür, dass ich einen guten Platz bekam. Dann ging die »unforgettable experience« auch schon los: Tiger Boy holte einen Ghettoblaster hervor und kündigte einen traditionellen tibetischen Volkstanz an. Das sah ziemlich albern aus. Aber aus Respekt vor seiner Kultur verzog keiner eine Miene – bis plötzlich die Musik aussetzte und ein neues Stück begann: Techno der allerhärtesten Sorte! Tiger Boy schloss die Augen und fiel offenbar in eine Art Trance. Dabei wog er seinen schlanken, muskulösen Körper im Takt, ließ sein Becken lasziv kreisen und schüttelte seinen Afro. Er wirkte wie eine Mischung aus Prince und Lenny Kravitz – mit der Ausstrahlung eines Rockstars: selbstbewusst, größenwahnsinnig, sexy – und absolut durchgeknallt. Tiger Boy schlug wild um sich, zog Zuschauer aus dem Publikum zu sich auf die Bühne, besprang sie, leckte ihnen durchs Gesicht oder versohlte ihnen spielerisch den Hintern. Dabei stöhnte er so hemmungslos, dass man wirklich dachte, er würde gleich kommen. So etwas ist ja tatsächlich möglich: Laut Wikipedia – ja, ich war so verzweifelt gewesen, ich hatte zu meinem Problem auch Wikipedia konsultiert – kann ein Orgasmus in geistigen oder körperlichen Extremsituationen auftreten, verursacht durch exzessives Beten oder Hungern, extreme körperliche Betätigung, intensives Musikerleben, körperlichen Schmerz oder eine massive Angst- oder Bedrohungssituation. Vieles davon traf momentan auf Tiger Boy zu, der nun mich zu sich auf die Bühne holte und zum Twerking aufforderte, einem sexuell provokativen Tanzstil aus dem Hip-Hop, bei dem man in die Hocke gehen und seinen Hintern schütteln musste. Ich gab alles und twerkte unter dem Geklatsche und Gejohle des Publikums wie Foxy Brown höchstpersönlich – bis mich Tiger Boy plötzlich an sich zog und mir einen kurzen, aber intensiven Kuss auf den Mund gab.

Huh, danach orderte ich mir erst mal einen Martini und malte mir heimlich aus, wie es wohl wäre, mit Tiger Boy zu schlafen. Vermutlich ganz schön … einmalig.

Nach dem Ende seiner Show wollte ich dem völlig verschwitzten Künstler erst mal ein Bier spendieren, aber er lehnte ab:

»No, thank you. Ich schöpfe meinen Rauschzustand ausschließlich aus mir selbst. Drogen sind gefährlich und unnötig.«

Ich war begeistert und schämte mich ein bisschen, dass ich mich nicht mehr an die Regeln von Guru G. hielt: kein Alkohol, kein Nikotin usw. Das war aber im lärmenden Indien, wo ich meine Nerven praktisch ununterbrochen beruhigen musste, nicht immer so leicht. Aber gut, wenn Tiger Boy kein Bier trank, dann wollte ich auch keins. Dass ich schon den Martini gehabt hatte, musste ich ja keinem verraten.

»Your show was absolutely amazing«, lobte ich ihn. Woraufhin er ganz verlegen wurde und mich spontan für den morgigen Tag zu einem Spaziergang in den Tempel des Dalai Lama einlud. »Dort wird man vom Garnichtstun high, weil die spirituelle Energie so groß ist. Das wird dir gefallen«, sagte er und grinste verschmitzt.

Am nächsten Morgen holte mich Tiger Boy in meinem Hotel ab, und wir spazierten Hand in Hand – er hatte sofort ganz unbekümmert nach mir gegriffen – durch McLeod Ganj. In meinem Bauch kribbelte es vor Aufregung, weil ich nicht einschätzen konnte, ob dieses Händchenhalten etwas zu bedeuten hatte oder nicht.

Auch Tiger Boy wirkte nervös, immer wieder fragte er dieselben Sachen: »Are you okay? How do you like India? Did you like my show?«

Wir müssen ausgesehen haben wie zwei Teenies. Aber das war es ja eigentlich, wo ich wieder hingewollt hatte: In den Zustand einer fast kindlichen Naivität und Neugier statt abgeklärter Routine im Bett.

Der Tempel des Dalai Lama lag am Rande des Dörfchens, an einem grünen Berghang. Überall wehten tibetanische Gebetsflaggen im Wind, und Mönche kreuzten unseren Weg. Ich war fasziniert von dieser einzigartigen Stimmung und drückte Tiger Boys Hand, woraufhin er mich fest umarmte. »Danke, dass du mitgekommen bist«, sagte er und lächelte mich an. Im Inneren des Tempels vollzog Tiger Boy ein paar buddhistische Gebetsrituale, die ich gespannt beobachtete. Danach gingen wir in den Tempelgarten und setzten uns ins Gras. Er rückte etwas näher an mich heran und nahm wieder meine Hand. Nach einer Weile schaute er mich an, holte tief Luft und fragte: »Willst du mit mir schlafen?«

Ich wurde selbstverständlich knallrot. »Ähm, wie? Was?«

Verwirrt schaute ich Tiger Boy an, der mittlerweile seine Sonnenbrille abgenommen hatte. In seinen braunen Augen lag ehrliche Zuneigung, aber auch ganz viel Unsicherheit und Angst vor Zurückweisung. »Ähm, ja, also, ja, wieso nicht«, entgegnete ich.

Tiger Boy führte meine Hand zu seinem Mund und küsste sie. »Das ist so schön, so schön. Ich habe nämlich gemerkt, dass zwischen uns eine ganz besonders starke sexuelle Chemie herrscht, unsere Körper sind füreinander gemacht, verstehst du?« Schüchtern umarmten wir uns. Sein muskulöser Oberkörper und sein Duft versetzten mich in absolute Hochstimmung, und ich konnte es kaum erwarten, mit ihm allein zu sein. »Ich mag dich so sehr«, hauchte er mir ins Ohr. Arm in Arm gingen wir kurz darauf in mein Hotel. Tiger Boy wohnte nämlich mit seiner Mutter zusammen.

Sobald die Tür hinter uns ins Schloss fiel, zog sich Tiger Boy, der eigentlich Dorjee hieß, zu meiner Überraschung komplett nackt aus, kam auf mich zu, entkleidete mich ebenfalls und hob mich aufs Bett. Sein kleiner dicker Penis war bereits erigiert. Doch anstatt sich zu mir zu legen, begann Dorjee mit einer Atemübung. Dazu hob und senkte er seine muskulösen Arme. So sehr ich mich auch nach unserer Vereinigung sehnte, ich blieb brav nackt liegen und wartete gespannt ab. Es folgte eine Art Fruchtbarkeitsritual, bei dem Dorjee um mein Bett herumtanzte und sich schließlich über mich beugte und sanft auf die Stirn küsste. Ich wagte kaum, mich zu bewegen, wollte mich ganz auf das einlassen, was Dorjee mit mir vorhatte. Als er jedoch anfing, über mir Liegestütze zu machen – offenbar zur Veranschaulichung seiner Kraft und Männlichkeit –, reichte es mir, und ich zog ihn an mich. Es war unglaublich, endlich seine weiche Haut auf meiner zu spüren. Jede meiner Poren lechzte jetzt nach Liebkosungen, und so war es nicht verwunderlich, dass mich bereits sein erster Stoß sozusagen ins Nirwana schoss:

»Ja! JAAA! Ja-haaah! OH GOOOOOTT!«, stöhnte ich, während Dorjee über mir keuchte und mich in immer wieder neue Positionen bewegte. Stellungen, von denen ich gar nicht gewusst hatte, dass es sie gab. Fast glich der Sex mit ihm seiner verrückten Show. Er war überraschend anders und absolut geil. Und so kam es, dass mir im Eifer des Gefechts versehentlich etwas herausrutschte: »I love you! Uuuh! I love you!«

Das passierte mir häufig, wenn der Sex mit einem Mann unheimlich gut war. Diese Worte waren dann Ausdruck meiner Dankbarkeit für das fantastische Gefühl, das mir gerade bereitet wurde. Quasi: »Danke, dass du mich so gut fickst!« Überraschenderweise bekam ich von Tiger Boy auch gleich eine Antwort: »Ich dich auch, Henriette!«

Später wollte er dann wissen, ob wir jetzt fest zusammen waren. Mist.

»Ähm, du, nein, das geht nicht«, stotterte ich. »Wir kennen uns doch noch gar nicht…« Blöderweise sah Dorjee das ein wenig anders. »Wenn eine Frau mit einem Mann schläft, dann bedeutet das IMMER etwas«, sagte er und schaute mich verzweifelt an. »Aber wenn du mir deine Gefühle bloß vorgespielt hast…« Er brach ab, schlug die Hände vors Gesicht und schluchzte. »Du hast mich nur benutzt, stimmt's?«

Ich lief hochrot an. Nun war ich offiziell ein schlechter Mensch. »Es tut mir leid«, presste ich hervor, ebenfalls mit Tränen in den Augen. Vor allem, als ich sah, dass Dorjee aufstand, sich anzog und zur Tür ging. »Ich mag dich doch auch«, flüsterte ich. »Aber ich kann nicht bei dir bleiben. Ich muss weiterreisen…« Rumms. Das war die Tür. Dorjee war weg. Für immer. Scheiße.

Geistesabwesend begann ich, meine herumliegenden Sachen

in meinen Rucksack zu stopfen. Ich musste raus aus diesem Zimmer. Fort aus McLeod Ganj. Das war nur fair gegenüber Tiger Boy. Der Ort war so klein, dass wir uns immer wieder über den Weg gelaufen wären. Also lief ich los, weiter hoch in die Berge, in das Dorf Bhagsu.

8 Die Kommune
Ist Gruppensex die Lösung?

Ich liebe es, von vier Händen gestreichelt zu werden.
Ist der eine müde, der zweite ist fit.
Uuuh! Bei der Liebe zu dritt.

(Stereo Total – Liebe zu dritt)

In Bhagsu kam ich mir vor wie ein Mauerblümchen. Das kleine Bergdörfchen mit seinen vielen billigen Hostels, bunten Tempeln und Yogastudios gleicht einer Art Kommune, die fast ausschließlich aus westlichen Weltenbummlern besteht, die sich hier von März bis September einmieten und ihren alternativen Lebensstil ohne Verpflichtungen und Luxusgüter zelebrieren. Darunter mischen sich Touristen, die hier Urlaub machen, sich allerdings bereitwillig an den Dresscode halten: Dreadlocks oder Irokesenschnitte mit eingeflochtenen Federn, dazu Pluder- oder enge Wildlederhosen, Wallekleider, Holzschmuck und Henna-Bemalungen. So viel stand fest: Ich war in Bhagsu mit meinen langweiligen Leggins völlig underdressed. Und irgendwie hatte ich Lust, mich ein wenig aufzuhübschen. Immerhin war ich ja hier, um interessante Männer kennenzulernen. Die Auswahl an Klamotten war überwältigend, denn die Touristen zahlen gut für Accessoires, die sie für wenige Wochen im Jahr in verwegene Typen verwandeln, bevor sie wieder zurück müssen in ihre Bankfilialen und Anwaltskanzleien. Ich tat es ihnen nun gleich, warum auch nicht?, und entschied mich für ein grünes Leinenkleid und eine kleine Fellweste. Dazu ließ ich mir ein cooles Henna-Tattoo auf die Schulter malen. Voll authentisch hippiesk. Auf der Terrasse eines koreanischen Restaurants feierte ich mein neues Ich mit einer Portion vegetarischem Sushi und erntete auch gleich die Früchte meiner Verwandlung. »Cooles Tattoo«, flötete es vom Nebentisch. Dort saß ein etwa vierzigjähriger Mann, der aussah, als käme er direkt vom Münchner Oktoberfest. Peter, so sein Name, trug einen grünen Hut mit Deko und stramme Lederhosen, dazu wollene Kniestrümpfe, Bergsteigerstiefel und einen kitschigen Wanderstock – und das mitten in Indien!

»Kommst du aus Bayern?«, fragte ich den merkwürdig aussehenden Vogel, der darüber nur lachte.

»No, Sweetheart, aber ich steh auf diese Art von Klamotten – man fällt überall in der Welt sofort auf.« Das stimmte wohl. Vor allem in Kombination mit seinen eisblauen, blutunterlaufenen Augen, die mich interessiert musterten und auf einen erhöhten Marihuana-Konsum schließen ließen. »Stört es dich, wenn ich rauche?«, fragte Peter scheinheilig, denn seine Tüte brannte schon.

»Nur zu«, erwiderte ich und stopfte mir genüsslich meine letzte American Roll in den Mund. »Wo kommst du her, wenn nicht aus Bayern?«

Peter seufzte. »Aus London, der verdammten Hölle«, presste er hervor und nahm einen tiefen Zug von seinem Joint. »Die Stadt hat mir nicht gutgetan, you know? Ich hab mit Drogen gedealt, Menschen verraten, die mich geliebt haben, viel Scheiße gebaut …« So, so, da badete aber einer in Selbstmitleid. »Aber ich will mich ändern. Deshalb bin ich nach Indien gekommen. Ich war im Tempel des Dalai Lama, you know? Ich trinke nicht mehr, ernähre mich vegan … Das ganze Programm, you know?« Ich nickte. Offenbar gab es in Indien niemanden, der nicht vor irgendetwas auf der Flucht oder auf der Suche nach irgendetwas war. Ich prostete Peter mit meinem Herbal Tea zu.

»Absolut! Ich habe gerade meine Ausbildung zur Yogalehrerin absolviert und fühle mich großartig«, sagte ich. Da begannen Peters Augen zu strahlen, und er erzählte mir von seinen Plänen für die Zukunft.

»Ich werde bald nach Ghana gehen und dort eine Hotelanlage eröffnen – mit Hütten, die aussehen wie Magic Mushrooms!«

Ich nickte anerkennend. »Nicht übel, darauf hätte ich auch Lust«, murmelte ich – und bereute meine Worte sofort, denn Peters Augen wurden mit einem Mal sehr glasig.

»Henriette ... hier, für dich«, hauchte er, griff an seinen Hut und reichte mir eine rote Rose, die dort zusammen mit einer Elsterfeder gesteckt hatte. »Hättest du vielleicht Lust, heute Abend mit mir ins Shiva Cafe zu gehen? Dort findet ein Sit-in mit Livemusik und Performance statt. Das wird cool.« Mein Gefühl sagte mir, dass Peter vermutlich sehr anstrengend werden konnte. Aber ich wusste auch nicht, was ich sonst hätte machen sollen, denn Bhagsu war ein Dorf, und Peter schien immerhin zu wissen, wo hier abends was abging. Also begleitete ich ihn.

Als wir gegen neun ins Shiva Cafe kamen, war da die Hölle los. Etwa zweihundert Leute chillten an flachen Tischen oder in einer Kissenlandschaft vor der kleinen Bühne, tranken Tee, kifften und unterhielten sich. Rundherum waren die Fenster geöffnet, sodass man einen traumhaften Blick auf die Berge hatte. Grüne Gardinen und Lampions wehten im Wind.

»Und? Ist das nicht cool hier?«, fragte mich Peter und geleitete mich an einen der Tische. Ich nickte nur begeistert. Offenbar war er hier bekannt wie ein bunter Hund. Jeder noch so verrückte Freak begrüßte ihn. Etwa die blonde Kimberly (26) aus Zürich, die seit sieben Jahren um die Welt reiste und ihr Leben durch selbstgemachten Holzschmuck finanzierte, der nicht besonders schön – aber dafür »mit Liebe gemacht« war, wie sie betonte. Oder Rob (34), ein hagerer Lockenkopf aus Amsterdam, der in Bhagsu als Straßenmusiker jobbte. Allerdings verkaufte er Peter auch gleich noch zwei Joints. So ganz allein von Luft und Kunst leben ging eben doch nicht. Peter bestellte Pizza und Bier für uns beide, Rob und Kimberly gesellten sich zu uns. Noch während des Essens begann Peter mir Avancen zu machen. Zuerst rückte er mit seinem Stuhl bis auf fünf Zentimeter an mich heran, und dann wollte er mich auch noch mit einem Stück Pizza Hawaii füttern. Ich lehnte dankend ab, aber das störte ihn kein bisschen.

»Na komm schon, das schmeckt köstlich – trau dich, beiß zu«, gurrte er mir ins Ohr. Hilfesuchend schaute ich zu Kimberly rüber, aber die schien mit ihren Gedanken ganz woanders zu sein. Also gab ich mein Bestes, um das Gespräch auf unverbindliche Themen zu lenken, etwa meinen alten Job in einem Hamburger Verlag. Damit wollte ich Peter vor Augen führen, wie langweilig und spießig ich war. Half aber nicht viel. »Verschwende deine Zeit doch nicht mit einem Bürojob«, raunte er und rückte noch ein Stückchen näher an mich heran. Dann griff er nach meiner Hand und machte mir eine Art Antrag: »Henriette, komm mit mir nach Ghana und unterrichte in meinem Magic-Mushroom-Hotel Yoga. Wir wären so glücklich zusammen ...«

Dieses (Job-)Angebot war ja an sich ganz reizvoll – wenn Peter nur nicht so unsexy gewesen wäre mit seinem Gehabe und dem albernen Hut. »Nun ja, wenn deine Anlage erst mal steht, dann kann ich ja vorbeikommen und sie mir ansehen«, lenkte ich ein. Ein Fehler, denn nun war Peter erst recht Feuer und Flamme.

»Oh, wirklich? That's amazing! Wir zwei zusammen ... in Ghana ... Das wäre *absolutely amazing*!« Zum Glück fing in diesem Moment die Show an und ich machte »psssst!« Zwei tibetische Ausdruckstänzer betraten die Bühne. Sie zuckten wie wild mit ihren Gliedmaßen und sprangen umher (natürlich dachte ich in jenem Moment wehmütig an meinen lieben Tiger Boy...), während ein elfengleiches, etwa neunzehnjähriges Mädchen mit riesigen grünen Augen dazu sang. Im Hintergrund spielte ein schwarzer Rastafari leise Gitarre. Feuerakrobaten rundeten das Bild ab. Von dem ganzen Gekiffe um mich herum wurde ich langsam breit und fühlte mich wie in einem Traum. Alle hier lächelten und waren nett zueinander. Es herrschte nichts als Friede, Liebe, Glückseligkeit. Außerdem hatte ich Blickkontakt mit einem dunkelhaarigen Mann am Nebentisch aufgenommen. Er trug zerrissene Jeans und ein weißes Shirt auf dem »Free Tibet« stand. Seine braunen Haare hatte er mitten auf dem Kopf zu einem Dutt zusammengeknotet. Das sah supersexy aus. So wie er mich ansah, war ich fast schon gewillt, einfach mal rüberzugehen und hallo zu sagen – wäre da nur nicht Peter gewesen, der ungefragt angefangen hatte, meine Schultern zu massieren. Ich sei »mental verspannt«, erklärte er mir. Welches Sternzeichen ich denn sei. Aha, Waage, ja, das hätte er sich gedacht. Mit Waagen hätte er nämlich laut Aussage seines Astrologen eine besonders innige »connection«, und das sei ja das A und O, auch beim Sex. Urgh, der Typ war widerlich, ich hätte auf mein Bauchgefühl hören sollen.

»Sag mal, darf ich dich küssen?«, fragte er dann auch noch, was mich endgültig veranlasste, das Weite zu suchen.

»Äh, nee, ich will jetzt lieber 'n bisschen tanzen«, brachte ich hervor, nahm Rob bei der Hand und lief mit ihm nach vorne zur Bühne, wo bereits einige Leute angefangen hatten, sich im Takt der psychedelischen Musik zu wiegen, die gerade lauter gedreht worden war. Aus den Augenwinkeln beobachtete ich, wie Peter offenbar beleidigt den Laden verließ, was mich in Hochstimmung versetzte. Ich schloss die Augen, atmete den süßlichen Duft der Räucherstäbchen ein, bewegte sanft kreisend meine Hüften und vollzog mit meinen Armen und Händen kunstvolle Figuren. Zwischendurch zog ich hin und wieder an einem der Joints, die hier stets brüderlich geteilt wurden. So ging das ein paar Stunden, bis irgendwann nur noch eine Handvoll Leute übrig geblieben war: Rob und Kimberly, eine üppige Blondine namens Layla, zwei gut gebaute Asiaten, die mich beide an Dschingis Khan erinnerten – und der heiße Typ vom Nebentisch, Kian aus Chile, der sich mittlerweile sanft von hinten an mich schmiegte und angefangen hatte, meinen Hals zu küssen. Von der sinnlichen Musik und den Joints war ich ziemlich erotisiert, deshalb ließ ich es auch geschehen, als er mit seinen warmen Händen die Konturen meines Bauches, meiner Hüften und schließlich meiner Brüste nachzeichnete. Eng umschlungen ließen wir uns in die Kissenlandschaft fallen, küssten uns und pressten unsere Körper aneinander. »Ich würde es jetzt gerne hier mit dir treiben«, flüsterte Kian.

»Ähm, genau hier?«, fragte ich zur Sicherheit nochmal nach.

»Oh, ja«, antwortete er. »Ich will, dass uns alle dabei zusehen.« Puh, das war eine Vorstellung, die mich gleichzeitig erregte und verunsicherte. Sex mit Kian? Klar, jederzeit! Aber … inmitten eines öffentlichen Cafés? Hm … Allerdings hatte ich mich ja auch schon mit Yonni in Gegenwart seiner beiden Freunde vergnügt. (Wie verludert war ich eigentlich?!) Mittlerweile hatten auch die anderen angefangen, sich zu küssen, und es herrschte plötzlich akuter Gruppensex-Alarm! Aber das hatte in Indien ja Tradition. Sowohl auf den Wänden der berühmten Khajuraho-Tempel als auch im Kamasutra fanden sich unzählige Darstellungen dieser Spielart, die ja auf den ersten Blick zahlreiche Vorteile zu bieten schien: Man konnte nicht nur seine exhibitionistische Seite ausleben, sondern auch gucken, was die anderen so trieben. Außerdem hatte man die Möglichkeit, viele unterschiedliche Leute auszuprobieren, bis man denjenigen gefunden hatte, mit dem es am besten klappte. Und so kam es dann später auch: Nachdem Kian und ich erst mal angefangen hatten, uns durch unsere Kleidung hindurch an allen erdenklichen Stellen zu berühren, war da plötzlich auch noch Rob, und seine Küsse schmeckten so gut, dass ich mich ihm gänzlich zuwandte. Neben uns lagen sich bald Kian und Layla in den Armen, und die beiden Asiaten kümmerten sich um Kimberlys Bedürfnisse. Krass. Ich hätte niemals gedacht, dass ich mich in einer solchen Situation so zwanglos und entspannt benehmen würde – ganz davon abgesehen, dass man im normalen Leben in solch eine Situation gar nicht kam. Im exotischen Umfeld des Shiva Cafe mit seinen Lampions, Räucherstäbchen und Kissen mussten wir aussehen wie eine dieser alten Kamasutrazeichnungen. Es wurde gestöhnt, gekeucht, geschrien und gelacht. Und ich musste zugeben, dass mich die Tatsache, von anderen beim Sex gesehen zu werden, ziemlich antörnte. Deshalb wollte ich auch unbedingt zum Orgasmus kommen – quasi vor Zeugen!, was mir später auch noch gelang, als es sich »Dschingis Khan 2« zwischen meinen Beinen gemütlich machte, während Layla an meinen Brustwarzen saugte. Es war ein tolles Gefühl zu sehen, wie sich alle für mich freuten, als ich laut stöhnend die Zielgerade erreichte.

Apropos Ziel: Für den letzten Teil meines Trips durch Indien hatte ich mir schon länger einen ganz besonderen Plan zurechtgelegt. Ich wollte mir für längere Zeit einen richtigen Job und einen festen Wohnsitz suchen – und zwar in einem kleinen Städtchen namens Madurai im südindischen Bundesstaat Tamil Nadu. Dort hatte ich mithilfe einer Agentur schon vor einigen Wochen eine Stelle als Reporterin bei einem kleinen englischsprachigen Stadtmagazin klargemacht. Aber vorher wollte ich noch ein bisschen Urlaub in Goa machen.

9 Bin ich jetzt lesbisch?
Sit-in mit einem goanischen Waldgeist

Om Tare Tutare Ture Soha

(Indisches Mantra zu Ehren der Hindu-Göttin
Tara, die vor den acht schlimmsten Gefahren
schützt: Verblendung, Eifersucht, Begierde,
Zweifel, Stolz, Zorn, Geiz, irrige Ansichten)

Am Busbahnhof von McLeod Ganj lernte ich ein deutsches
Mädchen mit langen Dreadlocks kennen. Sie hieß Nora, war
neunundzwanzig und reiste nun schon seit einem Jahr durch
Indien. Die Art, wie sie locker, fröhlich und völlig zwang-
los auf fremde Menschen zuging, beeindruckte mich. Außer-
dem sprach sie perfekt Hindi, was die Ernsthaftigkeit ihres
Indientrips unterstrich. »Ich hab von Deutschland erst mal die
Schnauze voll«, sagte sie, während wir uns am Kiosk mit Kek-
sen, Obst und Wasser eindeckten, denn die Fahrt von McLeod
Ganj über Delhi, Jaipur und Mumbai bis an die Strände von
Goa würde knapp zwei Tage dauern. »Ich lag drei Monate im
Koma, weil ich im Freibad falsch vom Sprungbrett abgesprun-
gen bin«, erzählte sie mir. »Als ich dann endlich wieder aufge-
wacht bin, wurde mir mitgeteilt, dass meine Mutter an Alzhei-
mer erkrankt ist. Und dann musste ich auch noch meinen Job
hinschmeißen, weil ich mich in meine Chefin verknallt hatte
und sie nichts von mir wissen wollte. Ich meine, wie beschis-
sen kann ein Jahr laufen? Da bin ich einfach nach Indien abge-
hauen.« Hier wollte Nora nun die hohe Kunst des Feuertanzes
mit brennenden Pois erlernen und damit in Zukunft ihr Geld
auf der Straße verdienen. An ihrer Seite versprach die Reise

nach Goa lustig zu werden, denn sie kannte unendlich viele spannende Geschichten. Auf der Busfahrt nach Delhi erzählte sie mir beispielsweise von einer Französin, einem weiblichen *Baba* (respektvolle Anrede für einen Asketen oder Guru), die angeblich im goanischen Dschungel lebte und auf jede Frage des Universums eine Antwort hatte.

»Aber sie spricht nicht mit jedem«, sagte Nora.

»Egal, da muss ich hin. Ich hab eine Million Fragen«, entgegnete ich aufgeregt. »Aber allein traue ich mich nicht. Wir bitten sie gemeinsam um eine Audienz, okay?« Nora nickte amüsiert. Ab jetzt waren wir ein Team.

Unser Waggon im Zug von Delhi nach Goa war fast leer, und wir hatten ein ganzes Sechserabteil in der Sleeper Class für uns. Also breiteten wir uns mit unseren Rucksäcken und Decken aus, zogen die Vorhänge zu und rauchten heimlich aus dem offenen Fenster.

»Was führt dich eigentlich nach Indien?«, fragte mich Nora und blies Zigarettenrauch aus dem Fenster.

»Ich möchte mich ein bisschen ausleben«, sagte ich leise. »So in Sachen Sex.« Nora schaute mich ungläubig an.

»Das hätte ich dir ja gar nicht zugetraut«, sagte sie und lehnte sich zurück. (Pfff, wenn die wüsste, was ich gerade in Bhagsu erlebt hatte…) »Wusstest du, dass rothaarige Frauen im Mittelalter als ultimative Sexobjekte galten, weil sie auf Gemälden meistens als nackte Verführerinnen dargestellt wurden? Wenn die Menschen früher eine Rothaarige sahen, dachten sie automatisch an Sex. Ich übrigens auch.« Sie zwinkerte mir zu, was mich ein bisschen verlegen machte.

Mittlerweile wehte uns eine warme, herrlich duftige Luft um die Ohren. Die Landschaft war geprägt von Palmen, man konnte den Strand und das Meer förmlich riechen.

In so gut wie jedem Indien-Reiseführer steht, dass Goa bloß

»Indien light« ist. Tatsache ist, dass sich in Goa alles um die Belange der Möchtegern-Hippies, Kiffer, Techno-Freaks und Sonnenanbeter aus Europa/Russland/USA/Australien dreht. Hier liegen einige (dumme) Frauen sogar oben ohne am Strand. Landschaftlich darf man diesen indischen Bundesstaat aber gut und gerne als paradiesisch bezeichnen, mit seinen endlosen Sandstränden und dem saftig grünen Dschungel. In Arambol, einem kleinen hippiesken Örtchen im Norden von Goa, das noch nicht ganz so überlaufen war, teilten Nora und ich uns für sechs Euro die Nacht eine Bambushütte am Strand. Von unserer Terrasse aus hatten wir einen spektakulären Ausblick auf den Indischen Ozean. Nebenan wohnten Simon (23, arbeitslos) und Markus (28, arbeitslos) aus Schweden, mit denen wir schnell ins Gespräch kamen. Sie sahen aus wie Zwillinge: Beide hatten hellblonde Ringellöckchen. Simon war der Schönere von beiden. Er lachte immerzu und war überaus gesprächig. Markus dagegen zog es vor, Hasch-Brownies zu frühstücken (die gab es hier an jeder Ecke) und dann den ganzen Tag nichts mehr zu sagen bis auf: »Ich will noch mehr Hasch-Brownies.« Einmal erwischte ich ihn dabei, wie er mit einem Aufnahmegerät vor dem Plumpsklo stand, während ich gerade darauf hockte. Sein Hobby war es nämlich, ungewöhnliche Geräusche aufzunehmen. Deshalb war er hier. Er hatte immerzu seinen Wanderstock dabei und einen gigantischen Rucksack, der bis oben hin mit technischem Equipment gefüllt war. Zudem trug er sogar am Strand seine Bergsteigerstiefel mit dicken Wollsocken. Ich hatte bereits spekuliert, ob ihm ein Zeh fehlte oder so. Einmal sah ich seine Füße dann aber doch, als er gerade aus der Dusche kam. Alles dran.

»Ich halte nichts von Sandalen«, erklärte er mir auf Nachfrage. »Darin fühle ich mich so … nackt. Ich will nicht nackt sein, verstehst du? Das mag ich einfach nicht.« Klar. Später stieß noch Martin aus Dänemark aka DJ Esteban zu unserer Gruppe, dessen kompletter Körper mit asiatischen Motiven tätowiert war. Sein pechschwarzes Haar war an den Seiten abrasiert, den Rest trug er im Nacken zu einem Zopf gebunden. Eigentlich war er auf der Suche nach seiner leiblichen Mutter, die ihn einst in seinem Geburtsland Kolumbien zur Adoption freigegeben hatte. Allerdings hatte es ihn während seiner Suche irgendwie nach Indien verschlagen, und er wollte hier auch nicht mehr weg.

»Vielleicht finde ich meine Mutter ja hier«, meinte er. »Das Schicksal geht ja manchmal komische Wege…« Ich fand ihn sexy, hielt ihn allerdings für schwul und machte auch gleich den Test.

»Welche Musik legst du denn so auf?« Die Antwort war erwartbar: In den angesagten Clubs Kopenhagens legte er das auf, was das Partyvolk eben so verlangte, privat jedoch gab es für ihn nur einen: David Guetta. Damit war die Frage geklärt.

Als wir am Abend in einer der Kifferhöhlen am Strand saßen, erzählte Nora nochmal von der Französin im Dschungel, was natürlich auch die Neugier der anderen weckte, und so machten wir uns am nächsten Tag auf, sie zu suchen und dann… was genau zu tun? »Keine Ahnung – einen kiffen?«, meinte Simon. Die Gruppe stimmte zu.

»Und, Henriette, hast du auch noch ein, zwei Fragen zum Thema Sex«, ergänzte Nora ernst, ehe sie voranschritt durch die Touri-Zone von Arambol, vorbei an überfüllten Beachclubs voller prolliger Russen. Wir kraxelten die Felsen am Wasser entlang bis hin zu einem abgelegenen Strandabschnitt, an dem so gut wie kein Mensch war. Dort standen nur ein paar windschiefe Hütten, dahinter begann der goanische Dschungel. Nora kannte den Trampelpfad bereits. Wir drangen nun ins tiefgrüne Dickicht ein. Simon stürmte voran. Sicherheitshalber hatte er sogar Blechtöpfe, Reis und Salz mitgenommen, was ich für leicht übertrieben hielt.

»Sicher ist sicher ...«, sagte er. »Wer weiß, ob wir jemals wieder zurückfinden?« Das hielt ich zwar für übertrieben, aber ich wollte Simon die Aussicht auf ein *echtes* Abenteuer nicht verderben. Plötzlich tauchte ein Hund aus dem Gebüsch auf und trottete neben uns her. Fast so, als würde er uns den Weg zeigen wollen. Etwa vierzig Minuten latschten wir dem Wauwau hinterher durch den Dschungel, bis wir irgendwann an eine Lichtung kamen, wo seidene Tücher an einem Ast im Wind wehten.

»Halloooohooo?!?!?!«, hauchte Simon schüchtern in den Wald. Irgendetwas war da unten, am Fluss. Da brannte ein Feuer. Und da waren welche. Simon grölte nochmal: »Halloooo?!?« Lange kam nichts, dann eine Antwort:

»What do you want?«, tönte eine heisere weibliche Stimme aus dem Dickicht zurück. Wie aufregend!

»Wir suchen den französischen Baba!«, rief Nora.

»Was wollt ihr von ihr?«, kam es zurück.

»Antworten!«, grölte Simon. »Wir kommen in Frieden!«

»Nun denn ...«

Das war offenbar ein Ja. Niemand traute sich, ein Wort zu sagen, als wir kurz darauf den Berg hinunterkraxelten – in IHR Lager. Petra – so lautete ihr echter Name, wie wir später erfuhren – saß zusammengekauert auf der Erde. In den Händen hielt sie einen Topf, in dem sie Kräuter zerstampfte. Um sie herum waren Buddhastatuen, Bücher, Töpfe und Räucherwerk aufgebaut. Ein kleines Feuerchen brannte. Und für mögliche Gäste lagen Bastmatten auf dem Boden bereit. Ein schwarzer Rastaman und ein blasser Engländer waren schon da und offenbar in Trance. In jedem Fall waren sie gerade damit beschäftigt, Petra anzubeten. Ihre Augen funkelten misstrauisch, als sie uns näher kommen sah.

»Was wollt ihr?«, fragte sie abweisend. Simon machte einen Schritt nach vorne. Die Frau hatte tatsächlich etwas Erhabenes. Wenngleich ich der Sache nicht ganz traute, zumal es sich ja »nur« um eine Französin handelte, also im besten Fall eine durchgeknallte Touristin, die es mit den Drogen übertrieben hatte. Simon schien dennoch total fasziniert von Petra zu sein.

»Ich weiß nicht, wer ich bin«, brachte er spontan hervor. Ein guter Anfang, wie ich fand. Man wollte schließlich keine Zeit verlieren.

Petra aber war alles andere als begeistert. »Was faselst du da, Junge?«

»Ich weiß nicht, warum ich… hier bin, auf dieser… Welt!« Hach, Gott, war der süß. Aber Petra sah das anders.

»Wie kann so ein hübscher Junge nur so viel Scheiße auf einmal reden?«, schleuderte Petra ihm wütend entgegen. Wir anderen verharrten in Schockstarre, Petras Jünger beteten sie einfach weiter an. »Setzt euch«, wies sie uns schließlich an und verteilte Instrumente an uns. »Spielt!« Dann fing sie an zu singen:

You are forever pure. You are forever true.
And the dream of this world can never touch you.
So give up your attachment, and give up your confusion.
And fly to that space that's beyond all illusion.

Ich versuchte irgendwie mit meiner hölzernen Querflöte hinterherzukommen. Simon trommelte wie wild auf seinen Bongos. Nora und Markus bedienten zwei Rasseln. Nach Vollendung unseres Liedes fragte Petra, welchen Baba wir überhaupt suchen würden. In den Wäldern von Goa würden ja unzählige hausen. Als wir ihr erzählten, dass uns ein Hund zu ihr geführt hatte, strahlte sie und zündete Räucherstäbchen an.

»Das ist gut. Dieser Hund bringt nur Menschen zu mir, die er für würdig erachtet. Er wurde von seinen alten Besitzern gequält und traut nur Menschen mit reinem Herzen.« Na, das war doch schon mal ein Erfolg. Und mit einem Mal hatte ich auch das Gefühl, hier an einem ganz besonderen Ort zu sein. Bei einer ganz besonderen Frau. Petra bot uns Nüsse an. Sie hockte in einer merkwürdigen Haltung im Staub. Wie ein Affe. »So sitze ich hier den ganzen Tag, das ist meine Form der Meditation.« Jede meiner Fragen, etwa, was zur Hölle eine Französin von Mitte vierzig hier mitten im Wald wollte, schmetterte sie ab. »Ich mag keine Fragen. Lass uns lieber über die Welt reden, den Wald, Gott und über euch.« Wir erzählten nach und nach ein wenig von uns, und schließlich fragte ich sie mit leiser Stimme, wie ich herausfinden konnte, was mich im Leben erfüllen würde. Den Zusatz »sexuell« behielt ich lieber für mich. Petra schwieg kurz, dann strich sie mir zärtlich über die Haare und gab mir folgenden Rat: »Geh für drei Tage und drei Nächte in den Wald. Benutze den Wald als dein Wohnzimmer. Male, bohre in der Nase, rauche, mache Yoga, schlafe, triff dich abends mit anderen Leuten zum Kochen und tausch dich mit ihnen über deine Erfahrungen aus. Danach wirst du wissen, was der Sinn deines Daseins ist. Welche Bedürfnisse dein Körper und deine Seele haben. Wenn du in den Dschungel gehst, dann begibst du dich automatisch auch in deinen eigenen Dschungel. Dort kannst du wunderschöne Orte finden, deinen eigenen Garten Eden. Und dann kannst du dort leben wie Eva im Paradies. Formulierungen wie ›du musst‹ oder ›du solltest‹ gibt es dort nicht. Kein Druck, nur Musik und Freude.« Ich machte große Augen. Das war genau das, was ich brauchte. Wobei: Eigentlich war ich ja neulich schon im Wald gewesen – bloß halt zum Vögeln mit Munech. Hatte meiner Psyche allerdings nur bedingt geholfen. Petra fuhr fort: »Ich könnte nie in einer Wohnung leben, das wäre für mich wie ein Gefängnis. Ich will morgens aufwachen und die Gesänge der Vögel hören. Alles, was man zum Leben braucht, sind eine Zahnbürste, Seife, Fotos von den Eltern, eine kleine Tasche und ein paar Töpfe mit Salz und Zucker.« Sie würde außerdem nicht verstehen, warum manche Leute fünf Jahre lang studierten. »Macht doch einfach, was ihr wollt! Genießt euer Leben. Jetzt!«

Ich nahm all meinen Mut zusammen: »Und was ist mit Sex?« Petra lächelte, und für einen Moment schien tatsächlich etwas Übermenschliches sie zu umwehen.

»Sex? Sex brauche ich nicht mehr. Ich hatte genug Sex in meinem Leben, mit unzähligen Männern, die alle nicht wussten, wie der Körper einer Frau funktioniert. Seither lebe ich hier mit mir selbst, der Natur, den Bäumen… Und wenn ich Lust bekomme, dann meditiere ich eben. Das genügt mir völlig.« Ich zögerte.

»Das glaube ich nicht.« Sie guckte mich herausfordernd an.

»Als ich so jung war wie du, da hatte ich auch nichts anderes als Sex und Männer im Kopf. Aber das vergiftet dich. Tu es einfach, wenn du es tun willst. Oder lass es. Aber hör auf, die ganze Zeit an nichts anderes zu denken. Schau dir doch mal Simon an – so ein hübscher junger Mann. Nimm ihn heute Abend mit auf dein Zimmer, tut es, und genießt es und morgen: Geht eurer Wege.«

Wir grinsten verlegen. »Und was ist mit Liebe?«, fragte ich.

»Liebe? Liebe erfahre ich durch Gott. Durch Lord Shiva. Das ist das Einzige, was mich glücklich macht. Die Liebe von Männern habe ich nicht mehr nötig, mein Kind.«

Nach drei weiteren Liedern und Kräuterzigaretten trotteten Nora, Simon, Markus und ich wieder zurück an den Strand.

An jenem Abend schlief ich mit Simon, so wie Petra es mir geraten hatte. Leider war er total untervögelt und kam viel zu schnell, ohne sich groß Gedanken um meine Bedürfnisse zu machen. Ich war beleidigt und suchte das Weite. Nora saß auf der Terrasse und rauchte.

»Na, wie war's? Hattest du einen multiplen Orgasmus mit Simon?« Sie lachte.

»Scheiße war's«, presste ich hervor und ließ mich neben sie in die Hängematte plumpsen. »Ich ärgere mich, dass ich das gemacht habe…«

»Ach, du armes, armes Mädchen«, sie zog mich an sich, und dann, naja, dann küssten wir uns irgendwie. Unheimlich sanft und lange. Ich hatte das Gefühl, in einer weichen Wolke zu versinken. Es war einfach herrlich! Also verschwanden wir irgendwann knutschend in unserer Hütte…

In jener Nacht hatte ich nicht nur einen Orgasmus, sondern gleich fünf. Ohne Witz! Ich hatte bis dahin gar nicht gewusst, dass ich dazu fähig war. Immer und immer wieder küssten, leckten, streichelten und massierten wir uns gegenseitig. Wahrscheinlich wurde der gesamte Strandabschnitt Zeuge unserer Lustschreie. Und dazwischen? Wurde geredet. Ziemlich viel. Ohne Punkt und Komma. Nora wollte bis ins Detail wissen, was mich antörnte, und informierte mich im Gegenzug über ihre Vorlieben: Sie stand auf 69, sanfte Rückenmassagen und Dirty Talk. Ich war irgendwann völlig erschöpft. So viel hatte ich, glaube ich, noch nie beim Sex geredet. Trotzdem fühlte ich mich hinterher (rein sexuell) so erfüllt wie schon lange nicht mehr. Umfragen hatten gezeigt, dass lesbische Frauen viel häufiger beim Sex zum Orgasmus kamen als heterosexuelle. Das konnte ich nun bestätigen. Noras Fingerfertigkeit war wirklich beeindruckend. Deshalb verbrachte ich auch die kommenden Nächte mit ihr sehr lustvoll. Denn ich fand, wenn man mal einen guten Liebhaber/eine gute Liebhaberin gefunden hatte, sollte man ihn/sie auch für eine Weile festhalten.

Genauso wie man Nieten wie Simon schnellstmöglich wieder loswerden sollte.

Nach meiner ersten Nacht mit Nora war ich tagsüber lange am Strand spazieren gegangen und hatte mich gefragt, was eigentlich mit mir los war. Was war es, das mich an diesem Fleckchen Erde plötzlich in die Arme einer Frau getrieben hatte? War ich nun plötzlich bisexuell? Oder war meine lesbische Liebesnacht bloß Teil eines großen bunten Mosaiks, das sich am Ende meiner Reise zu einem wunderschönen Bild zusammenfügen würde, von dem ich aber augenblicklich noch nicht wusste, was darauf abgebildet sein würde? Zugegeben, so viele Orgasmen wie mit Nora hatte ich noch niemals zuvor in nur einer einzigen Nacht erlebt. Denn, klar, während die meisten Männer nach dem Sex erschöpft einschliefen, kamen wir Frauen nach Runde eins ja häufig erst so richtig in Fahrt!

Aber war der Sex mit einer Frau generell besser gewesen – bloß weil ich fünf statt wie üblich null bis einen Höhepunkt hatte? Die Antwort lautete ganz klar: Nein. Denn nicht die Quantität von Orgasmen war für mich entscheidend, sondern die Qualität. Und die Qualität stieg nun mal proportional zu den Gefühlen, die ich für eine Person hegte. Und ganz ehrlich: Eine Beziehung mit einer Frau führen? Das konnte ich mir beim besten Willen nicht vorstellen. Dafür liebte ich Männer, »diese schrecklichen haarigen Biester«, einfach zu sehr. Deshalb fiel es mir auch nicht sonderlich schwer, Nora nach ein paar entspannten gemeinsamen Wochen am Strand von Arambol zurückzulassen, wo sie sich mittlerweile gut in die örtliche Aussteiger-Hippie-Clique integriert und ihre Feuertänze zur Perfektion geführt hatte. Sie war hier angekommen. Ich aber musste weiter, nach Madurai, wo ein Job als Journalistin auf mich wartete. Zeit für ein neues Wagnis.

10 Mad Madurai
Mein indisches Nippel..., ähm, Schultergate

Männer müssen einen großen Schwanz haben.
Das ist wirklich alles, was zählt.

(LADY GAGA)

Wenn Varanasi das Berlin-Kreuzberg Indiens ist und Goa der Hamburger Kiez, dann ist Madurai so etwas wie das Cuxhaven des Subkontinents. Wenn man nicht viel Zeit hat und ordentlich was erleben will, fährt man DA ganz sicher nicht hin. Dabei hat es durchaus so seine Qualitäten. Haufenweise beeindruckende Tempelbauten zum Beispiel, allen voran der berühmte Minakshi-Tempel. Er ist der (einzige) Grund, weshalb sich hin und wieder ein paar besonders hartnäckige Touris in diese Gegend verirren. Er bildet das Zentrum der Stadt Madurai, die zu den ältesten Südindiens zählt, und ist der Grund für die wenigen modernen Einrichtungen der Stadt: zwei 5-Sterne-Luxushotels (die in den kommenden Wochen immer wieder zu meinen geheimen Rückzugsorten werden sollten) und ein kleiner, nagelneuer Flughafen. Ansonsten fühlt man sich im bettelarmen Madurai wie im Mittelalter. Der Großteil der Menschen lebt in kleinen Hütten, die mit Bananenblättern bedeckt sind, oder in einfachen Wellblechhütten. Das »Business« findet am Straßenrand statt: bei Händlern, die auf dem Fußboden sitzen und vor sich ihre bescheidene Ware (Hühner, Bananen oder Kokosnüsse) aufgebaut haben, die sie brüllenderweise in der brütenden Hitze bewerben.

Ich kaufte mir erst mal 'ne Mango. Mangos waren immer

gut. Saftig, exotisch, gesund und hier für gerade mal zehn Cent zu haben. Die Verkäuferin kicherte, als sie mich sah, und berührte verstohlen meine weiße Haut. Mit Mango, Rucksack und Sonnenbrand auf der Nase erreichte ich gegen Nachmittag meine Unterkunft. Meine Agentur hatte mir ein Zimmer in einer christlichen Wohnanlage organisiert, die sich inmitten eines wunderschönen Gartens befand, in dem es vor exotischen Vögeln, Schmetterlingen und sogar Affen nur so wimmelte. In dem Gebäude befanden sich fünf Gästezimmer, ein großer Speisesaal, eine Küche, davor war eine schöne Terrasse. Drinnen wurde ich von einem alten Ehepaar begrüßt, das kaum drei Worte Englisch sprach, aber dafür umso wilder mit Händen und Füßen gestikulierte.

»Germany?«, fragte mich die Frau, die ziemlich füllig war, aber dennoch einen bauchfreien Sari trug (in Indien symbolisiert Fettleibigkeit Reichtum), barfuß lief und ihre Haare zu einem langen, öligen Zopf geflochten hatte.

»Yes, Germany!«, gab ich fröhlich zurück. Da schauten sich die beiden grinsend an und freuten sich.

»Dinner? Dinner?«, fragte sie weiter.

Ich sagte einfach mal »yes«. Da rieb sie sich die Hände und machte »ahhhh!«, ehe sie in ihrer kleinen Küche verschwand und mit den Töpfen klapperte.

Derweil bedeutete mir ihr Mann, ihm zu folgen. Er brachte mich zu meinem Zimmer, in dem lediglich ein großes Bett, ein Schrank und ein Stuhl standen. Ich hob meinen Daumen und grinste. »Thank you!«

Daraufhin hob er alle fünf Finger und sagte erneut: »Dinner! Dinner!« Okay, in fünf Minuten gab es was zu futtern. Das genügte, um herauszufinden, dass in meinem Zimmer offensichtlich eine Ameisenkolonie lebte und der Duschkopf nicht funktionierte, bloß der Wasserhahn. Ich würde wohl den kleinen rosa Plastikeimer in der Ecke zum Waschen benutzen müssen. Aber wen störte das schon? Bei Guru G. hatte ich mich ja auch überwiegend mit einem Gartenschlauch abgespritzt. Dafür war das Abendessen eine Wucht: Es gab ein gelbes Curry mit Reis, kleinen Bananen und warmem Naan. Außer mir war an jenem Abend niemand sonst im Speiseraum, allerdings hatte ich gesehen, dass vor einem anderen Zimmer schwarze Chucks standen. Mindestens Größe 40.

An meinem ersten Arbeitstag fuhr ich auf Anraten meiner Agentur mit dem Bus in die Redaktion des Tamil Star, was eine ganz schöne Tortur war, weil auf jeden Sitzplatz gefühlte zwanzig Fahrgäste kamen. Es galt: Wer am Straßenrand stand, wurde mitgenommen. Egal wie voll der Bus bereits war. Denn jeder zusätzliche Gast bedeutete mehr Geld für den Busfahrer. Eine Fahrt kostete etwa zwei Cent. Trotzdem hatte die Fahrt ihren Preis: Ich wurde von allen Seiten neugierig bis lüstern angestarrt. Dabei kam ich mir in meiner khakifarbenen »Funktionshose« zwischen all den anmutigen Inderinnen in bunten Saris vor wie ein geschlechtsloses Wesen. Nichts an mir war sexy, fand ich. Die Inderinnen hingegen sahen fast alle wie indische Prinzessinnen aus, in ihren bauchfreien Oberteilen, mit den filigranen Henna-Tattoos, den roten Bindis und den vielen bunten Armreifen. Die Hauptsache war, dass ihre Schultern und Knie verhüllt waren. Körperteile, die bei uns ja keinen Mann hinterm Ofen hervorlocken, in Indien jedoch als extrem erotisch/anzüglich gelten. Nach und nach besann auch ich mich auf die subtile Erotik dieser »einfachen« Körperteile, die, gekonnt präsentiert, vielleicht sogar anziehender wirken konnten als ein pralles Dekolleté oder ein (zu) kurzer Rock.

Das Redaktionsgebäude des Tamil Star liegt direkt an einer viel befahrenen Hauptstraße. Mein Chefredakteur hieß Khader. Er war, wie ich zu meiner Überraschung feststellte, ein Hardcore-Christ, der nonstop betete und mich erst mal im Namen Jesu segnete, als ich mich vorstellte. Etwa drei Prozent aller Inder sind Christen, der Großteil von ihnen lebt in Tamil Nadu. In dem Großraumbüro, in das er mich kurz darauf führte, hing über den PCs sogar ein Jesus am Kreuz. Zu seinen Füßen saßen meine neuen Kollegen: Sunil (31), ein freundliches Dickerchen in Anzughosen, und Mitra (24), die mit ihrem langen, glänzenden Zopf und ihrem pinkfarbenen Sari wie ein Bollywoodstar aussah.

»Welcome, Henriette«, begrüßte sie mich fröhlich, goss mir ein Glas Chai ein und erkundigte sich nach meinem bisherigen beruflichen Werdegang. »Wie aufregend! Du hast Filmstars interviewt?«, rief sie, kaum dass ich drei Sätze gesagt hatte, aus. »Oh, wen denn? Auch George Clooney? Und nun bist du hier bei uns. Wie schön.« Ihre Euphorie war wirklich rührend, und so freute ich mich sehr, als wir am Nachmittag gemeinsam zum Minakshi Kalyanam Tempelfest gingen, über das wir für den Tamil Star berichten sollten. In der Stadt war deswegen die Hölle los. Unzählige Hindus hatten sich im und um den Minakshi-Tempel versammelt und legten Blumen und andere Geschenke nieder, in Gedenken an die Hochzeit der Göttin Minakshi mit Shiva. Es war ein unglaubliches Spektakel. Begeistert stürzten wir uns in das laute, chaotische Getümmel im Tempel. Unsere Schuhe mussten wir am Eingang bei einem älteren Herrn abgeben. Ein bunt bemalter Elefant begrüßte uns im Inneren mit einem lauten »Törö«. Links und rechts strömten Menschenmassen an uns vorbei. Einige Gläubige knieten oder lagen flach auf dem Boden und beteten die in Stein gemeißelten Götterfiguren an. Es roch nach Räucherstäbchen, Jasminblüten und Mensch. Die totale Reizüberflutung.

»Ich dreh durch«, rief ich Mitra lachend zu. Daraufhin zog sie mich in eine ruhige Nische.

»Wir schießen unsere Fotos von hier aus, okay?« Ich nickte und zückte meinen Notizblock, um Statements von Gläubigen einzuholen. Blöderweise sprach kaum einer Englisch, aber ein paar fanden es offenbar lustig, mit mir Faxen zu machen.

»Sag mal, Henriette, wie kommst du eigentlich darauf, so ganz allein nach Indien zu kommen? Hast du gar keine Angst?«, rief Mitra mir zu, während sie ihre Fotos schoss.

Ich dachte kurz nach. »Angst? Wovor denn?« Mitra warf mir einen kurzen amüsierten Blick zu.

»Also, ich würde jedenfalls nicht so ganz allein in ein fremdes Land fahren. Ich habe noch nicht einmal hier in Indien jemals eine längere Reise allein unternommen. Es gibt viele böse Männer.« Ich nickte.

»Hm, ja, ich weiß. Aber die gibt es in Deutschland auch. Trotzdem kann ich mich doch nicht den ganzen Tag in meiner Wohnung verstecken, oder?« Mitra drehte sich zu mir um und lächelte schwach.

»Du hast eine eigene Wohnung? Und wo wohnt deine Familie?«

»In einem kleinen Dorf, in dem ich als Journalistin keinen anständigen Job gefunden hätte.« Mitra schien zu verstehen. Ihre schönen Augen funkelten interessiert.

»Und dein Freund? Oder bist du verheiratet?«, fragte sie weiter, während wir uns durch die Menschenmengen wieder nach draußen kämpften.

»Nein, noch nicht. Ich bin derzeit Single. Also wenn du einen netten Mann kennst …«, scherzte ich.

»Hahaha, Henriette, du bist lustig. Wir Inderinnen können

nicht einfach so mit jemandem flirten und uns verlieben. Unsere Eltern regeln all das für uns. Sie wählen unsere Ehemänner aus. Wir dürfen eigentlich nicht einmal mit einem Mann auf der Straße sprechen, es sei denn, wir kaufen etwas von ihm.« Mitra lächelte gequält, während sie dem alten Mann, der auf unsere Schuhe aufgepasst hatte, ein paar Rupien gab. Sie tat mir leid – vor allem, als sie mir erzählte, dass sie verlobt war und ihren zukünftigen Ehemann noch nie in natura gesehen hatte. Aber vielleicht war diese Form des Arrangements letztlich viel angemessener als das, was wir in Europa abzogen.

In einem Magazin hatte ich gelesen, dass Liebe – also die Form der Liebe, die wir in Deutschland und Co. leben – ausschließlich auf Egoismus und Narzissmus basiert. Da stand, dass wir uns eigentlich nur deshalb verlieben, weil wir zurückgeliebt werden wollen. Das ist gut für unser Ego. So nach dem Motto: »Boah, muss ich ein geiler Hecht sein, dass der oder die jetzt so auf mich abfährt.« Das wird immer schlimmer, je älter man wird beziehungsweise je länger man schon Single ist, weil man irgendwann ein totales Ego-Problem bekommt und eben deshalb immer mehr nach Liebe lechzt und immer öfter hören muss, wie toll man ist. Und wenn plötzlich jemand anfängt zu stöhnen oder sogar einen hammermäßigen Orgasmus bekommt, nur weil man so sexy und so gut im Bett ist… Ja, besser geht es doch gar nicht?! Das ist dann für uns Westler der ultimative Ego-Kick.

In dem Moment dachte ich, dass es wohl am besten gewesen wäre, wenn ich ganz einfach meine Jugendliebe Rocko geheiratet hätte. Immerhin war unsere Liebe damals noch pur und wurde ausschließlich von unkontrollierbaren Hormonen gesteuert. Besser als vom Ego, fand ich. Heute wusste ich nicht mal mehr, ob ich überhaupt heiraten und Kinder kriegen wollte.

»Möchtest du dir die Zukunft voraussagen lassen?«, holte mich Mitra aus meinen Gedanken. Sie deutete auf einen Mann, der ganz ruhig und entspannt vor dem Eingang des Tempels auf dem Fußboden hockte und auf einer kleinen Trommel spielte. Sein nackter Oberkörper war mit hölzernen Perlenketten und gelber Farbe verziert, seine Arme mit Tätowierungen von Tigern und Schlangen. Um die Hüften trug er einen orangegefarbenen Wickelrock. Auf seiner Schulter saß ein grüner Papagei. Mann und Vogel wirkten seltsam erhaben.

»Das ist ein Wahrsager«, erklärte mir Mitra. »Der Vogel ist sein Medium. Wenn du wissen möchtest, wie dein weiterer Weg aussehen wird, frag ihn.« Das ließ ich mir natürlich nicht zweimal sagen. Für vierzig Rupien (knapp 50 Cent) war ich dabei, durfte zusehen, wie der Mann seinen Papagei beauftragte, eine Karte aus einem Stapel zu ziehen.

»Meine Kollegin möchte wissen, ob sie bald einen guten Ehemann findet«, erklärte ihm Mitra auf Tamil.

»Aha, ja, das habe ich mir schon gedacht«, sagte der Wahrsager. »Mein Vogel sagt mir, dass du in der Vergangenheit viele Enttäuschungen einstecken musstest. Aber das ist nun vorbei. Noch vor deinem 27. Lebensjahr wirst du einen guten neuen Mann kennenlernen, der dich in jeder Hinsicht beglücken wird.« Na, sieh einer an. »Mit ihm wirst du zwei Kinder haben. Leider wird er früh sterben, und du wirst mit Anfang 40 ein zweites Mal heiraten. Mit deinem zweiten Mann wirst du noch ein drittes Kind bekommen, das du mehr lieben wirst als deine ersten beiden Kinder. Du wirst eine sehr glückliche Frau sein und ein langes Leben haben.« Puh, da lag ja noch ein ziemlich bewegtes Leben vor mir. Aber immerhin eines voller Glück – in jeder Hinsicht, hatte er gesagt. Also auch sexuell.

Am Abend lernte ich beim Dinner im Speisesaal den vierundzwanzigjährigen Jules aus Südfrankreich kennen. Jules saß ganz allein an einem Tisch und kaute lustlos auf seinem Reis herum. Seine Haut war blass, und er hatte tiefe Augenringe. Ihm schien es nicht gutzugehen. Nachdem ich ihn ein wenig mit der Wahrsager-Geschichte erheitern konnte, taute er doch noch auf und erzählte mir von sich: Jules' millionenschwerer Vater wollte, dass er eines Tages dessen Altenheim in Paris übernahm. In Madurai machte er auf Befehl seines Vaters ein Praktikum im örtlichen Hospiz. Das nahm den armen Jungen ziemlich mit.

»Ich hab es satt, Menschen verrecken zu sehen. Ich hasse den Tod. Ich bin zu jung dafür. Ich will Musik machen, verdammt!« Ich verstand das nur zu gut. Als ich Jules erzählte, dass ich nach Indien gekommen war, weil ich das Gefühl hatte, in Deutschland nicht mehr atmen (naja, eigentlich vielmehr stöhnen) zu können, fingen seine Augen an zu strahlen, und wir blieben sitzen und genehmigten uns noch eine weitere Zigarette, obwohl die Mücken an jenem Abend besonders aggressiv waren.

»Komm, lass uns was trinken gehen«, schlug ich irgendwann vor, und zu meiner Freude sagte er zu.

Kurz darauf winkten wir an der Straße eine Rikscha heran und fuhren in die Stadt – in der Hoffnung, dass wir um 20 Uhr noch irgendwo ein Bier bekamen. In Südindien ist der Konsum von Alkohol nämlich strengstens verboten. Rauchen sowieso. Ausschließlich die etwas luxuriösen Hotelbars sind internationales Gebiet, dort herrscht diesbezüglich geradezu Anarchie, und man kann es (bis gegen 22 Uhr) krachen lassen. In der Beer Lounge des noblen Hotels Germanus in Arasarady hatten Jules und ich Glück und bestellten fröhlich »Cuba Libre«. Um uns herum saßen ausschließlich dickliche ältere Herren und starrten grimmig zu uns herüber. Irgendwann sprach uns ein etwa dreißigjähriger Inder namens Dhilipp an. Er wollte uns unbedingt noch ein Bier ausgeben, aber die Beer Lounge schloss bereits. Also zerrte uns Dhilipp in einen Chicken Grill auf der gegenüberliegenden Straßenseite. Die ganze Zeit fragte ich mich, was sich dieser Mensch eigentlich davon versprach, uns durchzufüttern? War es reine Gastfreundschaft, oder führte er etwas anderes im Schilde? Mittlerweile war es stockfinster, und einladend sah der Laden nun wirklich nicht aus. Aus Höflichkeit vertilgten wir dennoch die Hühnerflügel, die ganz sicher unter fragwürdigen hygienischen Bedingungen zubereitet worden waren. Nach weiteren drei Flaschen Bier pro Person und allerlei Schmeicheleien rückte Dhilipp – der mittlerweile sturzbetrunken war – dann endlich mit der Sprache raus: »You know what? Once in my life, I wanna lick a white pussy!« Ob ich ihm nicht ein »white girl« klarmachen könne. Angewidert schüttelte ich den Kopf, und Jules fiel fast vom Stuhl vor Lachen.

»Tut mir leid, da musst du schon nach Europa kommen und zu einer Prostituierten gehen«, sagte ich zu ihm. »Ich kann dir jedenfalls nicht helfen.«

»Ist Prostitution etwa bei euch legal?«, fragte mich Dhilipp fassungslos.

»Oh, ja. In Hamburg gibt es sogar eine ganze Straße, in der ausschließlich Prostituierte arbeiten. Da musst du unbedingt mal hin, Dhilipp.«

Er strahlte mich fasziniert an. »Oh, ja. Das werde ich ganz sicher schon bald tun. Danke für den Hinweis.« Jules und ich zwinkerten uns gegenseitig zu: Es war an der Zeit zu gehen. Dhilipp bestand darauf, uns mit seinem Mercedes zurück in unsere Unterkunft zu fahren. An Bord seiner Luxuskarosse ließ er »Candy Shop« von 50 Cent auf voller Lautstärke laufen, was Jules und mich hochgradig amüsierte – bis auf einmal die Zentralverriegelung einschnappte.

»Hey, was soll das denn?«, fragte Jules panisch.

»No problem, my friend. In Madurai wimmelt es nur so von Bettlern, weißt du? Die überfallen einen an den Ampeln und stechen einen ab. Darauf hab ich keine Lust.« Verunsichert blickte ich Jules an und griff intuitiv nach seiner Hand.

»Schon okay«, flüsterte er mir zu. Und tatsächlich lieferte uns Dhilipp brav vor unserer Unterkunft ab, anstatt uns zu entführen oder dergleichen.

In jener Nacht überlegte ich hin und her, ob ich vielleicht noch an Jules' Zimmertür klopfen sollte, beschloss dann aber, dass es reizvoller war, meinen Annäherungsversuch noch ein wenig hinauszuzögern.

Am nächsten Tag war in der Redaktion des Tamil Star Stromausfall, sodass weder die PCs noch die Klimaanlage funktionierten. Ich schwitzte mich fast zu Tode und legte etwas gedankenlos meine Bluse ab, unter der ich ein Tanktop trug. Eine ziemlich blöde Idee, denn kurz darauf zitierte mich Khader, der bei jedem Wetter einen blauen Wollpullunder über seinem weißen Hemd trug, in sein Büro.

»Henriette, ich möchte mit dir über deinen Kleidungsstil sprechen. Dein Aufzug ist alles andere als angemessen! Du zeigst deine Schultern. Das erregt die indischen Männer. Wenn sie dich so sehen, können sie sich nicht beherrschen und vergewaltigen dich auf offener Straße.« Das hatte er jetzt nicht wirklich gesagt, oder? »Wenn du SO in einen überfüllten Bus steigst, kannst du fast sicher sein, dass dich jemand begrabscht.« Das war ja wohl die Höhe!

»Also, wenn die indischen Männer sich beim Anblick meiner Schultern nicht so weit im Griff haben, dass sie über mich herfallen, dann denke ich, dass nicht ICH ein Problem habe, sondern SIE«, erklärte ich aufgebracht. Khader nickte zu meiner Überraschung.

»Ja, Henriette, ich weiß. Bist du eigentlich verheiratet?« Khader selbst hatte mit einundzwanzig geheiratet und schon drei kleine Kinder.

»Nein, wieso sollte ich?«, gab ich trotzig zurück. »Warum hast du denn schon mit einundzwanzig geheiratet?«, fragte ich Khader, um ihn ein bisschen zu ärgern. Er wippte ein bisschen auf seinem Bürostuhl herum.

»In Indien dürfen Männer nicht mit Frauen reden, geschweige denn sie anfassen«, sagte er. »Also blieb mir nichts anderes übrig, als mich so schnell wie möglich von meinen Eltern verheiraten zu lassen – sonst hätte ich früher oder später eine Frau vergewaltigt.« Ich schnappte nach Luft. Toller Chef! Vielleicht hätte er lieber mal einen Baum umarmen sollen, was ich, glauben Sie es oder nicht, regelmäßig im Garten meiner Unterkunft tat. Denn immerhin hatte ich aus Mangel an Optionen länger keinen Sex gehabt, wollte aber um keinen Preis aus der Übung kommen. Deshalb störte es mich auch überhaupt nicht, dass ich dabei ständig von irgendwelchen indischen Schulkindern ausgelacht wurde. Und von Jules, mit dem ich abends auch weiterhin durchs die Bars von Madurai zog. An meinem vorletzten Abend war es dann endlich so weit, und wir küssten uns zum ersten Mal auf der Treppe zu unseren Zimmern.

»Auf die Idee hätten wir echt schon mal eher kommen können«, flüsterte mir Jules ins Ohr. Kurz darauf fielen wir in meinem Zimmer, wo mein Rucksack fertig gepackt in der Ecke stand, übereinander her. Wir hatten ja auch wirklich verdammt lange damit gewartet. Als Jules in mich eindrang, stöhnten wir beide laut auf... vor Lust... vor Wonne... vor... Halt! Stopp!

Moment mal! Hier stimmte doch irgendwas nicht. Ehrlich gesagt, hatte ich bloß vorsorglich aufgestöhnt – weil ich ja genau wusste, wie gut es sich anfühlte, wenn so ein schöner großer Penis… Aber dieses Mal spürte ich… NICHTS! Am Kondom allein konnte es nicht liegen. Schlagartig wurde mir bewusst, dass ich es offenbar mit einem… o.b.-Mann zu tun hatte. Wenn Sie nicht wissen, was ein o.b.-Mann ist, dann kann ich Ihnen nur gratulieren. Sobald ein o.b.-Mann *ihn* nämlich in Sie reinsteckt, spüren Sie ungefähr so viel wie bei einem samtweichen Mini-Tampon – nämlich gar nichts! Jules schien jedoch um sein Manko zu wissen und tat wirklich alles, um mich dennoch zu beglücken. Nachdem er gekommen war, widmete er sich mit seinen zärtlichen Händen hingebungsvoll meiner Klitoris und schaute mir dabei tief in die Augen. Mann, war das sexy! Im Nachhinein musste ich mir eingestehen, dass sich nach dem Akt noch nie ein Mann so selbstverständlich und leidenschaftlich darum gekümmert hatte, es mir zu besorgen, wie Jules. Das hatte wiederum zur Folge, dass ich mich am Ende doch noch ein bisschen in ihn verknallte… Das passierte mir häufig, wenn ein Mann gut im Bett war. Denn es gab nichts Sexyeres. Umgekehrt funktionierte das natürlich auch: Wer im Bett wie ein toter Fisch war, hatte liebestechnisch keine Chance bei mir.

Somit bildete Jules also einen ausgesprochen positiven sexuellen Abschluss meines ansonsten sexmäßig durchwachsenen Indien-Aufenthalts. Nach fast neun Monaten war es an der Zeit weiterzuziehen. Von Madurai aus würde ich über Mumbai nach Tansania fliegen, eines der ursprünglichsten Länder der Welt, mit seinen wilden Tieren, dem mächtigen Kilimandscharo und den stolzen Massai-Kriegern. Ein Entwicklungsland, in dem es nur so von Abenteuern wimmelte. Verlockender ging es doch gar nicht!

10 Dinge,
die ich in Indien über Sex gelernt habe

1. Ganz egal, ob Sie nun eine Gazelle, eine Stute oder eine Elefantenkuh sind. Achten Sie unbedingt darauf, dass das Geschlechtsteil Ihres Liebsten mit Ihrem kompatibel ist.

2. Wenn Sie auf etwas oder jemanden Lust haben, dann nehmen Sie es sich einfach. Lassen Sie sich nicht von obskuren moralischen Werten bremsen. Leben Sie sich aus! Ihr Kopf ist danach frei für Wichtigeres. Das bestätigte mir auch Guru Petra im goanischen Dschungel: »Wenn du zu viel über Sex nachdenkst, vergiftet dich das. Tu es einfach, wenn du es willst. Oder lass es. Aber hör auf, die ganzen Zeit an nichts anderes zu denken.«

3. Offenbar konnte ich mich bei einem Fremden besser gehen lassen als mit einem Mann, mit dem ich eine Liebesbeziehung führte. Warum? Weil man bei anonymem Sex (wie mit Yonni und seinem Freund) nichts zu verlieren hat. Weder einen Ruf noch den Respekt des Partners.

4. Nackte Schultern und Knie haben in Indien in etwa denselben Effekt wie eine Frau, die in Hamburg im Bikini in die U-Bahn steigt. Nicht unbedingt ein Nachteil. Ich habe es angesichts der aggressiven Sexualität, mit der uns Popsternchen wie Rihanna im Westen tagtäglich konfrontieren, sogar genossen, mich zur Abwechslung mal auf die subtile Erotik dieser »einfachen« Körperteile zu besinnen.

5. Nicht jeder Orgasmus hat dieselbe Qualität. Erleben Sie ihn mit jemandem, der Ihr Herz nicht berührt, ist das zwar körperlich befriedigend, aber längst nicht mit einem Höhepunkt vergleichbar, der sich von Ihrem Unterleib bis hoch in Ihr Herz ausbreitet. Dafür ist wahre Liebe nötig.

6. Nehmen Sie Ihr Glück selbst in Hand – und packen Sie mit an. Sie müssen den Männern schon zeigen, wo es langgeht. Das ist überall auf der Welt so.

7. »Dein Körper ist ein Tempel.« Diesen vermeintlich abgedroschenen Spruch trichterte mir mein indischer Guru immer wieder ein. Erst am Ende begriff ich: Der Mann hat recht! Denn nur eine Frau, die aufrecht und stolz durch die Welt geht und sich ihrer Kraft und ihrer Schönheit bewusst ist, wird von den Männer als das behandelt, was sie ist: eine Göttin.

8. Männer sind wie Roulette. Auf Dauer den großen Gewinn zu machen, ist relativ aussichtslos. Rein statistisch harmoniert eine Frau sexuell nur mit jedem elften Mann. (Das geht aus meinen privaten Aufzeichnungen hervor.) Jules war so einer. Für ihn schien es ganz selbstverständlich zu sein, eine Frau, die beim Vögeln nicht gekommen war, im Anschluss mit der Hand zu verwöhnen. Solche Gentlemen sind seltener als madagassische Schnabelbrustschildkröten, aber es gibt sie.

9. Nehmt euch Zeit, wenn ihr mit eurem Partner schlaft, und vergesst die vermeintlichen Ziele, die euch von der Gesellschaft durch Pornos oder Zeitschriften aufgezwungen wurden. Vergesst den Orgasmus! Es dauert, bis die Zellen eines Menschen auf einen anderen antworten und sich für ihn öffnen. Das ist nur möglich, wenn man Sex nicht nur als ein Mittel zur Be-

friedigung sieht, sondern als tiefe Vereinigung zweier Seelen.
Danke, Maja!

10. Lesbische Frauen wissen, dass für den Orgasmus die Stimulation durch Zunge oder Finger viel wichtiger ist als Penetration.
Das haben sie den meisten Männern voraus.

11 One Night in Kairo
Knutschen mit Cleopatra

Natürlich habe ich mich auf One-Night-Stands eingelassen. Das ist billiger als jede Sitzung beim Seelenklempner.

(KYLIE MINOGUE)

Nach schlappen sechs Stunden landete ich für einen zwölfstündigen Zwischenstopp in Kairo. Ich hatte mich eigentlich darauf eingestellt, die Wartezeit auf irgendeiner harten Bank oder bei McDoof verleben zu müssen. Umso überraschter war ich, als man mir an Bord mitteilte, dass ich die Zeit in einem 5-Sterne-Hotel verbringen durfte. Gemeinsam mit jenen Passagieren, die ebenfalls weiter nach Dar es Salaam reisen wollten, wurde ich von einem Shuttlebus in das etwa fünfzehn Minuten entfernte Hotel gebracht. Dort wurden wir mit Gutscheinen für das erstklassige Restaurant (Mittag- und Abendessen inklusive alkoholischer Getränke) ausgestattet. Im Garten gab es sogar einen Pool.

»Werden Sie sich die Pyramiden anschauen?«, fragte mich die freundliche Frau, neben der ich schon im Flugzeug von Mumbai nach Kairo gesessen hatte. »Mein Sohn und ich wollen unbedingt einen kleinen Ausflug machen. Mit dem Taxi können Sie in einer Stunde in Gizeh sein. Das sollten Sie unbedingt machen!« Fasziniert starrte ich sie an.

»Ach, wirklich? Ich wusste gar nicht, dass Gizeh so nah an Kairo liegt. Das ist ja der Hammer, vielen Dank für den Tipp!« Eilig schmiss ich meinen Rucksack in das luxuriöse Hotelzimmer mit dem kuschelig weichen, schneeweiß bezogenen King-size-Bett und dem Marmorbad, stopfte meine Kreditkarte, meine Digitalkamera und meinen Zimmerschlüssel in meine kleine Umhängetasche und lief zur Rezeption, um dort nach einem vertrauenswürdigen Taxifahrer zu fragen. Da es sich um ein 5-Sterne-Hotel handelte, das auch viele deutsche Touristen beherbergte, stellte man mir kurz darauf einen freundlichen ägyptischen Herrn an die Seite, der sogar Deutsch sprach und einen perfekt sitzenden grauen Anzug trug. An der Rezeption bezahlte ich bereits im Voraus einen Festpreis von knapp vierzig Euro. Der beinhaltete eine fünfstündige Tour – egal wohin. Damit war ich meiner Meinung nach zu 98 Prozent auf der sicheren Seite, was für meine Verhältnisse ganz schön gut war. Hamid war ein freundlicher Herr so um die fünfzig, der sich über meine übersprudelnde Euphorie angesichts dieses unerwarteten Zwischenstopps sichtlich freute und mir gerne all meine Fragen beantwortete. Schließlich war der ägyptische Staatspräsident Mubarak damals gerade wegen tödlicher Gewalt gegen Demonstranten im Rahmen des Arabischen Frühlings zu lebenslanger Haft verurteilt worden – und aus Angst vor blutigen Auseinandersetzungen traute sich schon seit Monaten kein Tourist mehr nach Ägypten.

»Du hättest dir gar keinen besseren Zeitpunkt aussuchen können, um Urlaub in Kairo zu machen. Ägypten ist sicher, glaub mir«, freute sich Hamid. »Die Weltwunder warten allein auf dich. Du solltest dir unbedingt ein Kamel mieten. Es gibt keine bessere Möglichkeit, zu den Pyramiden zu gelangen.« Ich winkte jedoch ab.

»Nee, das ist mir zu albern.« Aber Hamid ließ nicht locker und schwor, dass dies die amüsanteste und beste Art war, zu den Pyramiden zu gelangen. Außerdem hatte ich offenbar sowieso keine Wahl.

»Willst du etwa zu Fuß durch die Sahara laufen? Oder dir lieber einen Esel mieten? Hahaha!« Das war natürlich ein Argument.

»Okay, na gut, ich mach's«, lenkte ich ein. Da schien Hamid zufrieden zu sein.

»Sehr schön, du bist wirklich ein gutes Mädchen. Ich wünschte, meine Ehefrau wäre auch so schlank und vital wie du. Aber sie sitzt den ganzen Tag zu Hause und stopft fettiges Essen in sich rein oder kocht für unsere sechs Kinder. Ich hasse das…« Hm. Dazu fiel mir nun auch nicht viel ein. Wer vor einer fremden Frau über seine eigene herzog, konnte in meinen Augen kein guter Mensch sein. Daher schwieg ich für den Rest der Fahrt, bis ich plötzlich das Weltwunder am Horizont erkennen konnte. Da schwieg ich nicht mehr, sondern plapperte vor Begeisterung drauflos und löcherte ihn mit Fragen. Wir parkten schließlich am Stadtrand von Gizeh, der direkt an die Wüste angrenzte. Dort standen etwa tausend bunt geschmückte Kamele am Straßenrand in einer Reihe – aber nicht ein einziger Tourist war zu sehen!

»Seit die Unruhen begonnen haben, haben fast alle Touristen ihre Reisen storniert«, sagte Hamid, während er zwei junge Ägypter heranwinkte. »Dabei ist die Lage im Grunde harmlos. Auch wenn das Auswärtige Amt das momentan ein wenig überdramatisiert.« Ich schätzte die beiden Jungs auf etwa Anfang zwanzig. Sie hießen Jasam und Amin und freuten sich sehr, dass sie endlich mal was zu tun hatten.

»Die bist die erste Touristin heute«, sagte Amin, während er mich zu einem Kamel führte, das bereits für mich in die Knie gegangen war, damit ich aufsitzen konnte. »Genieß deinen Ritt – so einsam wirst du die Sahara in dieser Gegend wohl nie wieder erleben!« Langsam erhob sich mein Kamel, und ich kreischte mir die Seele aus dem Leib. Die Männer hielten sich die Bäuche vor Lachen. Aber das störte mich nicht mehr, denn die Landschaft, die wir zu dritt auf unseren Kamelen passierten, war einmalig schön. Zunächst ritten wir durch ein verschlafenes Dorf, in dem der Großteil der Menschen bei einer Tasse Tee oder der Shisha beisammensaß und mich freundlich grüßte. Man hatte hier offenbar nicht viel zu tun ohne die Touristen. Dann tat sich vor meinen Augen die Wüste in all ihrer Schönheit auf: Sanddünen, wohin das Auge reichte – und am Horizont: die Pyramiden, hinter denen sich die glutrote Sonne langsam abwärts bewegte. Was für ein Anblick! »Zigarette?«, fragte mich Amin und hielt mir eine Schachtel Cleopatra hin. Ich griff freudig zu und inhalierte mit vollem Genuss. Langsam trottete mein Kamel währenddessen auf eine besonders hohe Düne zu. Obwohl ich wusste, dass innerhalb der letzten Monate in Kairo unzählige Frauen Vergewaltigungen zum Opfer gefallen waren und viele Ägypter nicht besonders respektvoll von Europäerinnen sprachen, fühlte ich mich bei Jasam und Amin sicher und wohl. Als wir vor der besonders hohen Düne angekommen waren, stiegen wir ab, und Jasam und ich kletterten zusammen bis ganz nach oben. Weit und breit keine Menschenseele. Nur die Sphinx schaute allwissend zu uns herüber. »Warum habt ihr eigentlich keine Königin mehr?«, fragte ich die Jungs in Anspielung auf das hiesige Rollenverständnis.

»Im alten Ägypten haben die Frauen über das Volk geherrscht«, sagte Jasam. »Cleopatra war unsere Königin. Und heute? Es ist eine Schande, was einige Männer unseren Frauen antun. Manchmal wünsche ich mir, ich würde in einem Land wie Deutschland leben. Dort sind alle Menschen gleich. Es gibt nicht so viele Probleme wie hier.« Seine großen schwarzen Augen funkelten traurig. Er war ein ausgesprochen gut aussehender Mann. Vor allem seine etwas längeren dunklen Locken gefielen mir.

»Würden dir die Pyramiden, die Sahara, die Kamele nicht fehlen?«, fragte ich ihn und setzte meine Sonnenbrille ab.

»Nein. Nicht, wenn ich eine Frau hätte, die mich von meinen alten Sehnsüchten ablenkt und mit neuen erfüllt«, antwortete Jasam und lächelte verlegen. »Möchtest du noch eine Zigarette?« Ich nickte und griff zu. Nachdem er mir Feuer gegeben hatte, fragte er, ob er mal meine roten Haare anfassen dürfe. »Sie leuchten wie die Sonne«, sagte er und strich mir sanft eine Strähne aus der Stirn. Herrje, ich wurde so langsam weich wie Butter von den süßen Worten und Gesten dieses Ägypters. Und die Kulisse schadete auch nicht. Es war wie Kino. Mittlerweile hatte sich der Himmel über Gizeh zartrosa gefärbt, und von weit her drangen orientalische Flötenklänge. Kaum dass ich wusste, wie mir geschah, küssten wir uns. Unendlich lange und mit ganz viel Hingabe, was uns beide so scharf machte, dass wir unweigerlich ganz eng nebeneinander standen und uns fest umarmten. Verdammt, ich wollte Jasam! Sofort! Aber... ging das? Ich dachte an den letzten »Sex and the City«-Film, in dem die sexsüchtige Samantha am Strand von Abu Dhabi wegen Erregung öffentlichen Ärgernisses verhaftet worden war, weil sie einem geilen Scheich einen geblasen hatte. Oder so ähnlich. Aber das war ja nur ein Film gewesen... Also ran an Jasam! Ich würde mich schließlich nur noch wenige Stunden in Ägypten aufhalten, und wer wusste schon, wann ich das nächste Mal so einen scharfen Nordafrikaner zu fassen bekommen würde. Also versank ich in Jasams Armen, während seine Hand in meiner Hose versank. Gütiger Gott, das war vielleicht eine Wohltat nach dem wackeligen Ritt auf dem Kamel! Ich seufzte erfreut und gab mich den Berührungen hin. Während Jasam mich mit wahrer Hingabe massierte und streichelte, küsste er mich immer weiter und begann, mir mit sanfter Stimme irgendetwas auf Ägyptisch ins Ohr zu flüstern.

Es hörte sich lieblich an, hätte aber natürlich auch irgendwas total Blödes sein können.

Notiz an mich selbst: Ägyptisch lernen!, schoss es mir durch den Kopf, kurz bevor mich Jasams Hände in andere Spähren beförderten. »Jaaaaaaaa!«, stöhnte ich den Pyramiden, der Sphinx und der Sahara entgegen. Was für ein wunderbares Gastgeschenk. Und das Beste: Nachdem ich entspannt in Jasams Armen zusammengesackt war, küsste er mich lediglich zärtlich auf die Wange und bedeutete mir mit einem Fingerzeig auf seine Uhr, dass es an der Zeit war zurückzureiten, wenn ich meinen Flieger nach Tansania noch erwischen wollte. Was für ein großzügiger, freundlicher Mann! *Notiz an mich selbst, die zweite: Unbedingt nach Ägypten zurückkehren und Land und Leute, ähm, kennenlernen.*

2 Dinge,
die ich in Ägypten über Sex gelernt habe

1. Guter Sex kommt oft unverhofft. Besonders auf Reisen. Denn die meisten Leute, die allein reisen, sind eigentlich fast immer geil. Alles, was Sie tun müssen, ist zugreifen, sobald Ihnen das Leben einen solchen Leckerbissen auf dem Silbertablett serviert. Nur nicht schüchtern – sondern ruhig mal gierig sein. Mjam!

2. Anständige Männer aus Ländern, in denen das Frauenbild eine Katastrophe ist, haben häufiger das Bedürfnis, an einer einzigen (ausländischen) Frau alles wiedergutzumachen, was ihre chauvinistischen, kriminellen Landsmänner angerichtet haben. Man muss bloß Glück haben und einen von den Guten erwischen.

12 Afrika! Afrika!
Meine neue Identität als Mzungu

Herrje, ich kann schon gar nicht mehr zählen, wie oft ich für Liebe durch die Welt geflogen bin. (...) Ich reise für den besten Körper. Man muss immer dahin, wo der gerade ist.

(CAMERON DIAZ)

Als ich fünfzehn war, habe ich in der Disco mal leidenschaftlich mit einem gebürtigen Kenianer geknutscht. Ich stand damals total auf den US-Rapper Nelly, und jener dunkelhäutige Schönling mit Namen Franky sah ihm wirklich zum Verwechseln ähnlich. Deshalb hatte ich auch nichts dagegen, als sich Franky im Takt des Hits »Hot in Here« an meinem Becken rieb. Natürlich dauerte es nicht lange, bis sich etwas in seiner Baggypants vom damals schwer angesagten Label Ruff Riders regte – und zwar etwas ziemlich Großes.

»Was hast du da?«, fragte ich und deutete mit einem Grinsen auf die Beule an seiner Hose.

»Das ist mein Zauberstab, Baby«, erklärte mir Franky, der mit seinen neunzehn Jahren schon totaal erfahren war. »Fass ihn ruhig mal an.« Das ließ ich mir, neugierig, wie ich war, nicht zweimal sagen und glitt unauffällig mit meinem Zeige- und Mittelfinger an der dicken, pulsierenden Black Mamba entlang, die sich bis hinunter in sein linkes Hosenbein schlängelte.

»Wow«, hauchte ich. Mehr fiel mir zu diesem Prachtexemplar nicht ein. Bis auf: »Ich muss jetzt nach Hause ...« Denn allein die Vorstellung, dass sich dieses Riesenteil in meine noch jungfräuliche Mädchenvagina bohren könnte (in die zum gegenwärtigen Zeitpunkt noch nicht mal ein o.b. comfort passte), weckte in mir die nackte Angst.

Schade eigentlich, denn ein Schwanz von solch epischem Ausmaß ist mir seither nicht mehr angeboten worden. Ich hatte allerdings auch nie wieder das Vergnügen, einem afrikanisch-stämmigen Herrn so nahe zu kommen. Was lag also näher, als im Rahmen meiner *Mission: Orgasmus* einen längeren Aufenthalt auf dem schwarzen Kontinent einzuplanen? Sein guter Ruf eilte ihm schließlich voraus: In einer Weltrangliste der längsten (erigierten) Penisse, die der irische Psychologe Dr. Richard Lynn von der Universität Ulster vor Kurzem erhoben hat, landeten die Deutschen mit einer Durchschnittslänge von 14,47 Zentimetern »nur« auf Platz zehn. Ghana hingegen belegte mit 17,27 Zentimetern Durchschnittslänge Platz 3 und die Republik Kongo mit 18,03 Zentimetern Durchschnittslänge Platz 1. Lassen Sie sich das mal auf der Zunge zergehen: Aaaaaaaaaaaaaachtzehn Zentimeter! Huh…

Laut einer Studie der University of the West of Scotland, die im Journal of Sexual Medicine veröffentlicht wurde, kommen bestimmte Frauen (nämlich jene, die eher durch körperliche Vereinigung zum Orgasmus kommen) bei Männern mit einem längeren Penis besser zum vaginalen Orgasmus. »Dies ist wahrscheinlich darauf zurückzuführen, dass ein längerer Penis eher in der Lage ist, die gesamte Länge der Vagina zu stimulieren«, vermutet Studienleiter Stuart Brody. Nun gehörte ich zwar nicht zu jenen bestimmten Frauen. Aber was, wenn mich schlicht und ergreifend noch nie ein deutscher Mann mit seinen 14,47 Zentimetern gänzlich ausgefüllt hatte? Konnte doch sein! Obwohl ich eigentlich über meine Exfreunde Rocko und Jaro nie hatte klagen können. Aber was, wenn sich mein heißer Israeli aus Varanasi getäuscht hatte oder bloß höflich sein wollte – und ich doch eine »Elefantenkuh« war? Die Antwort, da war ich mir ziemlich sicher, lag irgendwo auf dem schwarzen Kontinent. Auch dort wollte ich als Journalistin arbeiten, um näher an die Einheimischen heranzukommen und tiefer in ihre Kultur und Gesellschaft einzutauchen. Über eine Agentur im Internet hatte ich auf Anhieb einen Job bei der englischsprachigen Zeitung The African Nation in Dar es Salaam gefunden. Der ostafrikanische Staat lag auf derselben Höhe wie die Republik Kongo, die beiden Länder wurden bloß durch die Demokratische Republik Kongo getrennt. In Sachen Penislänge konnte es also keine allzu großen Einbußen geben, vermutete ich.

Mit einem Kribbeln im Bauch ging ich nach sechs Stunden Flug über das Rollfeld des Flughafens von Dar es Salaam, der mit drei Millionen Einwohnern größten Stadt des Landes am Indischen Ozean (und Partnerstadt von Hamburg), und atmete die feuchte, tropische Luft ein. Nun musste ich nur noch durch die Passkontrolle. Blöderweise guckte mich der uniformierte Mittfünfziger am Schalter, der ein bisschen aussah wie Eurotrash-Legende Captain Jack, ziemlich düster an und bedeutete mir, ihm doch bitte mal in sein Büro zu folgen. Dort erklärte er mir, dass auf meinem Visum irgendein »very important« Stempel fehlte und mich das dreihundert Dollar kosten würde.

»Wir können das aber anders regeln und ein bisschen Liebe machen, Schwester«, raunte er mir zu und musterte mich lüstern. »Es wird dir gefallen. Afrikanische Männer sind die besten Liebhaber der Welt, weißt du?« Na, hoppala, so hatte ich mir meine sexuellen Interkurse mit Einheimischen nun wirklich nicht vorgestellt!

»Äh, nee, danke. Ich rufe lieber die deutsche Botschaft an«, entgegnete ich gespielt selbstsicher und kramte nach meinem Handy, in der Hoffnung, dass ihn das einschüchtern würde.

»No, no, it's okay, gib mir einfach fünfzigtausend Tansania-Schilling, dann geht das in Ordnung«, lenkte Captain Jack dann auch tatsächlich ein. Das entsprach etwa zweiundzwanzig Euro und ging für mich okay, obwohl es natürlich immer noch Beschiss war. Aber ich wollte mein Glück in diesem fremden Land nicht gleich an meinem ersten Tag überstrapazieren. Erleichtert holte ich meinen Rucksack vom Gepäckband, tauschte am Exchange-Schalter meine restlichen Indischen Rupien in Tansania-Schillinge um, verließ das Gebäude und trat in die gnadenlose afrikanische Sonne. Im Bus Richtung Stadtzentrum, der glücklicherweise direkt vorm Eingang parkte, war ich die einzige Europäerin an Bord, um mich herum wurde aufgeregt getuschelt und gekichert. Ein Wort fiel immer wieder: *Mzungu*. Das war laut meines Reiseführers Kiswahili für »weißer, reicher Reisender«, was entweder sachlich oder verächtlich gemeint sein konnte. Je nachdem, wer es zu einem sagte. Zu diesem Zeitpunkt ahnte ich noch nicht, dass Mzungu in den kommenden Monaten zu meinem Zweitnamen, meiner neuen Identität werden würde.

Fasziniert starrte ich auf die kunstvoll geflochtenen Frisuren der tansanischen Frauen. Viele trugen Zöpfe aus Kunsthaar oder hatten ihre Mähnen mithilfe eines Glätteisens in Form gebracht. Die Männer trugen überwiegend Glatze. Gewöhnungsbedürftig. Bei meiner Ankunft am zentralen Busbahnhof von Dar es Salaam kam ich mir vor wie Lady Gaga. Oder Olivia Jones. Alles starrte mich völlig fasziniert an, begrüßte mich fröhlich (»*Mambo!*« – Hallo!, »*Habari gani?*« – Wie geht es dir?), so als wäre ich eine alte Bekannte, oder brüllte laut meinen neuen Namen, »Mzungu! Hey, *Mzungu!*«. Und damit nicht genug: Kaum dass ich einen Fuß auf den sandigen Boden gesetzt hatte, spürte ich, wie mir jemand von hinten zwischen die Beine griff und dabei laut »aiaiaiaiaiaiaiiiiiiiiiiiii« brüllte. Was für ein Schock!

Als ich mich entsetzt umdrehte, blickte ich in die blutunterlaufenen, irren Augen einer etwa sechzigjährigen Afrikanerin, die mich herausfordernd anstarrte. Ihre weißen Haare standen wirr in alle Himmelsrichtungen ab. Speichel rann ihre Mundwinkel hinunter, die zu einem irren Grinsen verzerrt waren.

»Hilfe! Vergewaltigung! Polizei!«, stammelte ich und war den Tränen nahe. Aber niemand half mir. Na, das fing ja gut an. Gerade hatte ich mehrere Monate Indien plus zehn Stunden Ägypten mehr oder weniger unbeschadet überstanden, und nun wurde ich bereits an meinem ersten Tag in Tansania Opfer eines, ähm, sexuellen Übergriffs – durch eine durchgeknallte Greisin. Gedemütigt schlich ich unter dem Gekicher der Umstehenden vom Bahnhofsgelände, das eher einem Obst- und Gemüsemarkt glich, mit seinen unzähligen Händlern, die große Eimer voller Orangen, Avocados oder Bananen auf ihren Köpfen balancierten, und schnappte mir ein Taxi. Mein Fahrer raste wie ein Irrer durch die City und geizte nicht mit waghalsigen Abkürzungen durch dunkle Gassen und slumähnliche Randgebiete.

Was mich auf Anhieb an Dar es Salaam faszinierte, war die Tatsache, dass hier alle möglichen Glaubensrichtungen friedlich nebeneinander zu koexistieren schienen. Ich erblickte Moscheen und christliche Kirchen, aber auch Hindu-Tempel. Mal hörte man die Rufe eines Muezzin, mal tönte ein indisches Mantra aus dem Inneren eines Tempels. Blöd, wenn man wie ich direkt neben einer Moschee wohnte – und einen der Muezzin jede Nacht aus dem Schlaf plärrte. Aber zum Glück wusste ich das bei meiner Ankunft noch nicht. Meine Agentur hatte mich in einem einfachen christlichen Gästehaus im wohlhabenden Viertel Upanga untergebracht, das von einer leicht grimmigen Mittdreißigerin namens Adelina betrieben wurde. Sie erwartete mich bereits und wies mir kühl mein Schlafgemach zu.

Der Raum war etwa acht Quadratmeter groß. Über dem Bett hingen ein Moskitonetz, ein vergilbtes Bild von Papst Johannes Paul dem Zweiten sowie ein hölzernes Kruzifix. Ins Fenster hatte man notdürftig ein Fliegengitter getackert. Dahinter hörte ich gackernde Hühner, außerdem drang der beißende Geruch eines Feuers herein, das als private Müllverbrennungsanlage diente.

»No water, no water. But tomorrow«, erklärte mir Adelina, als sie mir das Gemeinschaftsbad zeigte. Ich war genervt, aber nicht verwundert. Dann würde ich mich eben wieder mit Feuchttüchern waschen müssen. Sicherheitshalber deckte ich mich am Kiosk vor unserem Haus gleich mal mit Kerzen ein. Und tatsächlich fiel kurz darauf auch noch der Strom aus. Allerdings war ich so müde, dass mich das nicht kratzte. Wie mir meine Agentur telefonisch mitgeteilt hatte, würde ich am nächsten Morgen bereits um sechs aufstehen müssen, wenn ich pünktlich um neun Uhr dreißig in der Redaktion von The African Nation sein wollte, die sich am Stadtrand von Dar befand.

Tags drauf wurde ich bereits gegen vier von einem hysterisch krähenden Hahn geweckt, der sich offenbar direkt unter meinem Fenster positioniert hatte. Also stand ich auf, um eine Dusche zu nehmen. Natürlich kam immer noch kein Wasser, also spritzte ich mir ein bisschen Mineralwasser ins Gesicht, kochte mir einen Tee und machte im Garten ein paar Yogaübungen. Gegen sechs verließ ich das Gelände und wurde auf der Straße sogleich von allen Seiten »begrüßt«: »Heeey, Mzungu! Mambo! Jambo?« (Hey, Ausländer, wie geht es dir?), rief mir ein alter Mann auf einem Fahrrad zu.

»Mambo. Sijambo.« (Hallo! Danke, gut), grüßte ich höflich zurück.

Eine Schar Schulkinder flippten förmlich aus, als sie mich

sahen, und rannten auf mich zu: »Mzungu! Mzungu! Mzungu!«
Puh, war das anstrengend, ich war nämlich echt kein Morgen-
mensch. Dementsprechend konnte ich auf den überraschenden
Heiratsantrag eines Schuhputzers (»Hello, sexy! Wanna marry
me? I love you!«) nur mit einem müden Lächeln reagieren.
Aber er schien es ernst zu meinen, sprang auf und lief den ganzen Weg zur Bushaltestelle neben mir her. »I love you, Mzungu!
Really! Take me to your country!« Ich blieb stehen und zuckte
ratlos mit den Schultern.

»Du kennst mich doch gar nicht. Was, wenn ich ein Arsch-
loch bin?« Da lachte der etwa dreißigjährige junge Mann
bloß.

»Mir egal. Ich möchte mit dir in dein Land kommen. Where
are you from? Germany? France? Denmark?« Aha, daher wehte
der Wind.

»Tut mir leid, ich hab schon einen Freund«, sagte ich und beschleunigte meinen Schritt. »Das macht doch nichts. Du kannst
zwei Ehemänner haben! Ich werde dich gut behandeln!«

»Nein, danke.«

»Pleeeaaase!«

»No, sorry.«

Glücklicherweise erreichte ich in dem Moment auch schon
die Busstation, an der mehrere Kleinbusse, die hier *Daladala*
genannt werden, standen. Für etwa drei Cent darf man sich
in die meist völlig überfüllten Gefährte quetschen und hoffen,
dass man nicht wieder herausfällt. Auch hier war ich mal wieder der einzige Mzungu weit und breit, was dazu führte, das
mich der halbe Bus fröhlich begrüßte oder neugierig auf mich
zeigte. Innerhalb von etwa fünfzig Minuten erreichten wir den
zentralen Busbahnhof, den ich ja schon kannte. Dort musste
ich im größten Chaos umsteigen und dann sehr, sehr lange
warten, bis sich mein zweites Daladala aus dem verstopften

Busbahnhofgelände herausmanövriert hatte. Vierzig Minuten später erreichte ich mein Ziel. Das Redaktionsgebäude von The African Nation war von einer hohen Mauer umgeben, vor der Frauen in bunten Gewändern auf dem Boden hockten und Wasser, Süßigkeiten oder Obst verkauften. Ich musste mich ausweisen, um an dem bewaffneten Sicherheitsbeamten vorbeizukommen. Sie ließen mich von einer Sekretärin abholen, die mich zu meinen neuen Kollegen brachte. Die Redaktion von The African Nation bestand aus einer riesigen Halle, in der gut hundert Journalisten, Layouter und Fotoredakteure an Gruppentischen zusammensaßen. Ich wurde dem Feature Desk zugewiesen, der für Reportagen aus den Bereichen Bildung, Unterhaltung, Sport und Kultur zuständig war. Meine neue Chefin, Annie, eine resolute Enddreißigerin, die mit ihrem lässigen Afro ein bisschen so aussah wie die Rapperin Kelis, wartete schon auf mich.

»Du bist also Henriette. Was für ein Glück, dass du hier bist. Eine unserer Kolleginnen hat gerade gekündigt, und eine andere ist wegen Schwangerschaft ausgefallen. Dein Timing ist perfekt. Erzähl mal, was sind deine Stärken?«

»Ich habe für verschiedene große Verlage gearbeitet und für alle möglichen Magazine und Zeitungen in Deutschland geschrieben. Ich bin gut in Interviews und investigativen Reportagen. Grundsätzlich können Sie mich für alles einsetzen.« Annie lachte.

»Ah, sehr gut! Da werden sich deine Kollegen aber freuen. Das hier sind Sharon, zuständig für alle Themen rund um Frauen, Paul, unser Musik- und Kulturexperte, Daniel, Ressortleiter für die Bereiche Bildung und Sport. Und Love, unsere Kolumnistin.« Ich reichte allen nacheinander die Hand und war ziemlich erleichtert, als ich merkte, dass sie sich über meine Anwesenheit zu freuen schienen. Der Vormittag begann damit, dass jeder Redakteur seine Themen für die kommenden Ausgaben vortrug.

Gerade als Love eine Kolumne zum Thema »Guesthouses« vorschlug (das sind spezielle Hostels, die es hier an jeder Straßenecke gibt, in denen sich Tansanier, die noch bei ihren Eltern leben oder eine Affäre haben, vorzugsweise in den Mittagspausen mit ihrer/m Geliebten zum Vögeln treffen), stürzte ein junger Mann an unseren Tisch.

»Sorry, Leute, ich hab im Stau festgesteckt. Habt ihr schon angefangen?« Annie verdrehte die Augen.

»Hast du schon mal einen Tag erlebt, an dem es in Dar es Salaam KEINEN Stau gab? Das ist echt eine lahme Entschuldigung, Erick. Hast du wenigstens ein paar gute Themen im Gepäck?« Der Mann nahm hastig Platz und kramte in seinen Notizen.

»Also, was ich diese Woche unbedingt … Moment mal, wer ist das?« Damit war ich gemeint.

»Ich bin Henriette aus Deutschland. Ich werde für die nächsten fünf Monate mit euch arbeiten. Schön, dich kennenzulernen!« Lächelnd reichte ich Erick, der ziemlich überrascht aussah, die Hand.

»Das ist ja cool! Wieso weiß ich davon nichts? Ich war erst neulich mit einem Austauschprogramm der christlichen Kirche in Wuppertal. Ein großartiges Land!«

»Erick ist unser Chefreporter«, erklärte Annie. »Aber wenn das so weitergeht, nicht mehr lange …« Die anderen kicherten, und Erick schaute betreten auf sein Notizheft. Das gab mir Gelegenheit, den attraktiven Burschen eingehender zu mustern. Erick war groß, gut gebaut, hatte volle Lippen und Augen, die vor Lebenslust nur so strahlten. Außerdem weckte der samtige Schimmer seiner braunen Haut in mir das Bedürfnis, ihn zu berühren … Huh, der Junge war wirklich ein erotisches

Leckerli und machte mich ganz schön nervös! Und auch er schien interessiert an mir zu sein. Denn nach der Konferenz kam Erick sofort an meinen Platz, um mit mir über den Aufbau eines Artikels zum Thema »Sexualisierung der Popindustrie« zu sprechen, den ich mit seiner Hilfe für die morgige Ausgabe verfassen sollte. Dabei lehnte er lässig an meinem Schreibtisch, während ich vor ihm auf meinem Bürostuhl saß. Mein Kopf war also in etwa auf Höhe seines, ähm, Gürtels.

»… wie sich Nicki Minaj oder Rihanna in ihren Videos präsentieren, ist nicht nur frauenfeindlich, es verdirbt auch unsere Jugend …«, hörte ich Erick sagen, während ich große Mühe hatte, seinem Vortrag zu folgen und nicht in einer Tour dorthin zu starren, wo sich nur allzu deutlich Vielversprechendes unter dem Hosenstoff abzeichnete. Meine Güte – das mussten mindestens zwölf Zentimeter sein – und zwar unerigiert. Gerade wollte ich mir ausmalen, was wohl erst passieren würde, wenn ich anfangen würde, ganz zärtlich an seinem Ohrläppchen zu knabbern … da riss mich Erick aus meinen Gedanken: »Findest du nicht auch, Henriette?«

Äh, wie? Was? Wo? »Absolut, Erick, es ist eine Schande, was diese Popsternchen da abziehen. Nichts als Sex, Sex, Sex im Kopf haben die. Fürchterlich, so was.«

»Gut. Dann bin ich ja mal gespannt auf deinen Artikel.«

Und ich war gespannt auf … alles, was auch nur im Entferntesten mit Erick zu tun hatte. Sie können sich also vorstellen, wie erfreut ich war, als mich Annie am Nachmittag zusammen mit ihm zu einem Interview mit Miss Universe Tansania, einem jungen Model, das in wenigen Wochen an dem amerikanischen Miss-Universe-Wettbewerb in São Paulo teilnehmen würde, schickte.

Ich genoss jede Sekunde, die ich neben ihm im Daladala sitzen und zu Fuß durch die Stadt gehen konnte. Natürlich blieben auch jetzt die ständigen Rufe – »Hey, Mzungu!« – nicht aus.

»Du darfst das nicht so ernst nehmen«, sagte Erick, als er meinen genervten Gesichtsausdruck bemerkte. »Viele von den Leuten haben vermutlich noch nie eine Ausländerin gesehen. Sie finden deine weiße Haut und deine Haare schön.« Ich stöhnte.

»Schön? Bist du sicher? Irgendwie komme ich mir eher vor wie ein Freak.«

»Ich finde dich jedenfalls sehr schön«, sagt Erick leise. Wurde er etwa rot?

»Oh, danke …«, stammelte ich. »Ich finde dich auch sehr … attraktiv.« Sexy! Berauschend! Absolut einmalig! Zum Niederknien!

»Weißt du, ich denke gerade darüber nach, ein Studium in Deutschland zu beginnen«, wechselte Erick das Thema.

»Das ist ja großartig«, freute ich mich. »Dann musst du mich unbedingt in Hamburg besuchen kommen!«

»Ja, das wäre wunderbar«, gab Erick zurück und schenkte mir ein umwerfendes Lächeln. Seine Zähne waren so weiß wie Schnee – anders konnte ich es nicht ausdrücken, mein Hirn funktionierte nur noch auf Notstrom. »Ich würde gerne sehen, wie du lebst. Wohnst du mit deinen Eltern zusammen?« Ich schüttelte den Kopf.

»Nein, in Deutschland ziehen die meisten mit achtzehn von zu Hause aus und suchen sich was Eigenes.«

Erick schien verwundert zu sein. »Oh, wirklich? Ich lebe mit meiner Mutter zusammen. Mein Vater hat uns verlassen, als ich noch ein kleiner Junge war. Also sorge ich jetzt für sie.« Okay, der Mann war also nicht nur gut aussehend, talentiert und charmant, sondern auch noch ein herzensguter Mensch.

»Bist du verheiratet?«

»Nein, ich habe mich gerade von meinem Freund getrennt. Und du?«

Erick lächelte. »Ich bin verlobt.« Messer ins Herz. »Aber meine Freundin studiert im Moment in Holland.« Messer halb rausgezogen. »Ich würde sie am liebsten so schnell wie möglich heiraten und eine Familie gründen.« Messer wieder reingebohrt. »Aber sie will so lange wie möglich in Europa bleiben und dort auch eine Weile arbeiten.« Messer wieder halb rausgezogen. Verdammt nochmal, das durfte doch nicht wahr sein. Eine Verlobte! Mir wurde übel. Hatte ich keine Chance bei ihm? Andererseits: Verlobt war nicht verheiratet. Und wie es aussah, war Erick nicht gerade glücklich darüber, dass seine Freundin es nicht eilig hatte, zu ihm zurückzukehren.

Den Rest dürfte ihm kurz darauf unser Interview mit der amtierenden Miss Universe Tansania gegeben haben, die keinen Hehl daraus machte, dass sie nach dem Schönheitswettbewerb alles wollte, bloß nicht zurück nach Tansania.

»Ich will durch diesen Kontest reich und berühmt werden und einen millionenschweren Amerikaner heiraten«, erzählte sie uns freimütig. »Das ist meine Chance, aus Tansania rauszukommen! Verstehen Sie mich nicht falsch, ich liebe mein Land. Aber als Model habe ich hier absolut null Chancen. Ich will auf die Vogue und internationale Werbekampagnen machen, verstehen Sie?«

Nach unserem Termin lud mich Erick noch auf eine Portion Kochbananen mit Rindfleisch in ein kleines Lokal ein.

»Hübsch war sie ja«, sagte er beim Essen. »Aber wie kann man nur so oberflächlich sein? Das tat echt weh! Ich würde mein Land und meine Familie niemals im Stich lassen…« Klar, dass er an seine Freundin in Holland dachte.

Ich nutzte meine Chance und legte ihm zärtlich eine Hand auf die Schulter. »Tansania ist so wunderschön. Wenn dieses Land meine Heimat wäre, würde ich ihm niemals den Rücken kehren.« Erick schaute mich fasziniert an. »Schön, dass du das sagst, Henriette.« Oh, ja. Schön, dass ich da war. Hier war ich goldrichtig.

Als ich ein paar Tage später von der Arbeit nach Hause kam, bemerkte ich ein blondes Mädchen im Garten, das Zeitung las und rauchte, während die Hühner zu ihren Füßen nach Essbarem suchten. Mein Herz machte einen Sprung: Endlich eine Verbündete!

»Karibu sana!« (Herzlich willkommen!), begrüßte ich sie schon von Weitem. Sie schaute erstaunt auf und lächelte mich neugierig an.

»Hallo, ich bin Julia aus Berlin«, stellte sie sich vor. Julia war neunundzwanzig, stand kurz vor dem Abschluss ihres Psychologiestudiums und absolvierte ein Praktikum in der hiesigen Psychiatrie, was ich ziemlich beeindruckend fand.

»Und was treibst du hier so?«, fragte sie mich und bot mir ein Kippchen an, während ich die blöden Hühner wegscheuchte. Ich nahm erfreut an und deutete auf ihre Zeitung. »Den Artikel über das tansanische Bildungssystem auf Seite drei habe ich geschrieben.«

Julia nickte anerkennend. »Nicht übel!« Uns beiden war klar, dass wir die nächsten Stunden mit Reden verbringen würden, also schlug ich vor, in das nahe Serena-Hotel zu gehen. Unterwegs erzählte ich ein bisschen von Dar es Salaam, soweit ich die Stadt schon kannte. Das Leben im Stadtzentrum in der Nähe des Hafens war ruhig, und die Menschen waren entspannt. Neben den zahlreichen Marktständen existierten auch ein paar Supermärkte, in denen man sich neben Brot, Käse,

Kaffee- und Milchpulver, Waschpulver (für die Handwäsche im Putzeimer), Kerzen und Feuchttüchern auch mit Kosmetikartikeln eindecken konnte. Außerdem gab es ein paar ganz nette Restaurants in der Nähe des Kivukoni Fischmarkts, mit Blick auf den Ozean, in denen man zu seinem Essen auch ein Gläschen Wein bekam. Der absolute Knaller war ein Ausflug mit der Fähre auf die Insel Bongoyo. Für ein paar Cent gelangte man innerhalb von fünf Minuten in eine andere Welt. Raus aus der stickigen Stadt, rein ins Urlaubsparadies mit sagenhaften Stränden und lässigen Beachbars. Julias Augen funkelten.

»Das klingt ja hammermäßig! Dann wird mein Aufenthalt hier ja doch noch gut. Ich dachte heute schon, ich fliege sofort wieder nach Hause... Du kannst dir nicht vorstellen, was ich heute in der psychiatrischen Abteilung meines Krankenhauses erlebt habe. Da war ein tansanisches Elternpaar, das seinen sechzehnjährigen Sohn bei uns eingeliefert hat, weil er schwul ist. Aber wie du sicher weißt, ist Homosexualität in Tansania verboten. Homosexuelle Handlungen sind illegal. Auf dem Festland gilt das alte Kolonialgesetz, welches für Geschlechtsverkehr zwischen Männern bis zu vierzehn Jahre Haft als Höchstmaß vorsieht. Homosexuelle Menschen werden dadurch in den Untergrund gedrängt. Deshalb haben wir auch den Auftrag, ihn von seiner ›Krankheit‹ zu heilen. Allerdings habe ich noch niemals jemanden gesehen, der sich so geschmeidig bewegt. Bei uns in Europa wäre dieser Junge wahrscheinlich ein Fernsehstar wie Bruce Darnell. Aber hier...« Mittlerweile waren wir im Garten des Serena-Hotels angekommen und nippten an zwei überaus köstlichen Strawberry Daiquiri.

»Und, wie gefällt dir Tansania?«, fragte mich Julia, nachdem wir noch eine Weile über den armen Jungen geredet hatten, aber zu keiner befriedigenden Lösung gekommen waren. Wie auch – wir waren Gäste hier.

»Seit ich hier bin, hat sich mein Schönheitsideal total verändert«, sagte ich. »Ich bin ja in meinem Büro ausschließlich
von dunkelhäutigen, zum Teil sehr, sehr gut aussehenden Menschen umgeben. Das hat irgendwie dazu geführt, dass ich sowohl mich selbst als auch andere Weiße nicht mehr sonderlich
attraktiv finde. Im Gegenteil: Es irritiert mich geradezu, wenn
ich mal einen anderen europäischen Touri auf der Straße sehe.
Wir sind ja auch einfach nicht für dieses Wetter gemacht, so
blass und sonnenempfindlich.«

Julia lächelte. »Ich weiß, was du meinst. In Deutschland
habe ich mich eigentlich nie sonderlich für dunkelhäutige Männer interessiert. Und nun denke ich die ganze Zeit: Gott, sind
die sexy mit ihrer samtigen Haut. Außerdem stehe ich neuer-
dings auf Glatzen ...«

13 Heilige Scheiße!
Der Antichrist in Tansania

I'm horny, horny, horny, horny
(Mousse T. – Horny)

Erick. Erick. Erick. Die ganze Zeit hatte ich nur ihn im Sinn. Auf dem Weg zur Arbeit, im Büro, auf Terminen, beim Chillen mit Julia. Außerdem verging keine Nacht, in der ich mich nicht sehnsüchtig – das Gegacker der Hühner mithilfe von Ohropax ausblendend – an mein Kissen schmiegte und davon träumte, wie Erick und ich uns leidenschaftlich küssten und liebten. Die Folge? Mehr als einmal wachte ich nachts laut stöhnend auf, weil ich vor lauter Wollust im Schlaf (!) zum Orgasmus gekommen war. Unglaublich, oder? Aber ja auch irgendwie Verschwendung. Was nützt einem der schönste Orgasmus, wenn man nur die Hälfte davon mitkriegt. Kein Wunder, dass ich mehr als erfreut war, als mich der von mir angebetete »Schokobär« an einem der darauffolgenden Tage fragte, ob ich nicht Lust hätte, ihn am Abend zu einem Konzert im Salender Beach Club zu begleiten.

»Dort spielt eine Gruppe von älteren tansanischen Musikern traditionelle Songs, das ist sicher interessant für dich. Ich gehe mit meinem Freund Nathan aus dem Kirchenchor hin. Komm doch einfach mit.« Das war zwar streng genommen kein Date, aber aus dem Häuschen war ich trotzdem und kaufte mir auf meinem Heimweg sogar noch auf einem der Second-Hand-Märkte ein neues Kleid. Richtige Geschäfte gab es in Tansania so gut wie keine. Stattdessen wurde am Straßenrand das vertickt, was der Westen nicht mehr brauchte. So kam es, dass einem hin und wieder bettelarme Afrikanerinnen mit echten Prada- oder Louis-Vuitton-Taschen über den Weg liefen, die hier für drei Euro zu haben waren. Ich gönnte mir ein rotes Minikleid und ein Paar elegante Ballerinas, ärgerte mich aber irgendwie, dass ich Erick nicht zeigen konnte, was für coole Klamotten ich in Deutschland so trug. Als Backpacker reist man ja nur mit dem billigsten und schäbigsten Zeug, das man so hat. Aber wenn man plötzlich verliebt ist, ändern sich die Dinge. Ich wollte sexy und begehrenswert sein.

Ein Motorradtaxi, das hier *Bodaboda* genannt wird, brachte mich am Abend in den Salender Beach Club. Weil ich vor Erick da war, bestellte ich mir erst mal ein Gläschen Wein und setzte mich an einen freien Tisch. Aufgebrezelt, wie ich war, blieb ich nicht lange allein. Ein junger, gut aussehender Mann, der sich mir als Jeremy vorstellte, verwickelte mich in ein ungezwungenes Gespräch. Das kam mir gerade recht, damit Erick sah, wie begehrt ich war.

»Ich habe mich noch nie mit einem Mzungu unterhalten«, sagte Jeremy leise und musterte mich interessiert von Kopf bis Fuß.

»Oh, bitte«, erwiderte ich. »Sag nicht dieses Wort, da komme ich mir vor wie ein Gegenstand. Ich heiße Henriette!«

Jeremy lächelte verschämt. »Entschuldige bitte, ich habe das nicht böse gemeint. Bist du ganz allein hier?« Ich erzählte Jeremy, mit wem ich verabredet war und was ich in Tansania machte. Er schien beeindruckt zu sein. »Wow, du bist ein mutiges Mädchen. And so beautiful. I love your white skin! Und diese Haare … Wow!« Ich schaute verlegen zu Boden. »Ich möchte nachher unbedingt mit dir tanzen, wenn dein Begleiter das erlaubt«, sagte Jeremy. Auch das noch.

»Ich weiß noch nicht, ob ich Lust habe zu tanzen«, gab ich

etwas verklemmt zurück. Die vielen attraktiven Afrikanerinnen, die sich zu den Rhythmen der Trommeln so sexy und anmutig auf der Tanzfläche bewegten, schüchterten mich irgendwie ein. Ich kam mir angesichts ihrer üppigen Rundungen wie ein kleiner, flachbrüstiger Junge vor – trotz rotem Minikleid. Jeremy schien das aber nicht zu stören. Er holte mir ein weiteres Glas Wein und erzählte mir von seiner Tätigkeit als Moderator für Rainbow TV, für das er gerade Shaggy interviewt hatte.

»Oh, cool, Mr. Bombastic. Den mag ich – obwohl der bei uns nur einen Hit hatte, und das ist auch schon zehn Jahre her«, scherzte ich. Jeremy schien verwundert zu sein. »Also bei uns in Tansania ist Shaggy ein Riesenstar. Ich bin übrigens auch ein klein wenig berühmt. Eigentlich kennt mich hier jeder, ich bin ja auch fast jeden Tag im Fernsehen.« Ich war beeindruckt.

»Ach wirklich? Vielleicht sollte ich dich dann mal interviewen. Immerhin bin ich für den Bereich Musik und Unterhaltung bei The African Nation zuständig. Das wäre doch cool!« Also tauschten wir Nummern aus, was Jeremy ganz wuschig zu machen schien.

»Ich wollte schon immer mal einen Mzungu Friend – nun habe ich einen«, schwärmte er, während ich heimlich nach Erick Ausschau hielt, der kurz darauf in Begleitung seines besten Freundes Nathan aus dem Kirchenchor vor mir stand. Er trug ein schimmerndes violettes Oberhemd, das seinen kakaobraunen Teint außergewöhnlich gut zur Geltung brachte.

»Hallo Henriette, du bist ja schon da! Oh, und du kennst Jeremy von Rainbow TV – er ist ein kleiner Star, weißt du? Aber das hat er dir bestimmt schon selbst erzählt ...«, sagte Erick und zwinkerte mir zu. Und ich? Saß einfach nur da, starrte ihn an und grinste dümmlich. Denn kaum dass dieser Mann in meiner Nähe war, war mein Gehirn wie lahmgelegt.

Ich konnte weder vernünftig denken noch sprechen. Gott sei Dank hatte ich ein Glas Wein zur Beruhigung in meiner Hand. Als ich mir zur Sicherheit noch eine Ablenkungszigarette anstecken wollte, schauten die Jungs allerdings ganz schön verdutzt drein. »Oh, ich habe schon davon gehört, dass in Europa auch die Frauen rauchen«, sagte Erick schüchtern. »Du tust das also auch.« Ich war perplex.

»Stört dich das, Erick? Ich kann sie auch wieder ausmachen.« Hoppla, seit wann war ich denn so devot?

»Nein, nein, bitte rauche. Ich finde es interessant, dir zuzuschauen. In Tansania ist es allerdings so, dass nur die schlechten Menschen rauchen, die Alkoholiker und Bettler.« Oh weh. Nun war ich also eine von den Bösen. Zerknirscht schaute ich zu Boden. »Oh, bitte, versteh das bloß nicht falsch, Henriette. Bei dir ist das etwas anderes. Du bist eine Deutsche. Für euch ist das normal. Also bitte, rauche.« Aufmunternd lächelte Erick mir zu. Ich merkte jedoch, dass die Zigarette zwischen meinen Lippen ihn ganz schön aus der Fassung brachte. Jeremy nahm's gelassener. »Möchtest du jetzt tanzen«, fragte er mich, als ich aufgeraucht hatte. »Aber nur, wenn Erick auch mitkommt«, antwortete ich. Und so stürmten wir zu dritt die Tanzfläche. Fast alle Gäste, egal ob achtzehn oder achtundachtzig, bewegten sich mittlerweile gekonnt im Rhythmus der Musik. Ich brauchte ein wenig, um locker zu werden, aber dann gab ich alles – ich hatte schließlich einen Ruf zu verlieren. »Oh, wow, du kannst wirklich gut tanzen«, bemerkte Erick. »Ich dachte immer, Deutsche können nicht tanzen.« *Pah, so eine Frechheit*, dachte ich und drehte nach seiner Bemerkung erst recht auf. Daraufhin kam er näher und fasste mich bei den Händen. Huuh! Seine Haut fühlte sich unglaublich weich an, und dann stieg mir auch noch sein wunderbarer Duft in die Nase. Jeremy, zum Glück tröstete er sich mit einer üppigen Frau in einem goldenen Glitzerkleid, war endgültig abgeschrieben. Vor allem, als Erick sanft eine Hand auf meine Hüfte legte, mich näher an sich zog und sich leicht wie eine Feder mit mir im Takt der Musik bewegte. Ich versuchte Blickkontakt herzustellen, aber plötzlich wich er meinen Blicken verlegen aus. Empfand er möglicherweise wie ich – trotz seiner dämlichen Freundin? Gütiger Gott, ich wollte auf der Stelle mit diesem Mann schlafen!

Nach dem Tanzen setzten wir uns wieder zu seinem Freund Nathan an den Tisch. »Nathan und ich gehen dreimal die Woche gemeinsam zur Chorprobe, und am Wochenende singen wir für die Gemeinde in der Kirche«, erzählte mir Erick stolz. »Ich lieeeebe Kirchenchöre«, hörte ich mich sagen, was ihn sehr zu freuen schien. »Dann musst du unbedingt mal mit in den Gottesdienst kommen. Sonntag um sechs zum Beispiel. Was meinst du?« Ich meinte, dass ich Gott dankte, weil er dafür gesorgt hatte, dass es Kirchen gab und Kirchenchöre und Männer, die da sangen.

»Jaaa, liebend geeerne!« Klug wäre gewesen, mal ans Aufbrechen zu denken, aber stattdessen orderte ich für Erick und mich noch eine weitere Flasche Wein – und es kam, wie es kommen musste.

Erick stellte mir leicht angetütert die alles entscheidende, alles verändernde, alles vernichtende Frage. »Sag mal, Henriette, glaubst du eigentlich an Gott?«

Und weil wir uns den ganzen Abend so grandios verstanden hatten und ich wirklich das Gefühl hatte, dass ich ihm alles sagen konnte, antwortete ich leise: »Hm. Ehrlich gesagt – nein.«

Ungläubig riss Erick die Augenbrauen hoch, rang nach Luft und brach schließlich in ein hysterisches Lachen aus, das gar nicht mehr enden wollte.

»Wie – du glaubst nicht an Gott?! Aber ihr Deutschen habt das Christentum doch nach Tansania gebracht! Ihr MÜSST an Gott glauben!«

»Äh, nö.«

»Warum nicht?«

»Die Frage lautet doch eher: Warum sollte ich?«

»Was?«

»Ich glaube nicht an Märchen!«

»Aber Gott liebt dich!«

»Schön, dann wird er mir ja verzeihen.«

»Hahahahahaha, you're funny, very funny. But now, please stop joking.«

»Ich mache keine Witze. Aber lassen wir das, ich kenne das Theater schon. Ihr Tansanier flippt alle aus, wenn ich euch die Wahrheit sage. Aber Erick, ich hatte das Gefühl, ich könnte dir die Wahrheit sagen. Lügen ist doch eine Todsünde!?«

»Hahaha!«

»Okay, lass uns einfach das Thema wechseln. Ein wunderbarer Abend war das ... Magst du noch Wein?«

»Henriette, du kannst nicht NICHT an Gott glauben. Du tust mir leid!«

»Komm, lassen wir das ...«

»Erklär es mir!«

»Ich glaube nur an mich selbst. Weil ich mich in der Vergangenheit immer nur auf mich selbst verlassen konnte, klar? Wenn ich Hunger habe, kaufe ich mir was zu essen. Wenn ich traurig bin, sorge ich dafür, dass es mir wieder gut geht. Wenn ich verreisen will, kaufe ich mir ein Ticket. Das muss ich schon alles irgendwie selber regeln.«

»Oh, my dear ...« (mitleidiger Blick). »Hattest du etwa auch schon Sex?«

»Ich komme gerade aus einer längeren Beziehung ...«

»Ja. Aber hattet ihr auch Sex?«

»Ja, klaaaaaar, Mann!«

»Oh …«

»Außerdem: Dass wir Deutschen das Christentum zu euch geschleppt haben, ist doch schon der schlagende Beweis dafür, dass da dran was faul sein muss?! Warum hat Jesus es euch nicht persönlich vorbeigebracht? Woran habt ihr denn überhaupt vorher geglaubt? Ihr könnt doch nicht einfach alles glauben, was irgendwelche dahergelaufenen Mzungus euch erzählen!«

»Haaaaaahahaha, Henriette, please, stop joking. Fortunate, God is great, He will forgive you.«

»Hm, okay.«

Zeit, endlich nach Hause zu gehen. Auf Wiedersehen. Mach's gut. Wir sehen uns im Büro. Gute Nacht. Ciao, ciao. God bless you. Ja, nee, is klar. Hakuna matata. Licht aus. Zappenduster.

Nach diesem Abend wusste ich nicht mehr, wo mir der Kopf stand. Sobald Erick im Büro auch nur in die Nähe meines Schreibtischs kam, wurde ich rot, fing an zu stottern und sog gleichzeitig seinen herrlichen Geruch ein. Oh, ich war so voller Sehnsucht nach diesem Mann, dass ich nun viele Abende auf meiner durchgelegenen Matratze mit Blick auf einen kleinen hölzernen Jesus Christus am Kreuz verbrachte und erotischen Träumen von Erick nachhing. Gleichzeitig zerbrach ich mir a) den Kopf darüber, ob ich – der German Antichrist – jetzt endgültig bei Erick verschissen hatte und ob es b) okay war, einen verlobten afrikanischen Mann meinerseits einfach mal um ein Date zu bitten. Erick hatte jedenfalls seit meinem Outing im Salender Beach Club keine Anstalten mehr gemacht, sich erneut mit mir zu verabreden – bis auf seine Einladung zum Gottesdienst für kommenden Sonntag, in den ich nun all meine Hoffnungen setzte. Oh, happy day …

14 Jesus ruft!
Die erregendsten sechs Stunden meines Lebens

I need a man or a cigarette,
I need your touch so much,
it's not enough!

(SAÂDA BONAIRE – YOUR TOUCH)

Am Sonntagmorgen klingelte mein Wecker um Punkt fünf. GOTTESDIENST in der Lutheran Church in Msasani – der Gemeinde von Erick. Was tat man nicht alles aus Liebe? Immerhin war es so etwas wie ein Date. Ich fuhr also mit dem Taxi zur Kirche, wo Erick schon auf mich wartete. Er war überaus nett und sehr bemüht, mir alles zu erklären. Dann führte er mich einmal durch das ganze Kirchenschiff – bis vor in Reihe eins. »Mein Stammplatz«, erklärte er stolz. Die Anwesenden staunten nicht schlecht, als ich mich neben ihn setzte. Dann ging es los: Zuerst legte der tansanische Chor einer fetzige Tanzeinlage hin. Es folgte eine einstündige Powerpoint-Präsentation (!) zum Thema Finanzen. Wer sollte dringend noch mehr spenden, damit er später nicht in der Hölle schmoren würde? Waren zehn Prozent des Gehalts für die Kirche genug? Eigentlich war es höllisch fad, aber die Tatsache, dass ich ganz dicht neben Erick sitzen durfte, machte diesen Kirchgang zu einer der erotischsten Erfahrungen meines Lebens. Immer wieder schweiften meine Gedanken ab – ich stellte mir vor, wie Erick und ich es mitten auf dem Altar trieben. Und auf den Bänken. Und auf dem Podest. Und auf dem Fußboden. Und. Und. Und.

Nach rund sechs Stunden, die mir vorgekommen waren wie sechs Minuten, war der Gottesdienst vorbei, ich erwachte aus meinen Sexträumen und tanzte gemeinsam mit Erick und seiner Gemeinde zu Gospelmusik zur Tür hinaus. Das war hier so üblich. Danach lud mich Erick überraschenderweise zum Mittagessen zu sich nach Hause ein. Offenbar hatte ich doch noch nicht ganz bei ihm verschissen? Juhuuuuu!

Erick lebte gemeinsam mit seiner Mutter in einem kleinen Häuschen, das aus einer großzügigen Küche ohne fließend Wasser, verschiedenen Schlafzimmern und einem hübschen Wohnzimmer bestand. Dusche und Klo befanden sich in einer kleinen selbstgebastelten Wellblechhütte im Vorgarten. »Es tut mir leid, dass ich dir kein richtiges Badezimmer bieten kann, du bist anderes gewöhnt, das weiß ich«, sagte er leise zu mir, als er mich herumführte. Seine Hose saß an diesem Tag mal wieder hauteng. Ich ungezogenes Ding musste die ganze Zeit auf seinen Schritt starren, der garantiert Grooooßartiges bereithielt…

»Erick, dein Heim ist ganz zauberhaft, ich liebe es«, hauchte ich. Und ich liebte ihn.

»Ich muss jetzt das Pilau kochen«, sagte er und eilte ins Haus, um den kleinen Kohlekocher zu holen, mit dem er im Garten den Reis zubereiten wollte. »Bist du so lieb und holst das Gemüse von drinnen«, fragte er mich und lächelte mich an. Hach, war das romantisch: Erick und ich kochten gemeinsam im Garten seiner Mutter ein traditionell tansanisches Gericht. So hätte es für immer weitergehen können – bis es an der Tür klingelte. »Ah, da sind die anderen Gäste«, freute sich Erick. Bitte, wer? Tatsächlich hatte sich der Mann erdreistet, noch weitere weibliche (!) Mzungus, die an einem christlichen Austauschprogramm seiner Gemeinde teilnahmen, einzuladen. Ich war also bloß Deko! Glücklicherweise waren die anderen Mädels in Sachen Sexappeal und Esprit nicht ganz auf der

Höhe und außerdem langweilig angezogen (wie das bei Hard-core-Christen meistens der Fall ist), allerdings wusste ich nicht, ob Erick das sah. Denn alles, was ich von nun an aus seinem Mund hörte, war »Gott«, »Gemeinde« und »Jesus«. Und dann zeigte er uns allen auch noch eine DVD von seinem Kirchenchor, wo sich die Mitglieder so sehr in Ekstase sangen, dass sie am Ende nur noch heulten und »Jesus« schluchzten.

Am liebsten hätte ich eine CD von Marilyn Manson reingelegt – das wäre die ultimative Erlösung gewesen. Ich machte aber natürlich gute Miene zum göttlichen Spiel und lobte seinen Einsatz. Daraufhin legte mir seine Mutter auch noch ein Fotoalbum in den Schoß, das Erick bei einem Theaterstück in der Kirche zeigte – als Jesus am Kreuz. Nun musste ich doch erkennen, dass zwischen uns offenbar ein Abgrund klaffte, der durch keine Brücke der Welt zu überwinden war. Leider war damit nicht nur eine feste Beziehung ausgeschlossen, sondern auch Sex. Ich wollte schließlich nicht dafür verantwortlich sein, dass Erick wegen vorehelicher Aktivitäten in die Hölle kam. Andererseits war ich nicht zum Spaß hier, durch meine Verliebtheit hatte ich meine Mission vernachlässigt.

Abends klagte ich Julia mein Leid. »Seitdem ich erwähnt habe, dass ich aus der Kirche ausgetreten bin, sieht mich Erick irgendwie als Problemfall. Ich glaube, er hat das Gefühl, er müsste sich um mich kümmern, und lädt mich nur deshalb zu irgendwelchen Mittagessen ein.«

Julia kicherte. »Du könntest ihn mit auswendig gelernten Bibelversen zurückerobern.«

Genervt warf ich einen Stift nach ihr. »Dabei rennt mir sonst ganz Tansania hinterher. Nur der Mann, den ich heiß finde, wendet sich lieber Gott zu als mir. Verdammt… Kannst du dir vorstellen, dass ich, bloß um ihm nahe zu sein, einen sechsstündigen Gottesdienst über mich habe ergehen lassen?«

Julia verschluckte sich fast an ihrem Bier. »Sechs Stunden? Haben die da die Passion Christi nachgespielt oder was? Mann, Henriette, denk dran: Du bist nicht um die halbe Welt gereist, um dich zu verlieben. Du hast eine Mission, also reiß dich gefälligst zusammen und lass die Finger von diesem Typ.«

»Du hast ja recht. Ich werde ihn mir aus dem Kopf schlagen und mich anderweitig nach netten Männern umschauen.« Leider war das einfacher gesagt als getan, denn bei der Arbeit würde ich »Schokobär« ständig vor der Nase haben.

»Weißt du was, wir gehen jetzt feiern«, schlug Julia vor, sprang auf und fing an, anzügliche Tanzbewegungen zu machen. »Meine Kolleginnen haben mir einen Club empfohlen, in dem es von heißen Typen nur so wimmeln soll. Und genau da gehen wir zwei jetzt hin!« Wie konnte ich DA nein sagen?

Die Musik, die in Tansania neben Céline Dion (Bäh!) und Enrique Iglesias (Doppel-Bäh!) angesagt war, nannte sich Bongo Flavour – eine Mischung aus Hip-Hop, Reggae und fröhlichen Buschtrommeln. Die Tanzfläche des Karibu Sana, das sich im obersten Stockwerk eines Hochhauses befand, war bereits prall gefüllt. Üppige African Queens und lässige Männer in Anzügen ließen lasziv ihre Hüften kreisen. Sie versprühten ihren Sex förmlich!

Eingeschüchtert nahmen Julia und ich auf Stühlen in Form von Plüsch-High-Heels Platz und fühlten uns irgendwie so... unweiblich. Julia trug Birkenstocks und Jeans und ich ein weites »Free Tibet«-Shirt. Auf Make-up hatten wir gänzlich verzichtet. Voll öko also. Die Tansanierinnen hingegen hatten aufgefahren, was ging. Die meisten von ihnen trugen enganliegende Minikleider in funkelnden Farben und ließen ihre Fahrgestelle kreisen, als gäbe es kein Morgen. Mittendrin hüpfte – *quelle surprise* – eine etwa vierzigjährige Mzungu: Sie hatte ihre blonden Haare genau wie die Tansanierinnen zu kleinen Zöpfen flechten lassen, trug schwindelerregend hohe Schuhe und ein kurzes Kleid, in dem sie aussah wie eine geplatzte Wurst. Tatsache ist, dass die Haut von uns Europäerinnen immer irgendwie schlaff und wabbelig aussieht, sobald wir eine gewisse Kleidergröße überschritten haben, während viele Tansanierinnen auch jenseits der Hundert-Kilo-Marke noch knackig wirken. Ihren Freund, einen leckeren Schwarzen um die zwanzig, schien ihr beeindruckendes Gewicht nicht zu stören, denn er hatte seinen Arm fest um ihre Hüfte gelegt und überhäufte sie mit Liebkosungen. Die beiden sahen aus wie frisch verknallt. Trotzdem fragte ich mich unweigerlich: War das wirklich Liebe? Ging er vielleicht nur mit ihr aus, weil sie ihn dafür bezahlte? Oder spielte er ihr die große Liebe vor und hatte es in Wahrheit nur auf ihre Euros abgesehen? »Es ist mir egal, ob eine weiße Frau hässlich oder dumm ist«, hatte mir erst kürzlich ein Busfahrer auf dem Weg zur Arbeit erzählt. »Alles, was ich will, ist, mich in einem Land wie Schweden oder Deutschland niederlassen und ein besseres Leben beginnen.« Vielen Mzungus ist das natürlich egal, weil sie im Gegenzug das bekommen, wovon sie immer geträumt haben: Etwas, das sich anfühlt wie eine richtige Beziehung, mit Komplimenten und Liebesbekundungen. Und natürlich Sex mit einem knackigen jungen Mann. Am Ende sind beide glücklich, wenngleich aus unterschiedlichen Gründen, stellte ich mir vor.

»Die Art, wie diese Männer mit dir reden, macht es dir schwer, nein zu sagen«, erklärte mir etwas später Marianne, eine fast fünfzigjährige Mzungu aus Dänemark, die ich an der Bar kennenlernte. Marianne gab offen zu, dass sie nur für Sex dreimal im Jahr nach Tansania reiste. »In Deutschland würde ich alte Schachtel doch so einen knackigen Jungen gar nicht mehr abbekommen«, raunte sie mir zu. »Hier genügen ein paar

Geschenke, vielleicht eine neue Uhr oder ein iPhone, und du kannst die schönsten Boys mit auf dein Zimmer nehmen und dir deinen Urlaub versüßen lassen.«

Doris, das Dickerchen von der Tanzfläche, war nicht ganz so abgeklärt, wie ich später erfuhr, als sie sich zu Marianne – die beiden kannten sich – und mir an die Bar gesellte.

Die achtunddreißigjährige Hessin erzählte uns, dass sie jedes Jahr für sechs Wochen nach Tansania kam, um ihren Freund Johnny zu besuchen. »Da drüben – das ist er«, sagte sie und zeigte stolz auf den sexy Twen auf der Tanzfläche. »Hach, ich liebe dieses Land. Die Menschen sind so offen, herzlich und leidenschaftlich ...«

Ich lächelte sie aufmunternd an. »Die große Liebe?« Doris nickte.

»Wir haben uns vor drei Jahren auf Sansibar kennengelernt. Damals hat Johnny noch als Poolboy in meinem Hotel gearbeitet und mir jeden Tag zugezwinkert, wenn ich schwimmen gegangen bin. So etwas hatte ich zu Hause noch nie erlebt ... dass mich ein Mann so anbaggert, mich wirklich haben will. Egal, ob ich nun ein paar Kilo zu viel hab oder nicht.« Stolz zupfte sie ihren kurzen Rock zurecht. »Seitdem besuche ich Johnny jedes Jahr. Diese Wochen, die ich jedes Jahr in Tansania verbringe, sind mein Lebensinhalt. Dafür arbeite ich.« Julia und ich schauten uns betroffen an.

»Und was sagt Johnny dazu, dass er dich nur so selten sehen kann? Würde er nicht gerne mit dir nach Deutschland kommen?«, fragte Julia. Aber Doris schüttelte den Kopf.

»Er hat hier ja noch seine Ehefrau und seine sechs Kinder. Bei denen lebt er nach wie vor, obwohl er mich auch liebt. Aber er möchte seine Familie nicht im Stich lassen, weil sie auf sein Gehalt angewiesen sind.«

Wie krass war das denn bitte? Mir war zwar klar gewesen,

dass dauerhafte Mehrfachverbindungen in Ostafrika üblich sind – etwa vierzig Prozent der Afrikaner haben parallel mehrere Sexualpartner. Aber das ist eben auch einer der Hauptgründe für die hohe HIV-Rate in diesen Ländern.

»Und wie läuft's im Bett mit ihm?«, hakte ich nach und spendierte ihr einen Tequila.

»Nun ja, es hat ein wenig gedauert, bis ich Johnny beigebracht hatte, wie wir Deutschen Liebe machen«, sagte sie und kicherte verlegen. »Bei unserem ersten Mal hat er mich einfach nur umgedreht und meinen Rock hochgeschoben. Das war nicht so schön. Aber dann habe ich Johnny gezeigt, wo ich gerne gestreichelt werden möchte. So ist das eben, wenn zwei fremde Kulturen aufeinanderstoßen.«

»Gehört denn ein Vorspiel hier nicht zum Sex dazu?«, fragte ich. Denn um ehrlich zu sein, konnte ich mir Erick nur als zärtlichen, einfühlsamen Liebhaber vorstellen. »Nö, das Vorspiel ist denen nicht so wichtig. Ich glaube, dass das Vergnügen der Frau hier generell nicht unbedingt im Fokus steht. Wusstet ihr, dass sich manche tansanische Frauen mit Affenurin getränktes Zeitungspapier in ihre Vagina stopfen, damit sie austrocknet? Afrikanische Männer mögen das nämlich«, lallte sie mir ins Ohr, während ich immerhin auch schon an meiner dritten Margarita nippte und mich prompt verschluckte.

»Sie tun WAS?«

»Keine Sorge, dass machen nur die unterbelichteten Frauen auf dem Land. Aber sie tun es. Das nennt sich ›dry sex‹. Die meisten Frauen benutzen dafür ein Gemisch aus Erde und Pavianurin, das sie bei irgendwelchen Hexen oder Naturheilern kaufen. Andere benutzen Reinigungsmittel, Salz, Baumwolle oder zerrissenes Zeitungspapier.« Ich war nun gänzlich fassungslos.

»Warum denn das?« Doris räusperte sich.

»Das geschwollene Gewebe macht die Vagina enger, sodass der Mann sich größer fühlt. Das ist natürlich sehr schmerzhaft für die Frau… Außerdem reißen Kondome leichter, und die Scheidenflora wird zerstört. Dadurch kann man sich noch leichter mit Aids anstecken.«

In jener Nacht wurde ich von Alpträumen geschüttelt. In Affenurin getränktes Zeitungspapier? Kein Vorspiel? Käufliche Männer, die schon für eine neue Uhr zu haben waren? Das durfte doch alles nicht wahr sein! Erick war der Beweis. Erick war nicht käuflich. Erick war großartig und hatte garantiert einen großartigen Schwanz. Leider war DER Zug abgefahren. Ganz klar, ich brauchte ein neues tansanisches (nicht käufliches!) Sexobjekt, am besten einen Heiden. Dummerweise sah der Großteil der Einheimischen in mir ja bloß den ulkigen kleinen Mzungu, ihr Ticket nach Europa. Aber Moment mal, da war doch noch dieser… Jeremy! Gut aussehend, charmant und als erfolgreicher TV-Moderator im Musikfernsehen sicherlich weder auf meine »Reichtümer« noch auf Europa angewiesen. Außerdem hatte er, soweit ich mich erinnerte, in einem Nebensatz erwähnt, dass ihm seine Religion nicht besonders wichtig sei. Ha! Schnell fischte ich nach meinem Handy und tippte um vier Uhr morgens eine, zugegeben, etwas verzweifelte SMS an Jeremy: »Lust auf ein Date? Morgen? Dann melde dich! Henriette«

15 Akuter Jungfrauenalarm!
Warum es sich in einer Wellblechhütte auch nicht besser vögelt

Ich kann einfach nicht nein sagen,
das war schon immer so.
Doch wenn ich mich durch Zwänge dann noch
selbst beenge,
werd ich auch nicht froh.
Ich kann einfach nicht nein sagen,
das war schon immer so.

(JANINA – NEIN SAGEN)

Jeremy rief mich gleich am nächsten Morgen an und lud mich in seine Stammbar, nahe des Shoppingcenters Shoppers Plaza, auf ein Bier ein. Ich überlegte lange, was ich anziehen sollte, und entschied mich schließlich für Leggins und T-Shirt. Also eher lässig statt sexy. Jeremy sollte mich um meiner selbst willen begehren. Und mein rotes Kleid hatte mich Erick ja auch kein Stück näher gebracht.

Die Kaschemme war gegen einundzwanzig Uhr bereits total überfüllt. Ich fand Jeremy inmitten einer Gruppe betrunkener Typen, was mich ziemlich ärgerte. »Ich dachte, wir wären allein«, brummte ich zur Begrüßung. Erick hätte mir so eine Situation sicherlich niemals zugemutet.

»Ähm, ja, ich dachte ja nur…«, stammelte er.

»Schon gut. Haben die hier auch Weißwein?«, gab ich zurück. »Ja, sicher, ich hole dir einen. Das hier sind übrigens meine Freunde X, Y und Z.« Leider konnte ich mir ihre Namen nicht merken. Ich blickte in die neugierigen Gesichter der drei jungen, leicht angeschickerten Tansanier.

»Angenehm«, hauchte ich und gab den Jungs nacheinander die Hand.

»Du, Mzungu, darf ich mal deine Haut anfassen?«, fragte Freund X höflich.

»Von mir aus«, entgegnete ich, woraufhin der Junge in dem Fußballtrikot des FC Bayern München meinen sommersprossigen Arm berührte.

»Witzige Punkte sind das«, sagt er und kicherte. Ich zuckte mit den Schultern.

»Deine Haare sind aber auch nicht übel«, sagte ich und zog an einer seiner dicken Dreadlocks, die ihn wie den jungen Bob Marley aussehen ließen, was ich in dieser Phase meines Lebens nicht übel fand.

»Hier, dein Wein. Ich hoffe, der ist okay.« Jeremy war zurück. Er selbst hatte sich ein Glas Whiskey geholt und kippte es in einem Zug runter. »Aaaahhh«, machte er und sah sich nervös um. Noch wurde ich nicht ganz schlau aus ihm. Er trug ein schickes weißes Hemd samt Anzugjacke, machte einen auf cool, hatte mich aber gleichzeitig in diese ranzige Bar eingeladen. Drei Whiskey später sah die Welt schon ein wenig, ähm, lockerer aus. Jeremy hatte sich seines Jacketts entledigt und schien nun auf Tuchfühlung bei mir – die immer noch an ihrem ersten Glas Weißwein nippte – gehen zu wollen. Zuerst fummelte er ein wenig an meiner Schulter herum, dann legte er schließlich den Arm um mich. Mmh, der Junge roch gut, also ließ ich es geschehen, auch wenn ich nicht wirklich heiß war. Aber irgendwie musste ich mich ja von meinem heftigen Herzschmerz wegen Erick ablenken! Aus den Boxen dröhnte »How Bizarre« von OMC.

»Geiler Song«, rief ich und lächelte ihn an. Daraufhin brachen bei Jeremy alle Dämme.

»Ich wusste, dass es dir hier gefallen würde, Baby! You know what? I think, I love you. Yeah, I really love you – as a friend, as a sister. Ich möchte für immer für dich da sein. Als ein Freund. Wenn es dir schlecht geht, möchte ich deine Hand halten. Wenn du jemanden zum Reden brauchst, möchte ich für dich da sein. Ich bin so gerne in deiner Nähe. Hehe. Darf ich dich küssen?«

»Äh, was?«

»Küssen, ich will dich küssen – als ein Freund.«

»Vielleicht später, ich muss erst noch was trinken, Jeremy.« Da lachte er und orderte noch einen Weißwein. Je mehr ich von der miesen Plörre runterkippte, desto besser schmeckte sie. Natürlich kam ich mir dabei ein bisschen erbärmlich vor, denn in Ericks Nähe hätte ich mich niemals betrinken müssen, um gut draufzukommen. Meine Verliebtheitshormone hätten mich schon von ganz allein in einen erotischen Rausch versetzt. Aber Erick wollte mich nun mal nicht! Jeremy schon. Also trank ich weiter, wurde geselliger, und ehe ich michs versah, hatte ich Jeremys Zunge in meinem Hals. Obwohl, korrekter wäre: überall in meinem Gesicht. Um mir eine Atempause zu verschaffen, fragte ich Jeremy, was sein bisher größter Job als Moderator gewesen war.

»Wenn du willst, zeig ich ihn dir! Ich hab bei mir zu Hause ein paar DVDs mit Shows von mir.« Sein Haus sei ganz in der Nähe, zehn Minuten zu Fuß. Ich überlegte kurz, ob ich das wirklich wollte, sagte dann aber zu. Ich war nun immerhin schon seit vier Monaten in Afrika – und hatte noch immer keinen Sex gehabt! Noch lange hierzubleiben, hatte ich nicht vor. Zu schmerzlich war meine tägliche Konfrontation mit »Schokobär«. Das hier war also vermutlich meine letzte Chance, um herauszufinden, wie gut die Einheimischen nun wirklich im Bett waren. Und ob es stimmte, was man über ihre, ähm, Ausstattung sagte. Hand in Hand torkelte ich mit Jeremy einen schmalen Sandweg entlang, der durch eine Bananenplantage führte und lediglich von den unzähligen Sternen und dem Vollmond am Himmel beleuchtet wurde. In meinem Kopf hämmerte es – Engel gegen Teufel: Was machst du hier eigentlich? Das willst du doch gar nicht! – Ach, mal gucken, was passiert. Du kannst ja immer noch abhauen. – Aber was, wenn er dich nicht gehen lässt? Wenn er dich vergewaltigt? – Lächerlich, dafür ist er viel zu weich. Außerdem willst du doch bloß eine kleine Kostprobe. Währenddessen erzählte Jeremy mir von seinem Weg nach oben. »Ich habe viele Jahre auf der Straße gelebt, nachdem meine Eltern gestorben waren. Mit zwölf bin ich dann von dem kleinen Dorf, in dem ich geboren wurde, nach Dar gegangen. Zuerst habe ich mich als Straßenverkäufer über Wasser gehalten, aber tief in mir wusste ich immer, dass aus mir einmal ein Star werden würde. Irgendwann hat mir dann ein Freund von einem offenen Casting bei einem Fernsehsender erzählt, und ich habe meinen ersten Job beim Fernsehen bekommen.«

Geradezu rührend, seine Geschichte. Und nun lebte Jeremy in einer … windschiefen Hütte am Rande der Bananenplantage. »Oh, hier wohnst du also?«, stellte ich verblüfft fest. Jeremy nickte und schloss die Tür auf. Interessiert ließ ich meinen Blick durch den etwa fünf Quadratmeter großen Raum schweifen. Jeremy besaß nicht viel, bis auf ein überdimensional großes Bett, einen riesigen Flatscreen und einen XXL-Kühlschrank (hoffentlich hatte er nichts zu kompensieren?!), in dem lediglich Schnaps und zwei Flaschen Sprite standen. Eine Küche oder ein Badezimmer gab es nicht. Da stand bloß ein ranziger Gaskocher in der Ecke, darauf eine Schüssel mit Reis. Komisch, dass so ein Beinahe-Star in ärmlicheren Verhältnissen lebte als Erick, der als Chefreporter bei The African

Nation arbeitete. »Nett hast du's hier«, hauchte ich, während Jeremy ungelenk an seinem DVD-Player herumfummelte. Er wollte mir unbedingt ein Interview von sich mit Shaggy zeigen. Leider bekam er das Ding nicht in Gang. Immer wieder drückte er hektisch darauf herum, aber nichts passierte. Herrje, dachte ich mir, wenn er bei mir auch so lange brauchen würde, bis er den richtigen Knopf gefunden hatte, konnte das ja eine heitere Nacht werden. Dann endlich erschien Mr. Bombastic auf dem Bildschirm, der von Jeremy auf einer Yacht vor Sansibar mit dämlichen Fragen gelöchert wurde.

»Guck mal, das bin ich«, rief Jeremy mir aufgeregt zu. Jup, hatte ich gesehen. »Möchtest du was trinken? Ich habe Konyagi und Sprite da.« Hm, ja, her mit dem Zeug. »Ich weiß, du bist Besseres gewohnt«, flüsterte Jeremy und setzte sich zu mir aufs Bett. »Ich hoffe, du fühlst dich wohl bei mir. Das Badezimmer ist draußen, im Wald. Wenn du möchtest, zeig ich es dir.« Nee, nee, schon okay.

»Dein Bett ist sehr gemütlich«, bemerkte ich stattdessen und ließ meinen Oberkörper langsam und für meine Verhältnisse lasziv nach hinten fallen. Jeremy verstand den Hinweis, beugte sich über mich und küsste mich. Das heißt, eigentlich küsste er mich nicht wirklich, sondern schlabberte mein Gesicht ab wie ein alter Bernhardiner. Seine Zunge rotierte in meinem Mund wie ein Mixstab, was sehr abtörnend war. So war ich gezwungen, ihm Anweisungen zu geben: »Halt! Langsamer, langsamer. Und nicht so viel Zunge. Schluck mal runter. Ja, genau. Und jetzt – nur auf die Lippen. Ja, genau!« Irgendwann hatte er es dann halbwegs verstanden, und ich hätte Jeremy dafür am liebsten zur Belohnung ein Leckerli gegeben. Das war aber gar nicht nötig, weil der ungestüme Bursche längst mit meinen Brüsten beschäftigt war, an denen er derart fest saugte, als hätte er die Hoffnung, auf Milch zu stoßen. Aua! So langsam nervte mich dieses Anfänger-Getue, vor allem, weil Jeremy mir die ganze Zeit zuflüsterte, wie geil er es mir gleich besorgen würde. Also wenn das so weiterging... Aber nun war ich ja schon mal hier. Mitten im tansanischen Busch. Also beschloss ich, das Beste daraus zu machen und seinen Kopf noch eine Etage tiefer zu schieben, in meinen Busch – in der Hoffnung, dass sich sein Geschlabber hier eher positiv auswirken würde. Wie sich herausstellte, war *eher positiv* aber nicht genug, also zog ich ihn lieber wieder nach oben und bedeutete ihm, doch bitte mit seinen Fingern weiterzumachen, während ich nach seinem Penis tastete (der tatsächlich der eines Hasen war). Die gute Nachricht: Er wusste um die Existenz der Klitoris. Die schlechte Nachricht: Beim Massieren meines Heiligtums gab der Junge derart Gas, dass ich kurzzeitig dachte, er wolle an meiner Muschi so Robinson-Crusoe-mäßig ein Feuer entzünden. Feuer im Sinne von *das brennt wie Feuer*. Oh weh, was für ein Flop... Es half alles nichts, ich musste das Vorspiel abbrechen. »Hast du 'n Kondom?«, fragte ich. Jetzt half nur noch Ficken. Mit weit aufgerissenen Augen – so, als hätte er gerade den Jackpot geknackt – fuhr Jeremy hoch, kramte unter seinem Bett nach einem Gummi und hielt es mir vor sie Nase. »Zieh's drauf«, wies ich ihn an. Er machte Anstalten, warf es dann aber wieder zur Seite und küsste erneut meine Brüste. Was sollte der Unfug? »Komm schon, nimm das Kondom und zieh es drüber – ich will dich jetzt!«

Jeremy hielt inne, schaute ein wenig beschämt zur Seite. Mit einem Mal sah der coole TV-Star aus wie ein begossener Pudel. »Ich... ich... ich kann das nicht.« Wie jetzt? »Ich hab das noch nie...« Das ist nicht dein Ernst! »Doch... es ist wahr. Es... tut mir leid.«

Das durfte nicht wahr sein: Der Junge war noch Jungfrau – genau wie Erick! Wie konnte man nur so viel Pech haben? Anstatt von einem heißblütigen Afrikaner ein paar neue Tricks in Sachen Sex beigebracht zu bekommen, war nun Aufklärungsarbeit meinerseits gefragt?! Nö, darauf hatte ich keine Lust. Schon gar nicht, wenn mir der Mann nichts bedeutete. Klar, Erick hätte ich natürlich liebend gerne nach allen Regeln der Kunst verführt und entjungfert. Hach, nichts lieber als das hätte ich getan... Aber das hier war leider Jeremy. Unauffällig fischte ich nach meinem pinkfarbenen String und murmelte irgendwas von wegen »huch, schon so spät« und »morgen früh raus«.

Jeremy war entsetzt. »Nein, Henriette, bleib doch noch, ich liebe dich, ich liebe dich so sehr, Baby, nein, NEIN!«

Genau: Nein, Baby, nein. Da verbrachte ich lieber freiwillig noch eine Nacht allein bei meinen Hühnern. Meine Lust auf Sexexperimente war vorerst erloschen.

Immerhin hatte ich aus der gemeinsamen Nacht mit Jeremy eine Erkenntnis erlangt: Tansania und Deutschland lagen definitiv zu weit auseinander, um auf sexueller Basis miteinander zu harmonieren. Stattdessen hatte ich paradoxerweise beruflich genau das bekommen, wonach ich mich auch im Bett immer gesehnt hatte: Ich hatte mich komplett austoben und auf hohem Niveau herumexperimentieren dürfen, viele inspirierende neue Menschen kennengelernt und mich stilistisch weiterentwickelt. Und das auch noch in einer Fremdsprache. Hätte mein monatliches Gehalt nicht bloß zweihundertzehn Euro betragen (für tansanische Verhältnisse ein Spitzengehalt), wäre ich vielleicht noch länger geblieben. Aber auch hier fielen die Margaritas nicht vom Himmel. Und auf Dauer in diesem Hühnerstall leben, der allein schon einhundertzwanzig Euro im Monat kostete? No way. Ich war lange genug verwirrt und untervögelt durch die staubigen Straßen, Kirchen und Bananenplantagen von Dar es Salaam geirrt. Immerhin fast ein halbes Jahr lang. Das musste aufhören. Sofort!

Am nächsten Morgen eilte ich daher sofort in das Reisebüro im Serena-Hotel und buchte meinen Rückflug nach Hamburg. Es war für mich an der Zeit, in eine neue Himmelsrichtung aufzubrechen. Ich wollte nicht mehr länger der Mzungu sein, sondern wieder Henriette. Tschüss Tansania, Zeit für New York City!

8 Dinge,
die ich in Tansania über Sex gelernt habe

1. Enthaltsamkeit in Kombination mit unerfüllter Liebe oder starker Sehnsucht nach einem Menschen kann zu sogenannten Insomnia-Orgasmen (das Wort hab ich selbst erfunden!) führen. Das sind multiple Höhepunkte, die man im Schlaf erlebt und die häufig so stark sind, dass man schreiend aufwacht. Keine Sorge, das fühlt sich hervorragend an! Deshalb sollte man eine Verliebtheit auch immer möglichst lange auskosten, ehe man sich aktiv an jemanden heranwagt. Stichwort: Verzögerungsgenuss.

2. Ein Tansanier meint es ernst mit Ihnen, wenn er Sie nicht gleich am ersten Abend fragt, ob Sie ihn heiraten oder mit nach Europa nehmen möchten. Höhö.

3. Prostitution ist ja grundsätzlich erst mal scheiße. Und dicke Frauen, die knackige Beachboys mit schicken Uhren bestechen, sind nicht besser als die Typen in Thailands Flatrate-Puffs. Trotzdem kann man sich getrost eine kleine Scheibe von jenen alleinstehenden Damen der Generation Ü50 abschneiden, die immerhin aktiv werden, um sich das zu holen, was sie brauchen.

4. Wer hat den Längsten? Also die Tansanier sind es jedenfalls nicht. Das bestätigten mir auch zahlreiche andere europäische Touristinnen. Tja, wäre ich mal ein Land weiter gereist: Die Herren in der Republik Kongo sind laut einer aktuellen Statistik mit knapp achtzehn Zentimetern durchschnittlicher Penislänge Weltspitze! Das nächste Mal ...

5. Ich glaube, dass Tansanier und Deutsche in Liebesdingen nicht zusammenpassen. Die Vorstellungen davon, wie guter Sex und schöne Küsse funktionieren, klaffen einfach zu weit auseinander. Das ist zärtliches Gestubse vs. wildes Geschlabber. Das ist sanftes Streicheln vs. mechanisches Gerubbel. Das ist routinierter Sex vs. Ü25-Jungfrauen. Ohne mich.

6. Ich kam mir in Tansania meistens wie ein kleiner, androgyner Junge vor, weil vor Ort die Big Mamas den Ton angeben: Üppig, selbstbewusst, mit einer Ausstrahlung zum Niederknien tragen sie niemals weniger als Kleidergröße 44/46 und werden als ultimative Sexgöttinnen verehrt. Ihre Kurven tragen sie stets stolz in hautengen Fummeln zur Schau, als würde es sich bei ihren Ärschen, Brüsten und Schenkeln um das achte Weltwunder handeln. In Tansania wissen die Männer diese Pracht zu schätzen, etwa, wenn sie ihre Fahrgestelle auf der Tanzfläche parken wie kostbare Lamborghinis und lasziv kreisen lassen. Davon sollte sich jede Frau inspirieren lassen, die wegen ein paar überschüssiger Kilos in Selbstzweifeln und zeltähnlichen Gewändern versinkt. Denn nur wer sich in seinem Körper wohlfühlt, kann es in vollen Zügen genießen, sich einem Mann hinzugeben, sich fallen zu lassen und tolle Orgasmen zu erleben.

7. Es ist in Ordnung, auch mal keine Lust auf Sex zu haben. Wenigstens für eine Weile.

8. Sex aus rein rationalen Gründen, weil man glaubt, etwas oder jemanden mal ausprobieren zu müssen, bringt's nicht. Das ist wie Kamelreiten ohne Wüste. Wie Champagner ohne Kohlensäure. Wie Breaking Bad ohne Walter White. Einfach nicht geil.

16 No, we can't!
Biss in den Big Apple

Wenn nur die Orgasmen einer Frau zur
Schwangerschaft führen würden, wäre die
Welt unterbevölkert.

(AMANDA MARTELEUR, FLÄMISCHE PUBLIZISTIN)

Zurück in Hamburg bekam ich erst mal einen Kulturschock:
Die frische Luft! Die sauberen Bürgersteige! Die geräumigen
U-Bahnen! Fließend Wasser und Strom rund um die Uhr! DAS
war wahrer Luxus, den die meisten Deutschen nicht einmal
ansatzweise zu schätzen wussten. »Ich glaube es gerade nicht,
Hans-Georg. Die Bahn hat schon wieder zehn Minuten Verspä-
tung. Unmöglich ist das ...«, hörte ich etwa eine ältere Dame
am Hamburger Hauptbahnhof fluchen. Die hätte ich gerne
mal in einem Daladala im größten Verkehrschaos von Dar es
Salaam gesehen. Oder in einem *Tuk-Tuk* in Neu-Delhi. Aber,
hey, im Grunde war ich auch nicht besser. Immerhin verballerte
ich seit gut einem Jahr monatlich so zwischen dreihundert und
eintausendfünfhundert Euro für einen ausgedehnten sexuellen
Selbstfindungstrip rund um den Globus! Allerdings tat ich das
ja auch für einen guten Zweck.

Noch mehr Luxus erwartete mich in der kommenden Woche
auf der anderen Seite des Atlantiks. In New York City. Bevor
ich meinen Flug antrat, wusch ich all meine bunten Hippie-
Fummel aus Indien durch, schmiss sie in den Rucksack, den
ich für die letzte Etappe der Reise brauchen würde. Jetzt holte

ich erst mal mein schniekes Rollköfferchen aus dem Schrank, in das ich sorgsam meine stylishsten und kostbarsten Kleider, Schuhe und Handtaschen packte, die ich mir während meiner Zeit als Redakteurin für ein renommiertes Fashion-Magazin gegönnt hatte (um mit den Schicksen im Büro mithalten zu können). Denn nachdem ich fast ein ganzes Jahr in schmuddeligen Hotelzimmern, ranzigen Zügen und auf staubigen Schotterpisten zugebracht hatte, freute ich mich umso mehr auf die Dekadenz und den Luxus, die mich im Big Apple erwarteten.

»If I can make it there, I'll make it anywhere« hatte Frank Sinatra gesungen. Das klang in meinen Ohren ziemlich vielversprechend – obwohl ich eigentlich stinksauer auf die Amis war! Im Grunde waren sie mit ihrer boomenden Pornoindustrie (allein im Epizentrum San Fernando Valley wird in den über zweihundert Studios jeweils ein Film pro Woche gedreht) und ihren Hollywoodfilmen schuld an meiner ganzen Misere. Sie sind verantwortlich für das völlig verzerrte Image des weiblichen Orgasmus (Pimmel rein und – Päng!), das Frauen auf der ganzen Welt das (Sex-)Leben schwer macht. Gleichzeitig werden die Amis nicht müde, einen auf supermoralisch und -christlich zu machen. Von wegen »bloß kein Sex vor der Ehe«. Aber je verklemmter eine Gesellschaft, desto größer ist ja häufig ihre Schmuddelindustrie. Siehe: Japan.

Ich hatte trotzdem keine Ahnung, was mich erwartete, als ich an jenem sonnigen Mittwoch mit einem Taxi über die Brooklyn Bridge nach Midtown Manhattan hineinfuhr. Und Lust auf Sex hatte ich seit der Sache mit Jeremy noch immer nicht. Vor Ort hatte ich mich in ein verhältnismäßig preiswertes YMCA-Hostel, gleich um die Ecke vom The Kabbalah Centre New York, eingemietet. Die Lobby war quasi ein Fitnesscenter, in dem bei meiner Ankunft so an die fünfhundert Amis nebeneinander auf Crosstrainern abzappelten. Hier war man offenbar auf seine Figur bedacht. Mir war allerdings eher nach Kaffee und einem Brownie, also ging ich zu Starbucks. Dort setzte ich mich in einen kleinen Sessel und starrte die Anzugaffen an, die zur Tür hereinrauschten, ein Heißgetränk im Pappbecher bestellten und weiterhetzten. Zack, zack, bloß keine Zeit verschwenden. Wahrscheinlich schufteten die bis zweiundzwanzig Uhr oder länger. Und danach? Vielleicht noch was trinken, vielleicht noch was abschleppen und flachlegen. Immer mit der Hoffnung im Hinterkopf, dass vielleicht der oder die Richtige dabei war. So hatte es zumindest die HBO-Serie »Sex and the City« vermittelt und so gewisse Vorurteile in meinem Kopf geschaffen.

Was das Vögeln anging, kamen mir die amerikanischen Männer tatsächlich ein bisschen wie Roboter vor. Gregory, der Anwalt, den ich am darauffolgenden Abend in einem Irish Pub kennenlernte und zur Übung mit auf mein Zimmer nahm, wirkte irgendwie mechanisch, als er mich zuerst auf den Mund, dann am Hals und schließlich zwischen den Beinen küsste. Die Bewegungen seiner Zunge waren so gleichmäßig und routiniert, dass ich beinahe einpennte, während er mit seinem Kopf zwischen meinen Schenkeln herumwurschtelte. Orgasmus? Fehlanzeige! Aber, hey, man konnte ja nicht gleich bei seinem allerersten Ami-Fick einen Volltreffer landen, also mischte ich mich am nächsten Abend erneut in feinster Aufmachung unters Volk. Zufällig war es ein Samstagabend, der in New York auch »Dating Night« genannt wird. Meine Freundin Angela, die in Manhattan lange als Auslandskorrespondentin für einen deutschen Fernsehsender gearbeitet hatte, hatte mir erklärt was Sache war. Samstags dreht sich alles darum, den Partner fürs Leben zu finden – oder zumindest einen netten One-Night-Stand. Wer kein Date hat, ist ein Loser. Wer ein Date mit einem

Loser hat, ist auch ein Loser. Denn die meisten Frauen haben es ausschließlich auf Männer abgesehen, von denen sie gesellschaftlich, finanziell, sexuell und wirtschaftlich profitieren können. Ein Mann muss in ihren Augen etwas darstellen, sozusagen besser sein als sie selbst, damit sie durch eine Verbindung mit ihm in der Gesellschaft eine Stufe höher steigen. Eine Frau von Welt darf sich nicht mit Busfahrern, Barkeepern und Co. einlassen. Tut sie es doch, benutzt man in New York den Begriff »Downdating« – sich runterschlafen. Bestes Beispiel: Heidi Klum, die sich 2012 auf eine Affäre mit ihrem Bodyguard einließ – und Häme ohne Ende dafür einstecken musste.

Natürlich kennen die New Yorker Männer diese Spielregeln und tragen ihre Statussymbole deshalb stets gut sichtbar an Handgelenk (Rolex), Füßen (Prada) oder auf der Nase (Tom Ford). Beim ersten Date zahlen sie für das Essen in einem teuren Restaurant und legen spätestens beim Dessert alle relevanten Informationen über Gehalt, Herkunft und Zukunftsvisionen auf den Tisch. »Viele Männer können sich die Suche nach ihrer Traumfrau oder einem One-Night-Stand mittlerweile gar nicht mehr leisten«, hatte mir Angela bei unserem letzten Treffen erzählt. »Für viele Durchschnittsmänner im Großraum New York reicht es schon, wenn die Frau keinen Schnurrbart hat, unter neunzig ist und einen festen Job hat.« Sie war sich sicher: Je sexyer und jünger eine Frau, desto höher ihre Ansprüche. Und egal wie hoch diese Ansprüche sind, am Ende findet sich immer jemand, der sie erfüllt. »Auf jeden Fall muss der Mann bei einem Date für das Essen zahlen«, erklärte mir Angela. »Es gibt sogar Frauen, die sagen: ›Ich will mal wieder so richtig lecker essen gehen, also besorg ich mir ein Date!‹ In den Achtzigern war das noch ganz anders. Da musste man als Frau aufpassen, dass er nicht die Rechnung zahlte, weil das bedeutete, dass er dich ›gekauft‹ hatte – für Sex oder als feste

Freundin. Heute läuft das anders. Der Typ kann dich so oft einladen, wie er will: Bevor ihr nicht den *talk* hattet, also ein Gespräch darüber, ob man jetzt fest zusammen ist, könnt ihr in New York daten und vögeln, wen ihr wollt. Ach so, und die alte Dreier-Regel – geh mit einem Typ erst nach dem dritten Date ins Bett, wenn du nicht als Schlampe dastehen willst –, die ist auch out. So viel Zeit hat ja heute in New York kein Mensch mehr.« Stattdessen lief es laut Angela so ab: Nach dem Essen kommt es vor der Haustür der Frau zum obligatorischen »Probekuss«. Wenn der okay ist, wird gevögelt. Sex als Belohnung für alle Kosten und Mühen des Abends.

Aber waren die New Yorker wirklich so berechenbar? Waren Charakter und Seele tatsächlich zweitrangig in der Welthauptstadt, zählte nur der Status, das Geld? Und hatten die Leute es wirklich mit allem so eilig? Ich wollte das unbedingt selbst herausfinden und nahm deshalb auch mit Freuden die Einladung von Steven an, einem 37-jährigen Art Director, den ich im Metropolitan Museum of Art bei einer Kinovorstellung mit Originalton von »Die Blechtrommel« kennengelernt hatte und der mich zum Abendessen nach Little Italy einlud. Steven erinnerte mich ein wenig an Caleb Followill, den sexy Frontman von den Kings of Leon: Vollbart, blaue Augen, lässiger Style. Es versprach also, ein leckerer Abend zu werden.

Um Punkt acht holte mich Steven in der Lobby meines Hostels ab. Blumen hatte er mir nicht mitgebracht, dafür aber eine Flasche Cabernet Sauvignon des Weinguts in Napa Valley, das seiner Familie gehörte. Unser Dinner in einem kleinen romantischen Restaurant war überaus unterhaltsam, denn Steven verstand es wie die meisten Amerikaner, Geschichten zu erzählen. Von seiner jüngsten Beförderung, seinem durchgeknallten Boss, seiner Vorliebe für *German girls* (»I like your accent!«) – und jedes Mal gab es eine großartige Pointe. Ich erzählte vor allem von meinem indischen Guru und meiner Zeit bei The African Nation (und ließ den Grund meiner Reise weg). Das schien Steven relativ beeindruckend zu finden. »Henriette, du bist so ganz anders als die Frauen hier in Manhattan. So… total unverbraucht und lebendig, finde ich.« Ich musste grinsen. Wenn der wüsste!

»Was meinst du denn mit unverbraucht?« Steven überlegte kurz. »Naja, du hast keine Silikontitten.« Er lachte. »Das war ein Scherz. Stimmt aber trotzdem, oder? Und dein Gesicht scheint außerdem frei von Botox und Hyaluronsäure zu sein. Dass ist hier echt selten, weißt du?« *Kranker Haufen, die Amis*, dachte ich bei mir und orderte zwei Schnäpse als Absacker. Aber Steven winkte ab: »Nein, für mich nicht, danke. Ich trinke keinen Alkohol.«

Ich verstand nicht. »Aber du trinkst doch die ganze Zeit Bier?« Er schüttelte den Kopf. »Das war alkoholfrei.« Ha! War das die Möglichkeit? Der Typ hatte den gesamten Abend heimlich alkoholfreies Bier gesüffelt, während ich munter einen Wein nach dem anderen genossen hatte. Das war ja wohl die Höhe! Zum Glück hatte Steven eine Erklärung parat: »Ich möchte offen sein«, holte er aus. »Schon seit meiner Kindheit leide ich an Morbus Crohn, das ist eine schwere Darmerkrankung. Wenn ich Alkohol trinke, kriege ich Durchfall. Dann komme ich den ganzen Abend nicht mehr von der Toilette runter – und das willst du doch nicht, oder?« Er lachte leicht hysterisch. »Wir haben doch noch was vor, Baby, oder?!« Hatten wir das? Vermutlich schon, ich befand mich ja schließlich auf einer, ähm, Mission. Also verdrängte ich alle Gedanken an Stevens verkümmerte Darmflora und konzentrierte mich auf sein strahlendes Lächeln, seine muskulösen Arme, seinen knackigen Arsch… ach, nee… den lieber nicht.

Zwanzig Minuten später standen wir vor meinem Hostel und küssten uns. Die berühmt-berüchtigte Generalprobe. Steven war dabei fordernd und leidenschaftlich. Das machte mich an, also nahm ich ihn mit hoch, bereute es jedoch schon nach wenigen Minuten: Steven war auch so ein Roboter! Routiniert tastete er mich ab und warf mich aufs Bett – als wäre mein Körper eine Art verdiente Belohnung für den bisherigen Abend inklusive Essen, Taxifahrten, der Flasche Wein, seinem Charme. Sein Schniedel? War vielleicht sogar ein Hengst, aber was spielte das noch für eine Rolle, wenn der Mann so ein Egoist im Bett war? Als wir, ähm... er fertig war, fühlte ich mich irgendwie benutzt. Steven hatte sich herzlich wenig um meine Bedürfnisse geschert. Trotzdem erdreistete er sich nun, mich zu fragen: »Und? Bist du gekommen, Baby?« Ich brach in Gelächter aus und erklärte ihm, dass ich davon so weit entfernt gewesen war wie Hitler vom Friedensnobelpreis. »Bist du frigide oder was?«, giftete er mich daraufhin an. Bei ihm hätte ja bisher noch jede Frau ihren Höhepunkt gehabt.

»Das bezweifele ich aber«, gab ich zurück. »Typen wie du wissen nichts darüber, wie die weibliche Sexualität funktioniert. Deshalb gehe ich mal stark davon aus, dass dir deine Exfreundinnen ihre Orgasmen bloß vorgespielt haben.« Steven blieb der Mund offen stehen, er warf mir noch ein genuscheltes »fuck you« an den Kopf, ehe er beleidigt seine Sachen (inklusive des Weins) packte und ging. Am liebsten hätte ich ihm noch hinterhergerufen: »Das macht dreihundert Dollar.« Denn ich fühlte mich ein bisschen wie eine Nutte. Oder noch besser: wie eine Gummipuppe. New York City fucking sucks! Ich musste schleunigst weg von hier, zu Hause das Köfferchen gegen meinen Rucksack tauschen und weiter nach Südostasien. In der Hoffnung, dass die Männer in sündigen Metropolen wie Bangkok, Phnom Penh oder Ho Chi Minh City im Bett mehr Tricks auf Lager hatten als die Anzugaffen in NYC. Frank Sinatra, du hast gelogen!

3 Dinge,
die ich in New York über Sex gelernt habe

1. Die Geschwindigkeit New Yorks ist nichts für mich. Man wird schnell aufgerissen, schnell flachgelegt, und die Männer rammeln so schnell wie Duracell-Hasen. Nur: Schnell kommen geht halt nicht. Deshalb war ich auch schnell wieder weg.

2. Sex ist verdammt nochmal keine Performance, die bestimmten Regeln unterliegt oder auf ein vorgeschriebenes Ende zusteuern muss. Wozu auf Zwang ein Happy End – den Orgasmus – einfordern, wenn der Weg dorthin so anstrengend ist, dass es keinen mehr happy macht?

3. Wenn alles, was mit Liebe und Sex zu tun hat, nach so klaren Regeln abläuft, wie es in New York der Fall war, dann benimmt man sich zwangsläufig wie ein Roboter. Performance gegen Performance. Auch im Bett. Wie Huren. Da lobe ich mir das chaotische deutsche Datingsystem: (besoffen) knutschen, simsen, gucken, was so geht, z. B. Sex. Oder was anderes. Schön.

17 Crazy Bangkok
Die sündigste Stadt der Welt

Orgasm is only to let you know that sex is over.
(LEONORE TIEFER, US-AMERIKANISCHE
SEXUALFORSCHERIN)

Das mag übertrieben klingen, aber Bangkok war für mich so etwas wie eine zweite Heimat. Ich war zwar erst dreimal dort gewesen, verkehrte aber immer in denselben Locations. Vom Flughafen aus zahlte ich jedes Mal fünfhundert Baht für ein Taxi nach Banglamphu in die Kaosan Road. Dort checkte ich im Rambuttri Inn & Village in der Soi Rambuttri ein, das an einen idyllischen *Wat*, einen Tempel, grenzte und einen Swimmingpool auf seiner Dachterrasse hatte. Mein Frühstück nahm ich ein paar Meter weiter in einem kleinen Straßencafé ein, wo es köstlichen Müsli-Früchte-Joghurt für zwanzig Baht (vierzig Cent) gab. Wenn die Polizei vorbeikam, mussten wir unsere Tische immer schnell ins Innere des Cafés schleppen, weil es eigentlich illegal war, draußen zu sitzen. Mich störte das nicht, weil es so schön bekloppt war. Um das Café herum standen zudem Hunderte illegale Händler und Thai-Food-Stände auf Rädern, die undefinierbare Köstlichkeiten anboten. Auch sie mussten jedes Mal in Windeseile davonlaufen, wenn die Polizei kam. So ähnlich lief das auch in der thailändischen Sexindustrie. Prostitution war in Thailand eigentlich verboten, wurde aber von den Behörden geduldet. Aktuell erwirtschaftete die Rotlicht-Branche laut Schätzung der UN-Arbeitsorganisation ILO etwa vierzehn Prozent des Bruttoinlandsprodukts von Thailand und machte jährlich einen Umsatz von rund einundzwanzig Milliarden Euro. Zum Vergleich: In Deutschland geht das Statistische Bundesamt von derzeit rund fünfzehn Millionen Euro Umsatz durch Prostituierte aus. Im krassen Gegensatz zu dieser boomenden Sexindustrie steht eine globale Umfrage des Kondom-Herstellers Durex. Sie ergab, dass siebzig Prozent der thailändischen Frauen mit ihren Partnern keinen Orgasmus bekommen, wohl aber durch Masturbation und Sex mit Frauen, während neunundsiebzig Prozent der thailändischen Männer immer einen Höhepunkt erreichen. Hier läuft also irgendetwas grundlegend falsch. (Wenngleich die Ergebnisse für Deutschland ähnlich schlecht ausgefallen waren …) Der thailändische Sexualforscher Dr. Pansak Sugkrakroek glaubt, die meisten thailändischen Frauen könnten deshalb keinen Orgasmus erreichten, weil ihre Partner nicht wüssten, wie sie ihre Frauen dazu bringen könnten. Thailändische Männer würden beim Thema Orgasmus vor allem an sich denken.

Ich fand das nicht sonderlich verwunderlich, zumal ein Großteil der thailändischen Männer zu Prostituierten ging – und bei denen gehörte das orgastische Gestöhne ja schließlich zum Gesamtpaket dazu. Egal, wie blöd sich der Mann anstellte. Das sollte mich aber nicht davon abhalten, in diesen Gefilden meine eigenen Erfahrungen zu sammeln – vielleicht am Nana-Platz im Rotlichtviertel Sukhumvit. Dort befand sich laut Lonely Planet das Paradies der Sextouristen – »regiert von Hormonen, Girlie-Bars und den perfekten Nana-Paaren (übergewichtige, ältere Farang-Männer mit jungen, hübschen Thai-Mädchen, teilweise sogar mit Kindern im Schlepptau)« –, und irgendwie war ich ja nun selbst eine Sextouristin, wenn auch auf eine etwas investigativere Weise.

Und wirklich: Fast jeder Mann, der mir in Sukhumvit auf der Straße begegnete, hatte ein hübsches, oft erschreckend junges

Thai-Mädchen im Schlepptau. Außerdem reihte sich hier ein Puff, Striplokal oder Stundenhotel an das/den andere/n. Das Barpersonal versuchte, die Farangs (so werden in Thailand umgangssprachlich Ausländer mit weißer Hautfarbe genannt) schon von der Straße abzugreifen und in ihre Sündenpfuhle zu locken. Das war wirklich schwer zu ertragen.

»Hey, lady! Wanna come in?«, krähte ein junges Thai-Girlie in kurzen Leder-Hotpants und zerrte an meinem Arm. Sie konnte höchstens sechzehn oder siebzehn sein und arbeitete offenbar in einer Tabledance-Bar. Ihre langen schwarzen Haare hatte sie zu Zöpfen geflochten. Irgendetwas in ihrem Gesicht sprach mich an. War es die Art, wie sie lächelte? Waren es ihre großen braunen Augen? Mutterinstinkte machten sich in mir breit, und so folgte ich ihr. »Sit down! My name Chompoo! Want a beer?«, fragte mich mein Thai-Girl. Ich nickte und nahm an einem länglichen Tisch Platz, auf dem gleich vier blutjunge Thailänderinnen die Hüften zu »Blue (Da Ba Dee)« von Eiffel 65 schwangen. Kurz darauf kam Chompoo mit meinem Bier zurück und reichte mir die anspruchslose Programmbroschüre einer Ping-Pong-Show:

1.) Pussy Ping Pongs

2.) Pussy shoot Banana

3.) Pussy smokes Cigarette

4.) Pussy drinks Coca Cola

5.) Girl and Girl Lesbina

6.) Pussy write Letter

7.) Girl & Man Sex Show u.v.m.

Ich entschloss mich, mir diese typisch thailändische Mischung aus Sex-, Zirkus- und Freakshow jetzt einfach mal anzusehen. Offenbar waren die Thailänderinnen ja in der Lage, die irrsten

Sachen mit ihrer Vagina anzustellen. Vielleicht konnte ich da noch was lernen?! Ich folgte Chompoo in den Hinterhof des Clubs, der aussah wie eine Müllhalde. Es stank nach Urin und Frittiertem. Dort führte mich das Mädchen zu einem düster dreinblickenden Mann.

»Das macht achthundert Baht. Ein Drink ist for free.« Ich handelte ihn auf fünfhundert Baht herunter und trat ein. In dem düsteren Schuppen zog sich gerade eine etwa vierzigjährige Thailänderin zu Jennifer Lopez' »Let's Get Loud« Rasierklingen aus ihrer Vagina. Ich nahm in Reihe eins neben einem fetten Farang-Klops und seiner noch fetteren Frau Platz, die sich gegenseitig befummelten. Auf der Bühne machte sich die Frau unterdessen daran, Bananen, die sie sich zuvor in die Muschi gesteckt hatte, ins Publikum zu schießen. Gerade als ich einen Cuba Libre bei der halbnackten Bedienung bestellte, flog mir eines der flutschigen Früchtchen um die Ohren. Ich kreischte angewidert, blieb aber sitzen, denn schließlich wollte ich die Show aus nächster Nähe verfolgen. Eine andere Frau betrat nun die Bühne, die mithilfe ihrer Vagina eine Cola-Flasche öffnete. Aua! Da konnte man ja kaum hingucken. Der Intimbereich dieser Frau fühlte sich vermutlich an wie die Haut eines Elefanten. Wie sollte man da noch Spaß am Sex haben? Wahrscheinlich spürte sie gar nicht mehr, wenn ein Mann seinen weichen Penis in sie einführte? Als Nächstes betraten eine junge, zierliche Frau in einem roten Negligé und ein magerer älterer Typ in braunen Feinrippunterhosen die Bühne und vollzogen den Akt. Vögeln, Ficken oder miteinander Schlafen konnte man das nicht mehr nennen. Die Show erinnerte eher an eine Art mechanische Gymnastik. Als würden Aliens versuchen, die menschliche Fortpflanzung zu imitieren. Nach etwa sieben Minuten begann die Frau dann auch noch ekstatisch zu zucken und zu stöhnen. Irgendwann gab sie schließlich einen ohrenbetäubenden Schrei von sich – »Oioioioioiiiiiii!« –, während sich ihr Kollege hinter ihr abmühte. Pfff, als ob die hier kommen könnte – auf einer schmuddeligen Bühne vor knapp dreißig ralligen Sextouris aus aller Welt (und mir), während in Hintergrund »Careless Whisper« von George Michael lief?! Nee, das nahm ich ihr nicht ab. Trotzdem applaudierte ich höflich, als das Elend vorüber war.

Am Ausgang fing ich die Dame ab, die mittlerweile in einen seidenen Morgenmantel gehüllt war. »Great orgasm«, lobte ich sie höflich. »Ich bin Henriette from Germany, und ich würde gerne ein bisschen mit dir plaudern. Hast du Lust? Dauert nicht lange…« Die Frau musterte mich gelangweilt von oben bis unten, bis ich frech mit ein paar Scheinen wedelte.

»Okay, why not. Wir können in meine Garderobe gehen. My name is Nani.« Ich folgte Nani in ein winzig kleines Zimmer, in dem sich etwa acht Frauen aufhielten und für ihren Auftritt zurechtmachten, sich also wahlweise schminkten oder ihre Vagina mit Gleitmittel einrieben. Wir nahmen an einem kleinen Tisch Platz. Nani bot mir eine Cola an, aber darauf war mir vorerst der Appetit vergangen.

Hier, im grellen Licht, kamen ihre Augenringe erst so richtig zur Geltung. Ihre langen schwarzen Haare aber waren seidig und glänzend, wie bei vielen Thailänderinnen. »Wie alt bist du?«, fragte ich sie.

»Offiziell achtzehn«, sagte sie und lachte. Nani trug pinkfarbene, ultralange Kunstnägel, die mit Strass verziert waren. Ihre Augenbrauen waren nachlässig gezupft, ihre Stirn übersät von kleinen Pickelchen.

»Also, was willst du wissen? Wir haben fünfzehn Minuten, dann muss ich wieder auf die Bühne. Dich interessiert bestimmt, wie wir das mit den Rasierklingen machen, oder?«

»Nein, nein. Mich würde ehrlich gesagt viel mehr interessieren, ob dein Orgasmus gerade echt war oder ob du ihn vorge-spielt hast.«

»Wie meinst du das – vorgespielt? Natürlich war der echt. An mir ist alles echt, weißt du?«

»Aha. Und wie schaffst du es unter DIESEN Umständen ab-zuschalten? Dein Partner hat dich ja nicht mal zusätzlich mit der Hand stimuliert.«

»Das brauche ich nicht. Ich kann auch so kommen. Du etwa nicht?«

»Nein, durch reine Penetration schaffe ich das nicht.«

»Vielleicht hat dein Freund einen zu kleinen Penis?«

»Daran liegt's nicht.«

»Aber meistens müssen sie ihn doch bloß reinstecken, und schon kommt man«, sagte Nani mit weit aufgerissenen Augen.

»Der Mann vielleicht …«, sagte ich.

»Ja, natürlich der Mann, wer denn sonst?«, fragte Nani und blickte mich weiterhin ratlos an.

»Na, ICH!«, rief ich aus.

»Du? Die Frau? Wie soll das denn gehen? Orgasmus bedeu-tet für mich, dass Sperma spritzt. Dann ist es vorbei, und man hat seine Ruhe«, sagte Nani.

Nun wurde mir einiges klar. Offenbar hatte Nani überhaupt keine Ahnung davon, was ein weiblicher Orgasmus war.

»Und du selbst bist noch nie …? Hast du denn beim Sex noch nie so ein Feuerwerk gespürt?!«

»Feuerwerk?« Nani lachte lauthals. »Sex ist für mich harte Arbeit, Sweetheart. Da bleibt keine Zeit für ein Feuerwerk. Ich muss jetzt auch wieder auf die Bühne, okay?«

Sie warf mir ein entschuldigendes Lächeln zu und ent-schwand. Auch ich machte mich auf, diesen bedrückenden Ort zu verlassen. Durch Nani hatte ich an jenem Abend begriffen, welch ein Luxus es war, dass ich mich mit sechsundzwanzig ausschließlich damit beschäftigen durfte, um die Welt zu reisen und Forschungen rund um das Thema *weiblicher Orgasmus* zu betreiben. Ich wusste wenigstens, was ein Orgasmus war und wie er sich anfühlte! Ich musste ihn weder zur Schau stellen noch für Geld vorspielen oder an Sextouristen verkaufen. Arme Nani. Ich legte ihr zweitausend Baht auf ihren Schminktisch. Das entsprach etwa fünfzig Euro. Ich hoffte, das Geld würde ihr ein bisschen helfen.

Zurück in der Kaosan Road kaufte ich mir erst mal ein *bucket*. Das sind kleine bunte Eimerchen, die mit Eis, einer Dose Energy Drink oder Cola sowie einem Flachmann Wodka, Rum oder Whiskey gefüllt sind. Mixen muss man sich seinen Drink dann selbst. Genau das, was ich jetzt brauchte. Und ein bisschen Gesellschaft wäre nicht schlecht. Am besten von dem sympathisch aussehenden, rotblonden Mann, der da drüben an dem Tisch saß.

»Darf ich mich zu dir setzen?«, fragte ich höflich.

»Klar, bitte. Ich bin Keith aus London.« Keith aus London war ziemlich nett und lustig. Daher hatte ich auch keine Hemmungen, ihm zu erzählen, was ich gerade im Rotlichtviertel erlebt hatte.

»Ja, die Thailänderinnen sind ganz schön hart im Nehmen. Ich war mal mit einer zusammen, als ich für ein paar Jahre in einem Hotel auf Ko Samui gearbeitet habe.«

»Und, wie war's?«

»Am Anfang wunderschön. Sie ist auch relativ schnell bei mir eingezogen. Irgendwann hab ich dann herausgefunden, dass sie einen *gig* hat, einen Liebhaber. Unter den Thais herrscht das reinste Rudelbumsen, weißt du? Einen oder mehrere Liebhaber zu haben, ist hier völlig normal. Allerdings wird das natürlich vor dem Hauptpartner geheim gehalten, der meistens für die finanzielle Absicherung der Frau sorgt. Ich hab schon mitbekommen, dass es zu Säureangriffen oder Kastrationen gekommen ist, wenn thailändische Ehemänner herausbekommen haben, dass ihre Frauen einen Gig haben. Man kann übrigens gut an der Anzahl der Mobiltelefone, die eine thailändische Frau hat, erkennen, ob und wie viele Liebhaber sie hat.« Ich war fasziniert. Es ist schließlich kein Geheimnis, dass ein einzelner Mann nur in den seltensten Fällen alle Bedürfnisse einer Frau befriedigen kann. Also gar nicht so dumm, wie die Thailänderinnen das regeln. Je mehr Liebhaber, desto höher ist am Ende die Trefferquote für einen Orgasmus.

»Und trotzdem bist du wieder nach Thailand gekommen«, stellte ich fest. »Wirst du hier auch wieder arbeiten?«

Keith nickte und trommelte verlegen auf der Tischplatte rum. »Ganz ehrlich? Ich habe die Hoffnung nicht aufgegeben, hier vielleicht irgendwann mal die Richtige zu finden. Eine, die mich wirklich liebt. Und wenn nicht in Thailand, dann vielleicht in Kambodscha. In zwei Tagen fahre ich von hier aus mit dem Bus über die Grenze. Ich habe nämlich gehört, dass die Khmer (so heißen die Einwohner von Kambodscha) die zärtlichsten und besten Liebhaber der Welt sein sollen.«

»Ach, wirklich? Auch die Männer?«, fragte ich interessiert.

Keith zuckte mit den Schultern. »Ich denke schon. Du kannst es ja mal ausprobieren.« Gar keine schlechte Idee, Keith aus London.

18 »Angkors Entweihung«
Koitus im Land der Khmer

Ich liebe Tiere über alles.
Und Männer, die Tiere sind.

(ANGELINA JOLIE)

Der Minibus Richtung Kambodscha brauchte von Bangkok aus etwa sechs Stunden bis zum Grenzübergang in Poipet, das von Reisenden auch die »Vorhölle Kambodschas« genannt wird. Und zwar deshalb, weil man in einer Affenhitze stundenlang auf den staubigen Straßen herumstehen muss, bis einem endlich ein Grenzbeamter das Visum entwertet und einen mit einem flüchtigen »Sourm sva kum« (»Willkommen«) durchwinkt – in das Königreich Kambodscha.

Ich betrat nun also offiziell das Land, in dem Schauspielerin Angelina Jolie im Jahr 2001 »Lara Croft: Tomb Raider« gedreht und kurz darauf den kambodschanischen Jungen Maddox adoptiert hatte. Seitdem übte das Land mit seinen vielen Kulturschätzen eine große Faszination auf mich aus. Erst vor wenigen Jahren hatte der Tourismus in Kambodscha Einzug gehalten, und der Unterschied zum vergleichsweise reichen Thailand war deutlich spürbar. Statt schicker Autos sah man hier Menschen auf Eselskarren durch die Straßen fahren. Kinder in zerlumpten Kleidern zerrten an meinen Händen und versuchten, mir Obst und Getränke anzudrehen. Ich kaufte ihnen eine Flasche Wasser ab, obwohl ich wusste, dass die Ärmsten der Armen häufig gebrauchte Flaschen aus dem Müll fischen und mit Leitungswasser auffüllen. Aber ich brauchte jetzt einfach Flüssigkeit – es herrschten bestimmt vierzig Grad. Um mich herum wimmelte es vor übereifrigen Khmer, die mir meinen Rucksack entreißen wollten, um ihn für ein paar Dollar für mich zu einem Taxi zu schleppen. Nebenbei fragten sie, ob man Interesse an Drogen (»You like Marihuana? Hash?«) oder an einem *cheap hotel* hatte. Ich fand beides nicht uninteressant, folgte einem der Taxifahrer und ließ mich von ihm in seinem klapprigen Tuk-Tuk nach Siem Reap bringen, eine Stadt in der Nähe der sagenumwobenen Tempelanlage Angkor Wat, das größte Heiligtum Asiens und UNESCO-Weltkulturerbe.

Das Zentrum von Siem Reap ist laut und schmutzig. Es besteht hauptsächlich aus dem alten Markt, der von Häusern im französischen Kolonialstil umgeben ist. Dort mietete ich mich in einem Hotel namens Angelina ein, denn ich fand, es konnte nicht schaden, bei meiner *Mission: Orgasmus* auf den Spuren des weltgrößten Sexsymbols zu wandeln. Während ich meine wenigen Habseligkeiten in eine Holzkommode einräumte, dachte ich über Mrs. Jolie nach, die ja bekannt ist für ihre bizarren Sexfantasien, über die ich dank meiner langjährigen Arbeit als People-Journalistin jedes Detail wusste. Mit vierzehn soll Jolie laut ihres Biografen Andrew Morton erstmals Sex gehabt haben. Weil sie jedoch partout keinen Orgasmus bekam, ritzte sie sich und ihrem Freund eines Nachts die Arme auf, um endlich etwas spüren zu können. Es folgten Magersucht, weitere Selbstverstümmelungen und erste Drogenerfahrungen, unter anderem sogar mit Heroin. Zudem wechselte sie ihre Sexualpartner (Nicolas Cage, Mick Jagger, Russell Crowe, Leonardo DiCaprio und so weiter) mit Mitte zwanzig wie andere ihre Höschen. Außerdem soll sie sogar den Mann ihrer Mutter verführt (!) und eine Affäre mit ihrem Bruder (!!) gehabt haben. Im Klartext: Die Frau hatte offenbar nichts unversucht gelassen, um sich selbst immer wieder neue Kicks zu verschaffen.

War es möglich, dass sich Angelina Jolie zu jener Zeit auch auf einer Art *Mission: Orgasmus* befand? Vielleicht hatte sie ja genau wie ich bereits in jungen Jahren festgestellt, dass sie eben nicht einfach mal eben so – Päng! – beim Geschlechtsverkehr mit einem Mann zum Höhepunkt kommen konnte. Wie absurd müssen ihr da die vielen ekstatischen Orgasmus-Szenen (z. B. in »Original Sin« mit Antonio Banderas) vorgekommen sein, die sie gerade in ihren jungen Jahren in ihren Kinofilmen spielen musste?! Waren die Messer, Peitschen, Drogen und ständig wechselnden Männer eine Art verzweifelte Suche nach ihrem Orgasmus gewesen? Und die vielleicht wichtigste Frage: Hat Angelina Jolie in ihrem heutigen Ehemann Brad Pitt, mit dem sie nun schon seit fast zehn Jahren zusammenlebt, endlich einen einfühlsamen Mann gefunden, der ihr geben kann, was sie braucht? Oder hat der Superstar schlichtweg aufgeben und sich wichtigeren Dingen gewidmet, etwa ihrer stetig wachsenden Familie oder ihren vielen Charity-Projekten? Die Antwort kennt wohl nur die Schauspielerin selbst. Trotzdem heiterte mich der Gedanke auf, dass auch ein Superstar wie sie möglicherweise Probleme mit dem Kommen hatte oder zumindest gehabt hatte. Und sie war nicht die Einzige. Auch Marilyn Monroe, die größte Sexikone aller Zeiten, hatte laut eigenen Aussagen bis zu ihrem sechsunddreißigsten Lebensjahr noch NIEMALS einen Orgasmus erlebt. Ihrem Psychiater, mit dem sie auch schlief, gestand sie kurz vor ihrem Tod: »Als ich Ihre Patientin wurde, hatte ich noch nie einen Orgasmus. (...) Ich würde einen überwältigenden Sieg davontragen, wenn die Academy einen Oscar für das Vortäuschen von Orgasmen vergäbe.« Und auch die schöne Moderatorin Michelle Hunziker sagte vor einigen Jahren in einem Interview mit der Zeitschrift Vanity Fair: »Keinem Mann ist es bisher gelungen, mich im Bett zu befriedigen.« Gibt es einen gesunden Mann auf dieser Welt, der Ähnliches von sich sagen kann? Ich glaube nicht. In jedem Fall bewunderte ich Frau Hunziker zutiefst für ihr öffentliches Geständnis, das natürlich für Furore in den Medien sorgte (Unglaublich! Gibt's doch nicht! Na, so was!). Ihr Exmann Eros Ramazzotti gestand immerhin seinerseits: »Wenn ich ehrlich bin, muss ich sagen, ich kann mit Frauen nicht sehr gut umgehen.«

Marilyn Monroe bezeichnete ihre orgasmusfreie Zeit (die offenbar und tragischerweise auch klitorale Orgasmen mit einschloss) als »verschwendete Jahre«, schien dann aber in ihrem Psychiater letztlich doch noch einen guten Liebhaber gefunden zu haben. Über ihn sagte sie: »(…) seitdem Sie mir den Weg dazu gewiesen haben, habe ich viele gehabt. Nach meinem ersten habe ich so geweint wie noch nie zuvor. Danke, Doktor.«

Ich konnte mir gut vorstellen, wie Marilyn sich damals gefühlt haben musste. Zu ihrer Zeit wurde schließlich noch viel weniger über das Thema Orgasmus gesprochen. Ich bin mir sicher: Hätte die Schauspielerin gewusst, dass sie nicht allein ist mit ihrem »Problem«, dann wäre sie auch nicht so verzweifelt gewesen. Leider sprechen bis heute nur sehr wenige Frauen über ihren Orgasmusfrust. Die Schweizer Schauspielerin Lolita Morena gab immerhin zu: »Als ich jünger war, dachte ich, etwas stimmt nicht mit mir, weil ich nur selten einen Orgasmus hatte. Später merkte ich: Den anderen Frauen geht es genauso.«

Es wunderte mich überhaupt nicht, dass sowohl Angelina Jolie als auch Marilyn Monroe lesbische Affären hatten. Auch ich wollte meine Nacht mit Nora in Goa nicht missen. Es war eine angenehme Erfahrung, Sex zu haben, ohne an den vaginalen Orgasmus denken zu müssen. Während Marilyn ihr One-Night-Stand mit Schauspielkollegin Joan Crawford allerdings nicht sonderlich gut gefiel, hatte Angelina Jolie über zehn Jahre lang eine Affäre mit der Schauspielerin Jenny Shimizu. Damals war sie auch zum ersten Mal nach Kambodscha, genauer nach Angkor Wat, gereist. Diese Tempel wollte ich mir nun einmal ansehen und mich von ihrem mystischen Charme inspirieren lassen.

Den Großteil der riesigen Tempelanlage hatte ich an einem Tag abgelaufen – bei unfassbaren dreiundvierzig Grad. Nachdem ich einen der größten Tempel erklommen und festgestellt hatte, dass ich mutterseelenallein war, zog ich spontan mein klitschnasses T-Shirt aus, kippte mir eine Flasche lauwarmes Wasser über den erhitzten Körper und verweilte ein wenig im Schatten eines überdimensionalen Buddhakopfes. Herrlich erfrischend war das. Und so saß ich nun also auf dem Dach eines der berühmtesten und ältesten Tempel der Welt, ließ meine nackten Brüste von der Brise umschmeicheln und bekam so langsam Lust auf mehr Umschmeicheln, auf Sex. Ach, wenn Yonni doch jetzt bloß hier gewesen wäre … Irgendwie wirbelte die Hitze meine Hormone total durcheinander. Mein Körper brannte förmlich! Und das gefiel mir. Ich war ein junger, gesunder Mensch, dessen Körper offenbar das Bedürfnis hatte, sich fortzupflanzen. Ein gutes Zeichen! Denn es gab für mich kaum etwas Frustrierenderes als Unlust. Fröhlich kippte ich mir noch ein bisschen Wasser über die Brüste. Hm, das fühlte sich gut an. Und es glitzerte und kitzelte auf der Haut …

»Oh, mein Gott«, rief plötzlich jemand. Verdammt, da stand ein Typ hinter mir. »Lass dich bitte nicht stören«, stammelte er und wischte sich sichtlich nervös den Schweiß von der Stirn.

»Ich … ich … Mir war so heiß. Da habe ich mich ein bisschen abgekühlt«, entgegnete ich und hielt mir mein Shirt vor den Oberkörper.

»Ich …«, der Typ räusperte sich verlegen. »Ich könnte dir

dabei helfen. Wenn du möchtest.« Neugierig betrachtete ich den asiatisch aussehenden jungen Mann. Sein Shirt war beinahe vollständig von Schweiß durchnässt und offenbarte die Konturen seines durchtrainierten Oberkörpers. Höllisch heiß!

»Dann komm«, hauchte ich und zog ihn an seiner Hand zu mir herunter und legte sie auf mein Dekolleté. Einen Moment lang schauten wir uns mit klopfenden Herzen in die Augen. Dann pressten wir fast schon gierig unsere Lippen aufeinander, steckten uns gegenseitig die Zungen in den Mund, leckten einander den Schweiß von der Haut und griffen uns gegenseitig zwischen die Beine. Er war bereits so hart wie die steinernen Figuren um uns herum, und ich hätte feuchter nicht sein können. Seine Berührungen taten nach diesem anstrengenden Tag so gut, dass ich mich kaum noch beherrschen konnte. Deshalb schob ich selbst mein Höschen zur Seite, griff nach seinem Schwanz, über den er bereits ein Kondom gezogen hatte, und führte ihn in mich hinein. Was für ein unbeschreiblich geiles Gefühl! Ich gab mir große Mühe, nicht laut zu schreien, während ich auf ihm saß, wusste ich doch, dass noch andere Touristen in der Tempelanlage unterwegs waren. Während des Sex massierte er irgendwann mit der Spitze seines rechten Mittelfingers bloß ein ganz kleines bisschen meine Klitoris. Großartig! Ich stöhnte und seufzte vor mich hin. Immer schneller, immer lauter. Dann schrie ich auf, krümmte mich zusammen und fing an zu zittern. Heisere Töne entfuhren meiner Kehle. Ich tastete um mich herum, suche nach der Hand des Mannes. Wir krallen uns aneinander fest, mein Becken zuckte. Schließlich beugte ich mich zu ihm hinunter, und unsere kühlen Zungen berührten einander. Dabei umfasste ich sein schönes Gesicht und wurde geschüttelt von einem neuen Beben. »Oh Gott! Oh Gott! Oh jaaaa!« Der Schweiß lief mir dabei in Strömen über mein erhitztes Gesicht. Intuitiv griff ich noch ein letztes Mal zu meiner Wasserflasche und kippte es uns beiden zum Abschluss über unsere zitternden Körper. »Wahnsinn«, hauchte ich.

»Amazing«, flüsterte er und sah mich mit weit aufgerissenen Augen an. »Das war unglaublich. Wie heißt du? Wo wohnst du?«

Langsam zogen wir uns wieder an. »Henriette. Ich wohne am alten Markt in Siem Reap.« Er lächelte. »Da wohne ich auch. Meine Name ist Liam. Wollen wir zusammmen nach Hause fahren? Ich denke, wir sollten noch nicht aufhören … mit dem, was wir da eben getan haben.« Ich war einverstanden. So viel sexuelle Harmonie erlebte man schließlich nicht alle Tage. Also stiegen wir beide in mein Tuk-Tuk und spazierten kurz darauf gemeinsam durch die abendlichen Gassen von Siem Reap.

Liam war ein einunddreißigjähriger gebürtiger Khmer, der jedoch in den USA aufgewachsen war und auch dort studierte. Gemeinsam aßen wir auf dem Markt zum Spaß ein paar gegrillte Heuschrecken und Ameisen (das knabbert man in Kambodscha anstelle von Chips oder Erdnüssen) und unterhielten uns über meinen Orgasmus. »Ich denke, du kannst das trainieren«, sagte Liam, nachdem ich ihm geschildert hatte, wie bedeutsam es für mich gewesen war, dass ich vorhin nur eine klitzekleine Streicheleinheit gebraucht hatte, um zum Höhepunkt zu kommen. »Wahrscheinlich warst du einfach ziemlich geil«, sagte Liam.

»Da hast du recht. Ich treibe es nicht jeden Tag mit wildfremden Männern auf den Dächern irgendwelcher Tempel.«

Er grinste und strich sich eine Strähne seiner schwarzen Haare aus der Stirn. »Vielleicht hatte es mit der Hitze zu tun? Wir haben ja geschwitzt wie die Tiere. Das war total animalisch«, freute er sich. Ich stimmte ihm in beiden Punkten zu. Ja, die Hitze hatte sämtliche meiner Hormone durcheinandergewürfelt. Und: Ja, ich glaubte auch, dass man Orgasmen trainieren konnte.

»Wie wäre es, wenn wir jetzt in dein Hotel gehen und noch ein bisschen weiterüben?«, fragte ich Liam mit einem Lächeln. Er zog mich sogleich an sich und dirigierte mich in die Richtung seines Hotels. »Komm, lass uns erst mal eine Dusche nehmen«, schlug er vor, als wir in dem stickigen kleinen Zimmer angekommen waren. Bereitwillig zog ich mich aus und ging ins Badezimmer. Ich drehte den Hahn voll auf und stellte auf kalt. Die Erfrischung tat gut. Draußen herrschten selbst um dreiundzwanzig Uhr noch satte sechsunddreißig Grad. Liam kam zu mir, sein Penis war bereits steif. Das gefiel mir, und ich kniete mich hin, um ihn in den Mund zu nehmen. Aber Liam zog mich schnell wieder hoch, drehte mich mit dem Rücken zu sich und presste mich gegen die Kacheln. Dann schob er mir seine Hand von hinten zwischen die Beine. Es war göttlich. Wir küssten uns leidenschaftlich, bis er mich zu sich umdrehte, mit seiner Zunge meine Brustwarzen umspielte und mit der Hand mit sanften kreisenden Bewegungen begann, meine Klitoris zu massieren, bis ich leise stöhnte. »Und nun komm mit«, flüsterte er, sah mir tief in die Augen und zog mich hinter sich her auf sein Bett. Abtrocknen brauchten wir uns nicht, dafür war es viel zu heiß. Auf der speckigen Matratze legten wir los, zuerst in der Missionarsstellung, dann in der Reiterstellung, dann von hinten. Dabei riss unser Blickkontakt nur selten ab, was die Sache nochmal um einiges intensivierte. Genau das, was ich gebraucht hatte, und vermutlich auch genau die Art von Ekstase, von der meine Tantra-Lehrerin Maja in Rishikesh gesprochen hatte. Danach fühlte ich mich so befriedigt wie schon lange nicht mehr. Diesmal auch ohne Orgasmus. Eine Tatsache, die Männer ja häufig nicht glaubten: Geiler Sex, der einen vollauf befriedigt – ohne Höhepunkt. Schon klar, die Männer sind darauf programmiert abzuspritzen, um ihren Samen in die Welt zu streuen. Warum Frauen Orgasmen haben können, ist wissenschaftlich umstritten: Manche Wissenschaftler gehen davon aus, die weibliche Orgasmusfähigkeit sei ein Überbleibsel aus Embryotagen, wo die Vorläufer der Genitalien bei beiden Geschlechtern gleich angelegt waren. Demnach wäre der weibliche Orgasmus eine verkümmerte Version des männlichen. Ich musste allerdings sagen, dass er sich dafür ziemlich gut anfühlte.

Liam und ich verbrachten noch einige wunderbare Nächte in Siem Reap, ehe er sich auf den Weg zu seinen Verwandten nach Phnom Phen und ich mich auf den Weg nach Vietnam machte. Bis nach Phnom Penh fuhren wir gemeinsam mit dem Bus. Als ich ihm vom Fenster aus nachwinkte und er mir noch einmal zuzwinkerte, musste ich weinen. Ich hatte mich ein bisschen in ihn verknallt und schrieb in mein Notizheft, dass Khmer tatsächlich die besten und zärtlichsten Liebhaber der Welt sind, obwohl Liam irgendwie kein echter Einheimischer gewesen war, aber ich ließ den Sex mit ihm für meine *Mission: Orgasmus* gelten. Keith aus London hatte recht gehabt.

19 Good Morning, Vietnam!
... voll auf Entzug

Das Schlimmste, was einem Mann passieren kann,
ist ein gespielter Orgasmus.

(MICHAEL DOUGLAS)

Kein Mensch sollte freiwillig nach Ho Chi Minh City fahren. Es ist laut, es ist stickig, und man läuft nonstop Gefahr, von einem durchgeknallten Rollerfahrer umgenietet zu werden. Außerdem hatte ich mich noch nie so elend gefühlt. Nicht nur, dass ich unter einen fiesen Erkältung litt. So langsam traten auch die ersten Entzugserscheinungen meiner Pille zu Tage, die ich vor Monaten abgesetzt hatte. Und die hatten es in sich: Mir fielen die Haare büschelweise aus. Meine Haut war übersät von Pickeln. Und meine Nerven lagen völlig blank. Schon kleinere Missgeschicke genügten, und ich brach heulend zusammen: »Ich kann nichts! Ich hasse mein Leben! Alles ist scheiße!« Ich hatte meine Gefühle einfach nicht mehr unter Kontrolle. Dasselbe galt für meine Libido: Wäre ich ein Mann gewesen, ich wäre mit einem Dauerständer durch Vietnam gelaufen. Fast jedes menschliche Wesen zwischen zwanzig und vierzig erregte mit einem Mal mein sexuelles Interesse. Das musste aufhören! »Ich brauch sofort meine Pille«, murmelte ich vor mich hin, während ich in meinem ranzigen Hotelzimmer auf dem Bett lag und an die Decke starrte. Allerdings gab es die Yasmin-Pille natürlich nicht in Vietnam. Und ohne Rezept konnte ich sie mir auch nicht schicken lassen. Ich war verloren! Ich musste raus aus dem stickigen Hotelzimmer. Aber

draußen war es noch schlimmer: Die Sonne knallte gnadenlos
auf mich herab. Es roch nach Abgasen, getrocknetem Fisch und
Katzenpisse. Kaum ein Lüftchen regte sich, und der Schweiß
lief mir in kleinen Bächen den Rücken herab. Spontan kam mir
die Idee, in das berühmte Kriegsmuseum zu gehen, das in allen Reiseführern als absolutes »Must-See« angepriesen wurde.
Dort gab es bestimmt eine Klimaanlage! Außerdem hatte ich
mich in Ho Chi Minh City ohnehin mit dem Vietnamkrieg auseinandersetzen wollen. Bereits auf meinem Weg dorthin, den
ich in einer *velo*, einer Fahrradrikscha, zurücklegte, sah ich unzählige Vietnamesen, die noch an den Folgeschäden von Agent
Orange litten, dem tödlichen Gift, das die Amerikaner im Vietnamkrieg über der Stadt versprüht hatten. Sie hatten verkümmerte Beine und Arme oder verformte Köpfe und bettelten
am Straßenrand um ein bisschen Geld. Ihr trauriger Anblick
schnürte mir die Kehle zu, was nicht besser wurde, als ich das
angenehm kühle Museumsgebäude betrat. Zur Veranschaulichung der Gräueltaten der Amerikaner wurden Glasbehälter
mit deformierten Embryonen gezeigt. Hunderte Fotos zeigten
die verkrüppelten Opfer des Krieges, die Flugzeuge, die das
Agent Orange über Vietnam versprüht hatten, und die vielen
Leichen. Es war schrecklich. Meine Trauer um die Opfer und
mein Scham für das, was die Amerikaner hier angerichtet hatten, legten sich wie eine schwere graue Wolke über mein Herz
und meine Seele. Jetzt war ich nicht nur nervlich am Ende, ver-
pickelt, geil und kurz vor glatzköpfig – sondern auch noch de-
pressiv. Hinzu kam mein kleiner Liebeskummer wegen Liam,
mit dem ich doch so wunderbaren Sex gehabt hatte … Und Sex
war genau das, was ich jetzt brauchte – so nach dem Motto:
Fuck the pain away! Ein befreundeter Ex-Junkie hatte mir mal
erzählt, dass es in der *Rehab* praktisch zum guten Ton gehörte,
den Schmerz der Entzugserscheinungen mit Orgasmen zu be-

kämpfen. »Wir waren vier Frauen und zehn Männer. Abends standen die Kerle vor den Zimmern der Mädels Schlange. Und die hatten auch kein Problem damit. Ein guter Orgasmus ist einfach das beste Mittel gegen Entzugserscheinungen!« Jetzt wusste ich haargenau, was er damit gemeint hatte. Aber dummerweise befand ich mich nicht in irgendeiner privaten Entzugsklinik, wo Sexpartner verfügbar waren wie Sand am Meer. Sondern einsam und allein in fucking Vietnam. Was für ein Scheißtag. Was für ein Scheißleben! ICH WILL SEX! Das war der Tiefpunkt meines Lebens. Kurzerhand suchte ich eine klimatisierte Bar auf und beschloss, mich zu betrinken. Mit hartem Zeug. Whiskey. Es dauerte nicht lange, bis sich die beruhigende Wirkung des Alkohols in meinem Körper bemerkbar machte. Ich lehnte mich in meinem Sessel zurück und genoss die Technomusik. Ein paar Vietnamesen zappelten sich bereits einen auf der Tanzfläche ab, dabei war es gerade mal sieben.

»Du siehst traurig aus. Darf ich dir Gesellschaft leisten?« Jene Worte kamen aus dem Mund eines jungen, freundlich dreinblickenden Vietnamesen, der sich mir als Hung vorstellte.

»Setz dich und erzähl mir was Lustiges«, forderte ich ihn auf. »Das war ein echt beschissener Tag für mich.«

Hung lächelte und nippte an seinem Bier. Sein kleiner frecher Pferdeschwanz gefiel mir. »Hm, da hab ich vielleicht was für dich. Magst du Drogen? Hast du schon mal MDMA ausprobiert?« Oh-ha. Das klang ja durchaus... verführerisch. Betäubung! Künstliche Euphorie! Moment mal – was war eigentlich mit mir los? Normalerweise verabscheute ich synthetische Drogen und hatte auch immer mit Jaro geschimpft, wenn der sich beim Feiern Ecstasy oder Koks reingezogen hatte. Auch MDMA hatte er gelegentlich konsumiert. »Du bist dann voller Liebe für die Menschen um dich herum und erlebst alles viel intensiver: Musik, Sex, Gefühle... Das ist wunderschön!«, hatte er mir immer wieder erzählt. Damals klang das für mich ziemlich antörnend. Und jetzt? Wie das Paradies.

Auf dem Damen-WC holte Hung eine kleine durchsichtige Tüte hervor, die ein weißes, grobkörniges Pulver enthielt. Mein neuer Freund leckte an seinem Finger, tauchte ihn in das Pulver und lutschte ihn ab. Ich zögerte. Konnte ich diesem wildfremden Vietnamesen wirklich vertrauen? War das auch kein Rattengift? Ach, wird schon … Vorsichtig tauchte auch ich meinen feuchten Finger in das Tütchen und lutschte ihn langsam ab. Pfui! Danach bestellten wir Eistee und warteten ab.

»Ich glaub, das Zeug wirkt nicht«, sagte ich nach einer Weile zu Hung und kratzte mich an der Nase. Irgendwie juckte es mich plötzlich überall. Nein, eigentlich war es mehr ein Kribbeln. »Ich glaub … jetzt doch«, hauchte ich und kicherte. »Is ja geil.« Mit einem Mal meinte ich, die Farben der Discokugel intensiver wahrzunehmen, auch kamen mir die Beats der Technomusik plötzlich viel klarer, viel härter, viel weltbewegender vor. Mit einem Mal liebte ich alle Menschen in der gesamten Disco. Hung, den kauzigen kleinen Türsteher, den arroganten Kellner, die beiden blonden Touristinnen in ihren kurzen Kleidchen. Wir waren jetzt eine Familie! »Das ist alles so schön«, stammelte ich. »Oh, Hung! Das war Schicksal, dass wir uns getroffen haben. Komm, lass uns tanzen.« Und so fassten wir uns bei den Händen und stürmten die Tanzfläche. Als dann auch noch »Hung up« von Madonna lief (Wie Hung! Verstehen Sie? *totlach*), kriegten wir uns gar nicht mehr ein. »Ist das alles geil«, kreischte ich immer wieder.

Und Hung kreischte mit: »Yes! Beeeeauuuutiful!«

Was soll ich sagen? Dieser Trip war ein großer Spaß. Tatsächlich fühlte ich die unendliche Liebe in mir, von der Jaro mir einst erzählt hatte. Und diese Liebe wollte ausgelebt werden. »Lass uns in dein Apartment gehen, Hung«, sagte ich, und mein Herz raste wie wild. Hung nickte, nahm meine Hand und spazierte mit mir zur Tür hinaus, in sein Apartment. Dort stellten wir uns gegenüber voneinander hin und fingen an, den Körper des anderen ganz langsam und zärtlich zu streicheln. Es erschien mir wichtig, auch häufig vernachlässigte Körperteile wie Füße, Waden, Ohren und den Bauchnabel ausgiebig zu liebkosen. Mein eigener Körper kribbelte unter dem Einfluss der Droge dermaßen, dass ich kaum ausmachen konnte, wo Hung mich gerade anfasste. Was ich allerdings gestochen scharf wahrnahm, nachdem wir uns hingelegt hatten, war, dass Hung unglaublich hager war und ich mir ungefähr dreimal so füllig wie er vorkam. Auch sein Penis war ziemlich dünn. Ebenso wie sein Fachwissen in Sachen Sex, das er offenbar auf YouPorn gesammelt hatte – so wild wie er an mir herumrubbelte (fast so schlimm wie Jeremy). Als er schließlich kam, war er wie weggetreten, zitterte und keuchte wie ein wildes Tier.

Wie lange unser eigenartiges Vorspiel gedauert hat, vermochte ich nicht zu sagen. Aber eins wusste ich: Sex auf MDMA fühlte sich an, als würde man auf einer 180 km/h schnellen Raupe durch die Wüste Gobi galoppieren. Es war wild, surreal und absolut ermüdend. Ob oder wie häufig ich währenddessen zum Orgasmus gekommen war, wusste ich nach meinem Erwachen am nächsten Morgen nicht (mehr). Es spielte auch keine Rolle. Inwieweit er sich in jener Nacht um meine Bedürfnisse gekümmert hatte, konnte ich gar nicht genau erfassen (im Internet las ich später, dass MDMA zwar geil machte, aber auch zu Erektionsstörungen und Orgasmusproblemen führen konnte). Als ich aufwachte, war da nur noch Schwarz. Ich nahm zwar irgendwelche Geräusche wahr, sah aber nichts. Irgendwann merkte ich, dass meine Augen total verklebt waren. Mit Mühe öffnete ich sie. Das gnadenlose Tageslicht knallte durch das Fenster auf mein Gesicht, ich stöhnte vor Unbehagen. Noch nie zuvor hatte ich mich so ausgelaugt, so leer gefühlt. Nicht ein Hauch der Liebe, die ich erst vor Stunden gefühlt hatte, war noch in mir. Sie schien gänzlich aufgebraucht zu sein. Neben mir lag Hung, dessen hagerer Körper von Mückenstichen übersät war. Er stank, ich stank. Nach Sex und Schweiß. Ich musste hier raus, bekam kaum noch Luft. Glücklicherweise wurde er nicht wach, glücklicherweise fand ich meinen Heimweg ohne größere Probleme. Unterwegs schwor ich mir: Nie wieder würde ich irgendwelche Drogen konsumieren! Das irre Kribbeln war den Horrortrip am nächsten Morgen nicht wert. Nichts war das hier wert. In meinem Hotel packte ich, so schnell ich konnte, meine Sachen, zahlte meine Rechnung und setzte mich in den nächsten Bus zurück nach Kambodscha. Dort war ich glücklich gewesen. Mit Liam. Vielleicht würde ich es noch einmal werden? Am Golf von Thailand, in dem kleinen Städtchen Sihanoukville. An seinen Stränden wollte ich die Zeit nutzen, die mir noch in Südostasien blieb, um Kraft zu tanken.

Während der zwölfstündigen Busfahrt von Ho Chi Minh City nach Sihanoukville plauderte ich aus Langeweile mit einem 31-jährigen Briten, der nach eigener Aussage schon häufig Urlaub in Kambodscha gemacht hatte. Er schwärmte von der Warmherzigkeit und Offenheit der Khmer. Außerdem empfahl er mir ein paar Restaurants. Netter Typ. Bis ich ihn, etwa eine Stunde nach unserer Ankunft in Sihanoukville, am Strand wiedertraf. Hand in Hand mit einer blutjungen Khmer. Seine Hand auf ihrem Po. Das Mädchen konnte allerhöchstens vierzehn sein. Von einer Sekunde auf die andere war mir speiübel, obwohl ich längst wusste, dass Kambodscha nach den Philippinen die weltweit größte Hochburg der Pädophilie ist. Allerdings hätte ich nicht damit gerechnet, dass die männlichen Sextouristen ihre perversen Neigungen derart öffentlich ausleben. In einem Restaurant bekam ich später sogar mit, wie eine Khmer mit einem russischen Touristen ganz sachlich bei einer Pepsi über den Preis für ihre zwölfjährige Tochter verhandelte. Der Mittsechziger wollte das Kind gleich für eine Woche »mieten«, zum Preis von hundertfünfzig Dollar. In dem einfachen Hotel, in das ich mich eingemietet hatte, war es kaum besser. Im Zimmer nebenan wohnte ein etwa achtzigjähriger Niederländer, der sich mit einer ebenfalls blutjungen Khmer vergnügte. Den ganzen Tag über dröhnten Blasmusik und das Gestöhne des Greises aus dem Raum. Um diesem Szenario, das mir in Siem Reap vermutlich bloß deshalb nicht aufgefallen war, weil ich wegen Liam alles durch eine rosarote Brille gesehen hatte, zu entkommen, zog ich an meinem zweiten Tag in eine abgelegene Bungalowanlage direkt am Meer, die von einem verkifften, überaus sympathischen israelisch-stämmigen Österreicher namens Rafi betrieben wurde. Rafi war siebenunddreißig, braungebrannt, trug lila Hosen und hatte einen blonden Lockenkopf.

»Bei uns kommen keine Pädophilen rein«, versicherte er mir, nachdem ich ihm bestürzt das von meinem vorherigen Hotel berichtet hatte. »Fühl dich hier wie zu Hause. Ich koche gutes Essen, und die Aussicht von deinem Bungalow ist fantastisch.« Das klang endlich mal nach Erholung. Die Bambushütte, in der ich wohnte, kostete gerade mal acht Dollar die Nacht. Alles in Kambodscha ist spottbillig: das Essen, der Sprit, die Hotels, der Alkohol. Aber eben leider auch der Sex mit Frauen und Kindern, weshalb die Perversen in Scharen hierherkommen. Die Polizei tut nicht viel dagegen und ist außerdem bestechlich. Rafi zahlte zehn Dollar im Monat an die örtliche Polizeistation, damit er und seine Gäste ungestört im Hotel kiffen konnten.

»Kiffen neben 'nem Polizisten ist okay, drehen nicht«, erklärte er mir.

»Das glaub ich dir nicht«, entgegnete ich, aber Rafi lachte nur.

»Dann komm heute Abend mit mir ins Chiva Shack, dann beweis ich's dir. Kiffst du überhaupt?« Ich zuckte mit den Schultern.

»Nicht mehr. Aber ich komm gerne mit.«

Bei besagtem Etablissement handelte es sich um eine Disco am Strand, in der ohrenbetäubender Techno (was anderes kennen die Asiaten ja irgendwie nicht) lief und sich fast ausschließlich gut gelaunte, feierwütige Khmer aufhielten. Rafi bestellte Wodka-Redbull in bunten Plastikeimerchen, die wir uns in bester Thailand-Manier über den Arm hängten. Gerade als ich mich fragte, ob die Eiswürfel wohl aus gefiltertem Wasser hergestellt worden waren, spuckte mir ein fetter Russe bei dem Versuch, sich vorzustellen, versehentlich ins Gesicht.

»Hi, my name – Igorrrrr!« Der Kerl trug weiße Tennissocken in schwarzen Slippern und schien auf »Brautschau« zu sein, denn er feuerte die jungen Mädchen auf der Tanzfläche gierig an. »Yeah, let's go! Yeah! Come on!« So langsam verging mir in Kambodscha jegliche Restlust auf Sex. Damit hatte sich mein Problem mit dem Hormonchaos zumindest teilweise erledigt. Aber der Haarausfall und die unreine Haut waren immer noch da. Als ich dem metrosexuellen Rafi meine Sorgen anvertraute, stauchte er mich zusammen: »Jetzt reiß dich mal am Riemen. Du hast offenbar genügend Geld, um einmal um die gesamte Welt zu reisen. Du triffst interessante Leute, isst leckere Dinge und kannst dir von allem immer nur das Beste nehmen – weil du Deutsche bist. Und was ist mit den Khmer? Die müssen ihre Kinder verkaufen, um zu überleben. Aber mal ehrlich: Ich bin genauso ein Weichei wie du. Ich habe meine Familie in Österreich zurückgelassen, weil ich keine Verantwortung übernehmen wollte. Dafür zahle ich heute einen hohen Preis. Ich bin einsam hier, weißt du? Die Touristen, die hier ein und aus gehen, langweilen mich. Sie erzählen immer dieselben Geschichten. Und sich auf eine Beziehung mit einem Khmer einzulassen, ist auch nicht besonders klug. In einem Land, das so arm ist wie Kambodscha, kommt die Liebe mit dem Geld, weißt du? Darauf kann ich verzichten. Aber manchmal habe ich Glück und treffe auf Menschen, die gut zu mir sind und die mich verstehen. So wie du, Henriette.« Ich war gerührt.

Später, bei Eimerchen Nummer drei, verriet ich Rafi dann den wahren Grund meiner Weltreise – und kassierte erneut eine Predigt. »Anstatt über solche nebensächlichen Dinge wie Sex zu lachen oder zu weinen, solltest du lieber an den Strand oder aufs Dach deiner Wohnung gehen und den Sonnenaufgang genießen. Am besten schmeißt du auch gleich noch deinen Fernseher aus dem Fenster und konzentrierst dich auf dich, deinen Körper, deine Seele. Lebe ein einfaches Leben. Befreie dich von allem Überflüssigen. Ich habe mittlerweile seit zwei Jahren keinen Sex mehr gehabt. Mir fehlt es an nichts. Ich war noch nie so glücklich.«

Ich machte große Augen. »Zwei Jahre?! Ist das dein Ernst?« Rafi nickte und fuhr sich entspannt durch seine blonden Locken.

»Ich finde, auch du solltest dich mal um Wichtigeres kümmern. Dein inneres Gleichgewicht zum Beispiel.« Ich gestand mir ein, dass mir genau das gefehlt hatte, seit ich in Südostasien unterwegs war. Und so ließ ich mich ein paar Tage – oder waren es Wochen? – in Sihanoukville treiben. Langsam fand ich auf diese Weise auch zu meinem körperlichen Gleichgewicht zurück, die Entzugserscheinungen von Yasmin wurden schwächer, ich machte wieder jeden Morgen Yoga, und meine Libido rückte zur Abwechslung mal in den Hintergrund.

Bis zu jener Nacht, in der Rafi und ich uns plötzlich küssten. Es geschah ganz selbstverständlich bei einem Spaziergang am Strand. Irgendwie fanden sich unsere Lippen ... und irgendwie sind wir dann bei mir in der Kiste gelandet. Knutsch hier, fummel da. Ich voll in Ekstase: »Ja, los, fick mich endlich, Baby!« Aber – und jetzt kommt's: Nichts passierte! Ohne Witz. In Rafis Hose tat sich niente! Nix! Nada!

»Verdammt, ich glaub, ich hab's Vögeln verlernt«, stöhnte er und blickte traurig an sich herab. »Use it or lose it – das war's wohl. Ich bin raus.« Aber ich gab nicht auf und beschloss, es Rafi zunächst einmal mit dem Mund zu besorgen, aber auch das brachte nichts. Sobald er *ihn* reinstecken wollte, wurde *er* wieder schlapp. »So ein Mist. Was ist nur los mit mir?«, stöhnte Rafi. »Jetzt hältst du mich sicher für einen Schlappi.«

Ich beruhigte ihn und goss uns erst mal ein Glas Wein ein. »Hey, komm schon, das ist doch voll okay. Das nächste Mal klappt's bestimmt. Ich mach alles, was du willst, Baby! Los, komm, wir versuchen's gleich nochmal ...«, flüsterte ich ihm aufmunternd ins Ohr, hielt dann aber wie vom Blitz getroffen inne. Verdammt, das durfte nicht wahr sein! Ich hatte mich seit Monaten daran abgearbeitet, dass ICH nicht kam – und nun musste ich mich mit einem Mal mit dem Gegenteil auseinandersetzen: Rafi kam nicht! Weder hoch noch in mir. Und ich hatte nichts Besseres zu tun, als rumzunerven. Im Klartext: ICH war gerade Jaro! Und Rafi war ICH! Auweia ...

Allerdings war es so, dass Rafi es unbedingt auch weiter probieren wollte. Wir versuchten es also nochmal. Und nochmal. Und nochmal. Irgendwann war er dann kurz mal drinnen und fing auch gleich wie wild an zu stöhnen: »Oh, ja, jaaa! JAAA! Ich komme! Uhhh, ja!« Kaum geschehen, sprang er auch schon auf und lief – das Kondom noch über seinem Schniedel – ins Badezimmer. Ehrlich gesagt, kam mir das gleich komisch vor.

Und als ich das Gummi zehn Minuten später heimlich aus dem Mülleimer unter dem Waschbecken fischte, bestätigte sich mein Verdacht: Kein Sperma. Rafi hatte mir seinen Orgasmus nur vorgespielt! Oh Gott. Nun war ich der Arsch. Rafi hatte sich offenbar zu einem Orgasmus verpflichtet gefühlt, damit ich nicht beleidigt war. Darüber hatte ich ehrlich gesagt noch nie nachgedacht: Männer, die Orgasmen vortäuschten. War aber offenbar gar nicht so ungewöhnlich. Einer amerikanischen Studie zufolge, las ich später nach, sollen dreißig Prozent der New Yorker Männer schon mal einen Orgasmus vorgetäuscht haben. Das Magazin Vice hörte sich daraufhin in der Berliner Männerwelt um – mit zum Teil erstaunlichen Ergebnissen. Ein Befragter gestand: »(...) bevor du ihr dann sagst: ›Hör mal, ich habe keinen Bock‹, und wieder von der Frau kommt: ›Findest du mich nicht attraktiv? / Sehe ich nicht gut genug für dich aus? / Zu Pornos kommst du doch auch immer‹, dann lieber (...) so tun als ›Ooooaaah‹.« Ein weiterer Befragter äußerte sich wie folgt: »Bei mir ist es eher andersrum. Wenn ich keinen Bock auf die Frau habe, (...) bringe ich es schnell hinter mich. Ich muss das nicht vortäuschen.«

Und einer (der Klügste von allen) erzählte dann noch das hier: »Es muss ja nicht immer sein: ›Frau muss kommen! Mann muss kommen!‹ Ich finde, das eigentliche Thema Nr. eins ist, dass die Frau weniger kommt, als Mann glaubt. Männer denken immer: *Ich muss sie jetzt sooo fertigmachen, dass sie geil gekommen ist.* Also im Jahr, wenn man die Statistik sieht, man hat – sage ich mal – so hundert Mal Sex, da kommt sie zwei Mal dabei.«

Ich persönlich hatte diese Zitate sehr gerne gelesen, weil sie zeigten, dass auch Männer ganz schön unter Druck stehen, aber auch, dass viele Männer durchaus gewillt sind, entspannter mit dem Thema Orgasmus umzugehen. Das ist immerhin ein großer Schritt in die richtige Richtung – in eine Zukunft, in der wir alle ganz entspannt mal mehr oder mal weniger kommen und dabei auch noch unsere gute Laune behalten können.

Rafi und ich verbrachten noch ein paar schöne Wochen miteinander in Kambodscha, das mit dem Sex ließen wir aber lieber sein, ehe ich mich entschloss, Südostasien den Rücken zu kehren und über Istanbul und Paris nach Südamerika – genauer gesagt: Peru – weiterzureisen.

4 Dinge,
die ich in Südostasien über Sex gelernt habe

1. Männer (danke, Rafi) täuschen genau wie Frauen hin und wieder einen Orgasmus vor. Entweder um (langweiligen/anstrengenden) Sex abzukürzen oder einfach nur, um höflich zu sein. Wir sitzen also alle in einem Boot.

2. Frauen können immer, können aber nicht immer kommen. Männer können nicht immer, kommen aber (fast) immer. Ihnen fällt es leichter, Spaß beim Sex zu haben und Befriedigung zu erlangen. Emotionale Nähe ist ihnen dabei nicht so wichtig. Deshalb können manche sogar mit verzweifelten kambodschanischen Prostituierten ihren Spaß haben.

3. Wagen Sie ab und zu mal was völlig Bescheuertes – Sie werden sich wundern, was passiert. Wie wäre es zum Beispiel, wenn Sie es (mal wieder) mit Ihrem Liebsten sturzbetrunken auf dem Klo eines Clubs treiben würden? Zugegeben, das Erste, woran man denkt, sind der Gestank von Urin und schmuddelige Fußböden. Aber es heißt ja nicht umsonst: »Lass uns schmutzig Liebe machen.«

4. Sex und Drogen passen nur scheinbar zusammen. Das habe ich von Hung gelernt. Es geht nur das eine oder das andere. Ich lasse ehrlich gesagt lieber das eine als das andere!

20 Türkische Nächte
Bettgeschichten vom Bosporus

Yabadabaday yoboboboboy
I wanna be your disko boy.
I wanna dance with you and I hold you tight,
I wanna make you mine tonight.

(SHANTEL – DISKO BOY)

Es gibt Leute, die sagen, dass Fremdgehen in einer anderen Zeitzone nicht zählt. Ich hatte mal einen festen Freund in Bochum. Dann fuhr ich nach Istanbul und lernte einen echt heißen Typ kennen, bei dem ich schwach wurde. Wir sind dann aber sicherheitshalber doch noch auf die asiatische Seite der Stadt gefahren. Ich war mir wegen der Zone einfach nicht hundertprozentig sicher. Denn meinen Freund betrügen, das könnte ich einfach nicht.

Nun war ich wieder hier. Fünf Jahre später. Single. Und bereit, es mit jedem heißen Typen zwischen Beyoğlu und Sultanahmet zu treiben, der mir in die Finger kam. Denn mittlerweile war bei mir sämtliche Scham verpufft – ich wollte so viele verrückte neue Erfahrungen machen wie möglich! Obwohl es gar nicht so einfach war, in engeren Kontakt mit einem Türken meines Alters zu treten. Gerade erst hatte sich der heutige Präsident Erdogan unter anderem gegen gemischte Studenten-WGs ausgesprochen. »Wir wissen nicht, was in diesen Wohnungen passiert«, so das türkische Staatsoberhaupt. »Es kann alles passieren. (...) Wir müssen zeigen, wo der Staat ist.« In einigen

Städten wurden sogar polizeiliche Kontrollen in WGs durchgeführt und Bußgelder verhängt, wenn Studentinnen zu später Stunde mit männlichen Kommilitonen »erwischt« wurden. Der Vorwurf: Störung der öffentlichen Ordnung. In solch einen Konflikt wollte ich nun wirklich nicht verwickelt werden. Deshalb kleidete ich mich besonders unauffällig, ehe ich mich ins Nachtleben rund um die Via Istiklal stürzte. Meine Lieblingsbar, ein vierstöckiges Haus mit Dachterrasse, war wie immer brechend voll, der Schweiß tropfte bereits von der Decke. Dunkelhaarige, wunderschöne Männer und Frauen wiegten sich im Takt exotischer Balkan Beats, jubelten und tranken Raki. Ein herrlicher Ort.

»Möchtest du was trinken?«, rief mir ein bärtiges Muskelpaket zu und hielt mir einen Schnaps vor die Nase. Na, das war ein Service! Ich nahm erfreut an und kippte das Zeug runter. »Schön, und nun komm und tanz mit mir«, rief mir das Muskelpaket zu und lächelte. Okay, warum nicht. Er sah immerhin ganz sexy aus. Hüfte an Hüfte bewegten wir uns im schlimmsten Gedrängel zu »Disko Boy« von Shantel. Mmh, der Mann roch gut… Auch die Art, wie er mich ansah, gefiel mir. Alles durchdringend und heiß. So wie der Raki, der in meinem Magen brannte. »Ich will mit dir allein sein«, flüsterte mir Cem, der so Ende zwanzig sein musste, ins Ohr, nachdem wir noch zwei Schnäpse getrunken hatten.

Hm, gute Idee. »Okay, gerne«, sagte ich, woraufhin mich Cem ganz langsam an sich zog und küsste. Doch wohin sollten wir gehen? Ich fand es ja tendenziell eher langweilig, Männer mit auf meine Hotelzimmer zu nehmen, weil es spannender war zu sehen, wie sie so lebten.

»Wir können in meine WG fahren«, bot Cem an. Die lag allerdings auf der asiatischen Seite von Istanbul. Um dort hinzukommen, hätten wir mit der Fähre fahren oder über die

Autobahnbrücke laufen müssen. Beides hätte Ewigkeiten gedauert, und außerdem hatte ich nicht vor, ständig zum Ficken nach Asien zu fahren.

»Mein Hostel ist gleich um die Ecke«, entgegnete ich also und zog ihn hinter mir her, raus aus dem Laden, auf die fast menschenleere Via Istiklal.

Zuerst knutschten Cem und ich ein wenig auf meinem Balkon, dann gingen wir hinein und fingen an, uns gegenseitig auszuziehen. Alles ganz normal. Doch als wir schließlich beide nackt auf dem Bett zugange waren, merkte ich ziemlich schnell, dass Cem offenbar seinen Kompass verloren hatte. Er schlug nämlich ständig den falschen Weg ein, obwohl ich ihm mehrmals gezeigt hatte, wo es langging. Irgendwann gab ich dann auf und folgte ihm in Richtung, ähm, Hintertürchen. Aber erst mal nur auf Zehenspitzen.

»Gefällt dir das?«, fragte er mich, während er sich sanft mit der Zunge und später mit dem Daumen vorantastete. »Mmmh«, seufzte ich. Das war ja tatsächlich gar nicht sooo übel. Also schob ich mich ihm noch ein bisschen entgegen. Dabei fiel mein Blick auf das Obst auf meiner Anrichte, das ich vorhin auf dem Markt gekauft hatte: Äpfel, Orangen – und pralle gelbe Bananen. Sie erinnerten mich an den Film »City of God«, wo eine ältere, erfahrene Frau einer jüngeren einen ziemlich verrückten Sextipp gibt:

»Ach Mädchen, du weißt gar nicht, was dir dabei entgeht. Du nimmst eine Banane. Du wärmst sie ein bisschen an. Dann schiebst du sie in die Schnecke, und dein Mann kommt von hinten rein. Da glaubst du, du fliegst. Versuch's doch mal!«

Naja, geflogen bin ich zwar nicht, aber abgehoben irgendwie schon. Auch ohne Banane.

Aber dafür mit allem, was Cem (dessen Geschlecht nach dem Kamasutra glücklicherweise einem Hasen entsprach) zu bieten hatte. Nur mal so: Es soll ja Frauen geben, die zu analen Orgasmen fähig sind. Häufig sogar jene, die beim normalen Geschlechtsverkehr nicht zum Höhepunkt kommen. Hatte ich so etwas gerade in Ansätzen erlebt? Ich war mir nicht ganz sicher... Fest steht aber, dass ich mich überraschend gut mit Cem amüsiert hatte. Wieder ein Grund, stolz zu sein.

2 Dinge,
die ich in Istanbul über Sex gelernt habe

1. Sie wundern sich manchmal, auf was für Sachen Sie so abfahren? Keine Sorge, das geht uns allen so. Also leben Sie Ihre kleinen Fetische ruhig aus.

2. Es gibt nicht nur eine oder zwei Arten, eine Frau zum Orgasmus zu bringen, sondern Dutzende. Seien Sie mutig und probieren Sie möglichst viele davon aus.

21 Vive la France
Zu Besuch beim Sonnenkönig

*Sex ist wie ein Abendessen beim Chinesen.
Es ist nicht vorbei, bis beide ihren Glückskeks
erhalten haben.*

(ALEC BALDWIN)

Ich war seit jeher gut auf die Franzosen zu sprechen. Mit sechzehn hatte ich an einem Austauschprogramm teilgenommen und mich in der Bretagne Hals über Kopf in den vermeintlich unerreichbaren, unfassbar gut aussehenden Remy verliebt, der mit seinen dunklen Locken, seinen schönen braunen Augen und seinem südamerikanisch angehauchten Klamottenstil (buntes Hemd, seidenes Stirnband, Flipflops, Lederarmbänder) ein bisschen aussah wie Manu Chao. Er empfand überraschenderweise ähnlich und fragte mich (die immer noch in »Techno-Hosen« mit Bänzeln vom Billiglabel New Yorker herumlief) eines Abends auf einer Party im örtlichen Jugendheim, bei der literweise Cidre und sogenannte Beedies aus indischen Kräutern konsumiert wurden, ob er mich küssen dürfe. Ich konnte mein Glück kaum fassen und begann sogleich, tölpelhaft meine Zunge in seinen Mund zu schieben. Remy jedoch gebot dem Einhalt: »Non, Henriette, non!« Dann zeigte er mir, wie ein qualitativ hochwertiger *french kiss* funktionierte: Ganz sanft legte er seine wunderschönen, ebenmäßig geschwungenen Lippen auf meine und küsste mich ganz zärtlich auf den Mund. Kein wildes Rumgelecke, kein ungestümer Speichelaustausch. Dieser *monsieur* wusste genau, was sich gehörte, und war nicht so triebgesteuert wie die pubertierenden kleinen Monster, mit denen ich bislang zu tun gehabt hatte. Es war wie eine Offenbarung – die französische Revolution! Blöderweise musste ich am nächsten Tag mit meiner Klasse zurück nach Deutschland fahren. Ich sollte Remy niemals wiedersehen.

Diese Geschichte war mittlerweile zehn Jahre her. Trotzdem saß ich nun in Paris und hatte immer wieder dasselbe feuchte Träumchen: Wie es wohl wäre, eine Nacht mit Remy zu verbringen? Er wäre sicherlich ein ganz wunderbarer Liebhaber. Zärtlich, einfühlsam, kreativ … Oh weh, was Remy wohl von meinem total abgefuckten Trip um den Globus halten würde? Vermutlich würde er verständnislos bis mitleidig seinen hübschen Kopf schütteln und fragen: »*Mon amour*, warum bist du nischt zu mir gekommen? Isch ätte dir deine Problem in eine einzige Nacht genommen!«

Seufzend bestellte ich noch ein Glas Rotwein. Es war zwar erst kurz nach zwölf, aber in Frankreich soffen ja alle schon zur Mittagszeit. Dazu orderte ich einen Teller Schnecken. Seit Kambodscha konnte mich nämlich nichts mehr schocken. Anschließend brach ich zu einem kleinen Verdauungs- und Ausnüchterungsspaziergang durch die Innenstadt auf: Louvre, Champs-Élysées, Eiffelturm, Montmartre, Notre Dame. Ich war bester Laune und absolut fasziniert von der Schönheit dieser Stadt, daher trank ich auf jede Sehenswürdigkeit ein weiteres Glas *vin rouge*, rauchte und trauerte, dass ich nicht Hand in Hand mit Remy durch die Stadt der Liebe schlendern konnte. Am Nachmittag fuhr ich dann noch mit dem Bus nach Versailles, um mir die Lustschlösser von Ludwig XIV. anzuschauen, der ja bereits als Teenager total sexhungrig gewesen sein soll. Keine Gärtnerstochter und kein Zimmermädchen soll vor ihm sicher gewesen sein. Sogar den Nichten des Kardinals oder seiner Schwägerin stieg er nach. Sein Nachfolger, Ludwig XV., hatte in Madame de Pompadour sogar eine Mätresse, die nur für ihn im Versailler Hirschpark ein eigenes Bordell organisierte. Die Mädchen wählte sie höchstselbst aus, weil sie ja wusste, welche Vorlieben der König hatte. Tja, das wäre schon was: ein eigenes Bordell. Dort könnte ich nach einen anstrengenden Tag einkehren und mir aus hundert knackigen Jünglingen (die natürlich alle so aussehen müssten wie Remy) einen aussuchen. Und das Beste: Jeder von ihnen wäre exakt auf meine Bedürfnisse geschult. Wer es gewagt hätte, an mir und meinem Orgasmusverhalten herumzunörgeln, würde umgehend von meinen Wachen zur Guillotine gebracht. Und dann: »Ab mit dem Kopf!«

Als ich so allmählich aus meinem Tagtraum erwachte, merkte ich auf einmal, dass sich ein attraktiver, dunkelhaariger Mann um die vierzig neben mir auf dem Rasen des Schlossgartens niedergelassen hatte. »Haben Sie Feuer?«, fragte er mich auf Englisch, allerdings mit einem französischen Akzent, der mich an Remy erinnerte. *Oui, bien sûr.* Und schon nahm die *romance* ihren Lauf. Wir redeten und flirteten eine Weile, ehe ich den Herren spontan küsste und wir kurz darauf eng umschlungen im Gebüsch des Versailler Hirschparks verschwanden, nahe des einstigen Bordells von Madame de Pompadour. Es war *magnifique* mit Jasper, so der Name des talentierten Burschen, der ganz versessen darauf war, mir zwischen den Rhododendren schmutzige Dinge ins Ohr zu flüstern (ich hatte genügend Alben von Serge Gainsbourg gehört, um das herauszuhören). Außerdem schien er großen Spaß daran zu haben, mich zu lecken. *Mon Dieu!* Dabei hatte ich allerdings das Gefühl, dass es ihm lediglich darum ging, sich selbst in noch höhere Sphären der Lust zu befördern, nicht etwa mich. Wie ich da unten aussah, roch und schmeckte, das schien ihm zu gefallen. Doch ehe ich die Chance hatte, in die Nähe eines Orgas-

mus zu gelangen, setzte er mich bereits auf seinen Schoß und
bedeutete mir, mich rhythmisch auf und ab zu bewegen. Keine
fünf Minuten später war er auch schon – schwups! – gekommen, und ich hätte am liebsten nach meinen Wachen geru-
fen: »Ab mit dem Kopf!« Aber, gut, ich war ja nicht die Königin von Frankreich. Sondern eine einsame Touristin mit einer
wichtigen Mission. Also beschloss ich, Jasper noch eine weitere
Chance zu geben, denn immerhin gefielen mir sein Dreitage-
bart und sein ordentliches weißes Hemd. Darin sah er nämlich
ein bisschen aus wie Don Draper aus »Mad Men«.

»Was ist, fährst du mit mir zurück in die Stadt?«, fragte ich
ihn. Er zuckte mit den Schultern.

»Klar, Mademoiselle Henriette.« Den Abend verbrachten
Jasper und ich in einer psychedelischen Bar namens L'Orange
Mécanique in der Rue Jean-Pierre Timbaud, wo sie den Ab-
sinth von Marilyn Manson ausschenkten. Jasper bestellte lieber ein Sex Toy (irgendwas mit Gin und Grapefruit) und fing
nach einiger Zeit erneut an, mir anregende Sachen ins Ohr zu
flüstern, was mich – mit der grünen Fee im Nacken – ziemlich
anmachte. Wir verdrückten uns also kurzerhand auf das WC
des L'Orange Mécanique und fielen übereinander her. Schnell
wurde mir allerdings bewusst, dass ich mit gefühlten 10,9 Pro-
mille im Blut zu keinem orgastischen Höhenflug mehr fähig
war. Das hatte ich schon häufig erlebt: Besoffen starben einem
irgendwie die Nervenzellen ab. Deshalb machte man in diesem
Zustand vermutlich auch immer so krasse Sachen (fremdgehen
mit dem Verlobten der besten Freundin oder so), um eben doch
irgendwas zu spüren. Und sei es das schlechte Gewissen. Wobei Fremdgehen bei den Franzosen ja angeblich schon fast zum
guten Ton gehört. »Kann ich nicht mit zu dir kommen, Henriette? Dann probieren wir es morgen früh nochmal«, bettelte
Jasper. »Glaub mir, ich kann das eigentlich besser ...«

Ich nickte zögerlich. »Meinetwegen.« Also nahm ich ihn mit zu mir, und wir schliefen brav wie Brüderchen und Schwesterchen nebeneinander ein. Die Morgensonne weckte uns gegen neun. Wortlos standen Jasper und ich auf, putzten uns die Zähne, legten uns wieder ins Bett und fingen an, uns gegenseitig zu streicheln. Diesmal hielten wir uns an die (für mich) klassische Reihenfolge, damit nichts schiefgehen konnte: 1.) Kuscheln, 2.) Knutschen, 3.) Anfassen, 4.) Oralsex, 5.) Missionarsstellung, 6.) Doggy Style. Und weil er sich bei Letzterem im Zaum hielt und ganz langsam in mich hineinstieß (das absolute A und O!), kam ich mit ein bisschen zusätzlicher Handarbeit schon bald zu meinem wohlverdienten Höhepunkt. Ja, echt! Ich war nämlich mittlerweile richtig gut im Kommen. Die viele Übung machte sich so langsam bezahlt. Und vielleicht ja auch ein bisschen das Absetzen meiner Pille. *C'est la vie!* Dass ich dafür mit einer nicht unerheblichen Menge an Männern hatte ins Bett steigen müssen, war für mich in diesem Zusammenhang voll okay. Solange meine *Mission: Orgasmus* Früchte trug, sich also mein sexuelles Selbstverständnis, Selbstbewusstsein und Wissen kontinuierlich vergrößerten, war ich voll dabei, Baby. *Vive la France!*

3 Dinge,
die ich in Paris über Sex gelernt habe

1. Übung macht den Meister. Trainieren Sie Ihre Sexualität, z.B. mit regelmäßigen One-Night-Stands, damit Sie, wenn es drauf ankommt, zielgenau wissen, was Sie so brauchen.

2. Sich betrinken ist keine gute Idee. Alles, was sich in Richtung Jenny Elvers bei »DAS!« bewegt, verpasst Ihren Sinnesorganen einen Dämpfer, und Ihr Orgasmus rückt in weeeiiite Ferne. Kleiner Trost für alle Teilzeit-Alkis: Verkatert tut Sex ja häufig besonders gut ...

3. Kennen Sie das Märchen »Goldlöckchen und die drei Bären«? Es handelt von einem Mädchen, das tagelang durch den finsteren Wald irren und durch viele unterschiedliche Betten springen muss, ehe sie endlich eins findet, das ihren Bedürfnissen entspricht. Ich kann mir gut vorstellen, wie Goldlöckchen sich gefühlt hat. Es ist nicht einfach, ein Bett zu finden, in dem man sich wohlfühlt. Auf der Suche danach muss man Risiken eingehen und immer damit rechnen, dass ein grimmiger Bär auftaucht, der einem alles verdirbt. Aufgeben sollte man aber nie.

22 Peru
Die geheime Macht des Pisco Sour

Wenn ich niederknie, ist es nicht, um zu beten.
(MADONNA)

Das Schicksal reservierte mir für meinen Flug von Paris nach Lima einen Platz neben einer durchgeknallten Mittfünfzigerin, die mich meine Mission vorübergehend vergessen ließ, mich jedoch Elementares lehrte, was ich Ihnen nicht vorenthalten will. Die grauhaarige, leicht müffelnde »Frau Flodder«, die als einziges Gepäckstück lediglich eine Aldi-Plastiktüte (kein Witz!) bei sich trug, ließ sich weder von meinen Ohropax noch von meinen geschlossenen Äuglein davon abhalten, mich bereits vor dem Start der Maschine in eine Konversation zu verwickeln:

»Und? Fliegste auch nach Bogotá?«, fragte sie mich und zog dabei das zweite O lang wie Kaugummi. Ich starrte fasziniert auf ihr fauliges, lückenhaftes Gebiss. Sogar ein Schneidezahn fehlte, und ihre Haare standen wirr in alle Richtungen ab.

»Kolumbien? Nein, ich fliege nach Lima in Peru. Fliegen Sie von dort aus weiter?«, antwortete ich höflich, während ich versuchte, möglichst nicht zu atmen, um ihren unangenehmen Geruch nicht inhalieren zu müssen.

»Ja, genau«, antwortete sie und rückte näher an mich heran. »Aber mir geht's nicht gut. Verdammt, ich bin total auf Schmerzmitteln. Mein einer Backenzahn tut so weh, aber ich wollte nicht zum Zahnarzt gehen, weil ich Angst hatte. Nun hab ich den Salat. Mir ist ganz schwindelig.« Ich lächelte mitleidig und hoffte, dass sie sich zu einem kleinen Schläfchen hinreißen lassen würde. Aber Fehlanzeige. »Fliegst du wegen dem The-Cure-Konzert nach Lima?«, fragte sie weiter.

»Bitte was? Äh, nein. Sie etwa?«

»Jaaa, das ist meine Lieblingsband. Schon seit dreißig Jahren. Die sind gerade auf Tour in Südamerika. Ich will am Flughafen in Bogotá auf sie warten und dann gucken, in welchem Hotel sie absteigen, weißte?«

»Oh, Sie sind wohl ein sehr großer Fan. Nur wegen eines Konzerts nach Südamerika zu fliegen. Wahnsinn!«

Wahnsinn traf es in diesem Fall wirklich. Es stellte sich heraus, dass Frau Flodder sämtliche ihrer Bekannten angepumpt hatte, um sich den Flug für neunhundert Euro leisten zu können. Das Konzert selbst interessierte sie gar nicht, weil sie die Band nach eigenen Aussagen ohnehin schon an die fünfzig Mal live gesehen hatte. Als ich ihr auf Nachfrage erzählte, dass ich Journalistin sei, flippte sie völlig aus und forderte meine uneingeschränkte Unterstützung bei der Jagd nach ihren Göttern.

»Du musst mir helfen! Wie komme ich an die Band ran? Kann ich mich nicht einfach für dich ausgeben? Los, los, gib mir gefälligst ein paar Tipps!«

Ich versuchte, das Thema zu wechseln, und zeigte auf ihre Plastiktüte. »Ist das alles, was Sie dabeihaben?« Sie grinste irre. »Ja. Und hundert Euro Bargeld. Denkst du, das reicht? Ich bleib ja nur sechs Tage …« Auweia.

»Hm, für ein paar Tage auf jeden Fall. Aber passen Sie bloß auf, dass Sie nicht ausgeraubt werden!« Sie winkte lässig ab.

»Kein Problem, ich besorg mir da 'ne Waffe, wie letztes Jahr beim Konzert in Rio. Glaub mir, Mädel, das macht Eindruck. Aber ich muss tatsächlich ein bisschen aufpassen, weil die Band mich schon kennt. Die haben mich vor Gericht sogar mal als Stalkerin bezeichnet. Eigentlich darf ich mich ihnen gar nicht mehr nähern, aber das kann ich nicht.« Ein breites Lächeln zog sich über ihr zerknittertes Gesicht. Familie hatte sie nicht. Sie lebte ausschließlich für The Cure und vergötterte deren Frontman Robert Smith.

»Ich liebe ihn, verstehst du? Er war immer da für mich. In all den Jahren…«

Das klang zwar ziemlich traurig, aber irgendwie konnte ich sie auch verstehen. Seit meinem zwölften Lebensjahr war ich eine glühende Verehrerin des Sängers Marilyn Manson gewesen. Bis heute hatte er einen festen Platz in meinem Herzen, weil mich seine Musik immer dann aufgebaut hatte, wenn ich mich von Eltern, Kollegen, Freunden, Lehrern oder Männern im Stich gelassen gefühlt hatte. Diesen wohltuenden Effekt hatten Songs wie »Beautiful People« oder »Sweet Dreams« bis heute auf mein Seelenleben. Und zugegeben, auch ich hatte mich mit zweiundzwanzig einmal illegalerweise auf eine Vernissage von Manson in Köln geschlichen und war ihm nachts sogar bis in sein Hotel gefolgt… Hach, das waren noch Zeiten. Ein heiseres Gekrächze riss mich aus meinen nostalgischen Gedanken.

»Hey, kannst du mir nicht einfach deinen Presseausweis borgen? Ich schick ihn dir auch ganz bestimmt zurück. Dann bekomme ich vielleicht ein Interview mit der Band!« Ich atmete tief durch. »Das wäre mir ehrlich gesagt nicht so lieb.«

»Dann eben nicht, blöde Kuh!«, ätzte Frau Flodder und drehte sich beleidigt zur Seite. »Mir doch egal, für welches Käseblatt du schreibst. Ich krieg The Cure auch ohne deine Hilfe zu fassen.«

Das war das Letzte, was ich von der Dame aus Hannover hörte, ehe sie in Lima in der Menschenmasse des Flughafens verschwand. Manchmal denke ich noch heute an sie zurück und frage mich, ob sie diesen Trip überlebt hat.

In Lima mietete ich mich in einer kleinen Pension ein, in dem Nobelviertel Miraflores, direkt an der Pazifikküste, und nutzte den Rest des Tages, um mir am Hauptbahnhof ein Busticket nach Cusco zu kaufen. Danach machte ich einen Spaziergang am Meer, schaute den Surfern zu und verspeiste in einem kleinen Lokal gebratenes Meerschweinchen, eine peruanische Spezialität. Man will ja für alle landestypischen Eigenarten offen sein.

Am nächsten Tag stieg ich in den Bus in Richtung Anden. Eine ziemlich dämliche Idee. Bereits nach fünfzehn von zweiundzwanzig Stunden Fahrt wollte ich nur noch sterben. Und das, obwohl es sich um ein luxuriöses Gefährt mit Fernsehern, Decken und Abendessen an Bord handelte. Die kurvige Strecke durch die Berge bekam meinem sensiblen Magen überhaupt nicht. Auch das Mädchen hinter mir, eine junge Holländerin, übergab sich die gesamte Fahrt hindurch.

»Wenigstens wurden wir nicht überfallen«, flüsterte Anna, als wir am nächsten Morgen gegen zehn leichenblass in Cusco eintrafen. Das kam auf dieser Strecke nämlich regelmäßig vor. Am Bahnhof teilten wir uns zusammen mit der Texanerin Gil ein Taxi in ein angesagtes Hostel, in dem laut Gil, die dort seit drei Jahren in jeder Hochsaison arbeitete, »gevögelt und gefeiert wurde ohne Ende«. Allein die Aussicht darauf weckte meine Lebensgeister wieder.

Das Hostel war tatsächlich ein Traum: Sein Zentrum bildete ein grüner, hübsch bepflanzter Innenhof mit bunten Sitzsäcken, in dem es vor coolen jungen Leuten nur so wimmelte. Einige spielten Tischtennis, andere rauchten und chillten in der Sonne. Überall wurde gelacht und geredet. Um wirklich alles mal probiert zu haben, mietete ich mich gemeinsam mit Anna und Gil in einem 22-Bett-Zimmer ein. Ich betrachtete das als Experiment, weil ich mir als ein großer Fan von Privatsphäre, Ordnung und Ruhe prinzipiell nichts Grauenvolleres vorstellen konnte, als im internationalen Mief fremder Backpacker zu schlummern. Allerdings würde ich dort sicher ein paar interessante Männer kennenlernen. Und die Betten für acht Euro pro Nacht waren erstaunlich bequem. Das Gemeinschaftsbad (Hilfeeee!) hingegen war mit seinen winzigen, schmuddeligen Duschkabinen und lediglich zwei Toiletten (eine mit kaputter Spülung) mit hauchdünnen Türen eher ungeil. Dafür schlief ich im Etagenbett über Michael, einem kräftigen, schwarzhaarigen Typ mit Bart, der in der Ölindustrie Alaskas tätig war. »Ich mag Deutschland«, verriet er mir, als ich gerade dabei war, meinen Rucksack in meinen Schrank zu stopfen. »Die Deutschen haben immer ein konkretes Ziel. Sie machen nie irgendwas, ohne einen Plan zu haben. Was ist dein Plan?« Ich fühlte mich tatsächlich ein wenig ertappt. »Das erzähle ich dir später bei einem Glas Wein, okay? Nüchtern traue ich mich nicht…«, brachte ich mehr oder weniger gekonnt kokett hervor.

»Hoo-hoo! Das klingt vielversprechend. Wir treffen uns hier um neun, *all right*?«

Nachdem ich den restlichen Nachmittag verpennt hatte (Jetlag!), erwachte ich am Abend gerade noch rechtzeitig, um mich für mein Date mit Michael ein bisschen frisch zu machen (Wimperntusche und Deo). Der Mann aus Alaska entführte mich kurz darauf in ein italienisches Restaurant in der Nähe des prächtigen Plaza de Armas. Cusco war einst das Zentrum des mächtigen Inkareichs und gilt als die älteste ständig bewohnte Stadt des südamerikanischen Kontinents. Nicht weit von hier thront auf einem abgelegenen Bergrücken die größte Attraktion des Landes, die »verlorene« Stadt der Inka, Machu Picchu. Die wollte ich mir in der kommenden Woche im Rahmen einer viertägigen Trekkingtour entlang des uralten Inkatrails anschauen. In jener Nacht stürzte ich mich aber erst mal in das wilde Nachtleben von Cusco. Michael und ich starteten mit einem Pisco Sour für umgerechnet drei Euro in den Abend. Dieser Cocktail ist in Peru in etwa so angesagt wie Curry in Indien. Danach aßen wir Pizza und Pasta, redeten über das Leben in Deutschland und den USA und leerten dabei ein Glas Rotwein nach dem anderen. Hicks!

»So, meine liebe Henriette. Du dürftest nun betrunken genug sein, um mir dein Geheimnis zu verraten«, befand Michael, nachdem wir zu peruanischen Chili-Schnäpsen (die sind so scharf, dass einem die Tränen kommen) übergegangen waren.

»Okay, dann lass mich dir zunächst eine Frage stellen: Wie wichtig ist es dir, dass eine Frau beim Sex mit dir zum Höhepunkt kommt? Bist du beleidigt, wenn sie keinen Orgasmus hat? Nimmst du das persönlich? Oder ist es dir egal?« Schweigen. Michael blickte mich überrascht an, überlegte eine Weile und sagte dann: »Meine Exfreundin ist beim Sex mit mir nie zum Orgasmus gekommen. Das hat mich am Anfang echt gestört, weil ich dachte, dass ich es nicht bringe, aber mit der Zeit habe ich dann begriffen, dass das bei ihr normal ist. Ich hoffe allerdings, dass meine nächste Freundin nicht diese, ähm, Probleme hat. Ich meine, ich hatte irgendwie immer ein schlechtes Gewissen, weil ich ständig kam und kam und sie nie.«

Ich seufzte. »Siehst du, ich kann auch keinen Orgasmus durch reine Penetration bekommen. Na und? Umfragen bestätigen sogar, dass die meisten Frauen die intensivsten Orgasmen mit sich allein erleben, aber trotzdem mit ihrem Sexleben zufrieden sind. Egal, ob mit oder ohne Orgasmus. Leider hab ich in Deutschland noch keinen Mann getroffen, der mir geglaubt hat, dass Sex auch ohne Orgasmus schön ist, geschweige denn mich im Bett so akzeptiert hat, wie ich bin. Deshalb habe ich mich auf eine kleine Forschungsreise begeben, um herauszufinden, wo ich am entspanntesten und besten (nicht) kommen kann.« Daraufhin gestand Michael mir, Angst zu haben, dass eine Frau fremdging, wenn er nicht in der Lage war, sie zum Kommen zu bringen. Dabei wischte er sich ein Tränchen aus dem Augenwinkel, von dem ich inständig hoffte, dass es noch vom Chili-Schnaps rührte. Ich verstand seine Befürchtungen, wollte sie ihm aber gerne nehmen. »Im Grunde muss eine Frau selbst dafür sorgen, dass sie Orgasmen hat«, sagte ich. »So viel habe ich mittlerweile gelernt.«

Er fand das offenbar witzig. »Du weißt ja wirklich eine Menge über Sex. Was bist du, eine Sexualtherapeutin oder so was?«

Ich lachte. »Nein, ich interessiere mich einfach sehr für Sex.« Da lachte er noch mehr, und so war es kaum verwunderlich, dass Michael und ich uns irgendwann quer über den Tisch hinweg küssten. Das war's aber auch. Für Sex waren wir deutlich zu betrunken. Und Michael reiste am nächsten Tag zurück nach Alaska. Schade. Fand er auch.

Eine Woche später war ich gerade dabei, ein pappiges Brötchen im Frühstücksraum meines Hostels mit Marmelade zu bestreichen, als so ein schräger langhaariger Israeli an meinen Tisch kam und fragte, was denn so abginge und ob ich nicht Bock hätte, nachher so richtig fett einen durchzuziehen. Mit ihm und seinen »crazy friends«, die den ganzen Tag nur »funny things« machten. Auch würde er noch »cool people« suchen, die ihn und seine »crazy friends« auf eine dreitägige Rafting-Fahrt durch das Umland von Cusco begleiten wollten. Trotz der schwachen Anmache war ich angetan: Israelis! Meist sahen die nicht nur extrem gut aus, sondern waren nach drei Jahren Militärdienst auch total ausgehungert nach Spaß, Frauen, Drogen, Party, Spiritualität. Und Schlomi war nicht von schlechten Eltern: durchtrainiert, schulterlange blonde Haare, hellblaue, leuchtende Augen. Heiß!

Schlomi und ich trafen uns um einundzwanzig Uhr im Innenhof meines Hostels. Ich trug meinen neuen Pullover aus Alpaca-Wolle. Es war hier nachts nämlich scheißekalt. Ohne Handschuhe, Mütze und Schal holte man sich den Tod. Und so waren meine schönen langen Haare und meine Lippen, die ich rot angemalt hatte, die einzigen Reize, die ich zur Schau stellen konnte. Das schien aber zu reichen, denn Schlomis »crazy friends« pfiffen sogar, als sie mich von Weitem sahen. Alle waren recht ansehnlich, aber schnell kristallisierte sich heraus, dass Schlomi mich bereits »reserviert« hatte. Er war überaus zuvorkommend, hielt mir die Tür auf und nahm mir meine Jacke ab, als wir den total verqualmten Irish Pub Paddy O'Flaherty's betraten. Auch sein Freund Gustavo gefiel mir. Er hatte lange schwarze Haare, die ihm bis auf den Rücken fielen. Außerdem trug er ein Nasenpiercing, was ich ziemlich sexy fand.

»Die erste Runde geht auf mich. Dafür, dass ihr ein einsames Mädchen aus Deutschland in eure illustre Runde aufgenommen habt«, flötete ich und orderte eine Runde Bier für den Anfang. Schlomi setzte gleich noch einen drauf und bestellte eine Runde Tequila für alle. Wir tranken spontan Brüderschaft, und ich stellte fest, dass mir das Kitzeln von Gustavos Bart gefiel, während wir uns einen feuchten Schmatzer auf die Wange drückten. Die Musik war genial. Der DJ spielte »1977 – Original« von der französisch-chilenischen Sängerin Ana Tijoux, einer meiner Lieblingssongs, der auch in der Serie »Breaking Bad« zu hören war, die Gustavo und ich einvernehmlich als »beste Serie aller Zeiten« bezeichneten. Und so fand ich mich schnell auf der völlig überfüllten Tanzfläche zwischen den beiden Jungs wieder.

»Ich will dich«, säuselte mir Schlomi irgendwann ins Ohr. Ich musste kichern. Der Junge gefiel mir. Schön direkt, aber kein Stück aufdringlich, so wie Ranjid oder Peter es gewesen waren. »Du bist heiß«, gab ich zurück und drückte ihn an mich. Daraufhin fing er an, ganz sanft und langsam meinen Hals zu küssen. Ich schloss die Augen und genoss das Gefühl seiner Lippen. Bis Gustavo mich plötzlich von ihm wegzerrte und an sich zog. »Du gehörst mir, verstehst du?«, flüsterte er und grinste mich herausfordernd an. »Tequila!«, grölte ich, floh an die Bar und orderte noch ein Runde Schnäpse für alle. In dem Moment kam »A Little Respect« von Erasure aus den Boxen und animierte uns alle zum lauten Mitsingen »…I am so in love with yooooouuu…« Wieder zog mich Gustavo an sich und küsste mich. Diesmal nicht nur auf die Wange. Und wie er mich küsste! Unendlich gefühlvoll saugte er zunächst an meiner Unterlippe, dann an meiner Oberlippe, widmete sich schließlich meinem Hals, bis ich es nicht mehr aushielt und ihn leidenschaftlich mit Zunge küsste. Währenddessen spürte ich, wie sich Schlomi von hinten an mich drückte und meine Taille streichelte. »Los, komm her, ich will dich haben!«, raunte er mir zu, drehte mich zu sich um und küsste mich seinerseits. Er schmeckte wunderbar süßlich nach Pisco Sour. »Und ich bin dein«, hauchte ich, weil ich spürte, dass mich Schlomi noch mehr anmachte als sein Freund. Hand in Hand verließen wir schließlich den Pub, irrten kichernd durch die Straßen des nächtlichen Cusco und fanden uns schließlich in einem Hauseingang wieder. »Ich will dich ficken«, flüsterte mir Schlomi ins Ohr. »Oh, ja, bitte…«, brachte ich gerade noch hervor, ehe er anfing, seine Hand unter meinen Pullover zu stecken. »Aber wo?« Blöderweise wohnten wir beide in Mehrbettzimmern. »Wir finden ein Zimmer nur für uns beide«, hauchte Schlomi und zog mich an der Hand hinter sich her, bis wir an die Pforte eines der zahlreichen Hostels kamen. »Haben Sie für heute Nacht noch ein Doppelzimmer?« Wir versuchten es bei insgesamt fünf Hostels, aber nirgendwo war auf die Schnelle noch ein Ort zum Vögeln zu mieten. Denn, klar, jeden Tag kamen schon am frühen Morgen Tausende Touristen nach Cusco, um hier einen Zwischenstopp einzulegen, ehe sie hoch nach Machu Picchu wanderten. Mittlerweile wusste ich vor Geilheit kaum noch, wo mir der Kopf stand. »Wir müssen jetzt sofort Sex haben, verstehst du?« Schlomi sah das ähnlich, und so eilten wir zurück in den Irish Pub, direkt aufs WC. Dort mussten wir noch etwa vier Minuten warten, ehe eine Kabine frei wurde, in der wir unauffällig verschwinden konnten. Zum Glück gab es einen Kondomautomaten, in dem sogar vibrierende Penisringe vorrätig waren. Begeistert zog ich einen davon, ging auf die Knie und machte mich an Schlomis Hose zu schaffen.

»Oh, Baby, bitte, du musst nicht auf dem dreckigen Boden knien. Das übernehme ich«, sagte Schlomi, ehe er mich auf die Fensterbank hinter der Kloschüssel hievte, meine gefälschte Funktionshose von The North Face in einem Ruck herunterzog und sich an meinem Höschen zu schaffen machte. Einem ehrlichen, schnörkellosen, animalischem Quickie stand nichts mehr im Wege. Orgasmen? Kamen einem dabei oder eben nicht. Darauf kam es bei einem Quickie aber auch gar nicht an, fand ich. Sondern auf schnelle harte Stöße. Aufs so richtig schön durchgebumst werden. Dabei überkam mich manchmal, wenn ich Glück hatte, so ein komisches Beben, das allerdings in keiner Weise meinem klitoralen Orgasmus glich, der sich ja nur kurz in meiner Unterleibsregion entlud. Mit einem klaren Anfang und Ende. Dieses andere Beben reichte vom kleinen Zeh bis hin zu meinem Ohrläppchen. Es floss durch meinen ganzen Körper! War das möglicherweise jener mysteriöse vaginale Orgasmus, von dem alle redeten? Ich hatte keine Ahnung. In jedem Fall sah er anders aus als das, was einem in Filmen vorgegaukelt wird, und hörte sich anders an. Kein Schreien, kein Stöhnen, stattdessen hielt ich währenddessen sogar die Luft an – aus Angst, dass dieses schöne bis merkwürdige Gefühl wieder verpuffen könnte. Manchmal hielt es minutenlang an – auch dann noch, wenn ich bereits im Badezimmer unter der Dusche stand. Besonders häufig hatte ich diese Gefühle zusammen mit meinen ersten festen Freund Rocko. Allerdings glaubte er mir nie, wenn ich ihm davon erzählte, weil er aufgrund von Pornos und Co. dachte, dass eine Frau wie bekloppt zittern, schreien und stöhnen musste, wenn sie kam. Wir waren ja damals erst siebzehn oder achtzehn gewesen. Inzwischen wusste ich, dass ein Orgasmus viele Gesichter hat. »Im Orgasmusverhalten von Frauen zeigen sich große Variationen«, sagt auch der renommierte Paar- und Sexualtherapeut Prof. Dr. Ulrich Clement. »Auf der einen Seite des Spektrums gibt es solche, die mühelos mehrfache Orgasmen beim Verkehr haben können – auf der anderen Frauen, die mit keinem Trick der Welt einen Orgasmus erleben, weder mit Partner noch durch Masturbation. Zwischen diesen Typen gibt es eine große Vielfalt individueller Orgasmus-Muster.« Diese ändern sich je nach Stimmung, Lebensphase oder Partner. »Um das eigene Orgasmus-Muster zu identifizieren, bewährt sich ein einfaches Schema. (...) Erstens: Ist der Orgasmus abhängig von der Praktik? Ist er zum Beispiel beim Oralverkehr oder bei der Selbstbefriedigung möglich, sonst aber nicht? Zweitens: Ist der Orgasmus abhängig vom Partner? (...) Drittens: Ist der Orgasmus von bestimmten äußeren Umständen abhängig, zum Beispiel romantischer Stimmung oder spezieller Vorbereitung? Je mehr er von einem der drei Kriterien abhängt, desto eher hat die selbstbewusste Frau es in der Hand, ihr sexuelles Verhalten darauf abzustimmen.« Eigentlich logisch, oder? Schlomi schien mein leises Geseufze als Beweis dafür auszureichen, dass ich mich blendend mit ihm amüsierte. Eine schöne Erfahrung: Endlich akzeptierte mal ein Mann mein individuelles Orgasmusverhalten! Deshalb verbrachten Schlomi und ich auch noch einige schöne Tage zusammen in Cusco (mit eigenem Hotelzimmer), ehe ich zu meiner viertägigen Trekking-Tour über den Inca Trail nach Machu Picchu aufbrach.

Um es gleich vorwegzunehmen: Ich habe Machu Picchu überlebt. Knapp. Der Pfad, vorbei an einigen der ältesten, bedeutendsten und schönsten Bauten der Weltgeschichte, kam mir wie eine Geburt vor. Lang, qualvoll, aber freiwillig – weil ich wusste, dass es sich lohnen würde, wenn ich es erst mal geschafft hatte und oben in Machu Picchu war. An Tag eins wurde ich zusammen mit zwei peruanischen Guides und meiner vierzehnköpfigen Gruppe zum Ausgangspunkt des Inkapfads gekarrt. Dort gab es erst mal ein Frühstück. Zeit, sich gegenseitig zu beschnuppern. Leider war niemand dabei, den ich sexy fand. Ich war allein unter Rentnern, nervigen Amis, einem französischen Liebespaar und einer verrückten Chinesin. Alle waren bedeutend älter als ich.

Als es endlich losging, stürmte ich sogleich voran, bekam aber schon nach zehn Sekunden entsetzliches Lungenstechen, weil die Luft so dünn war. Die Folge? Ich musste mich erst mal fünf Minuten hinlegen, während die gesamte Gruppe um mich herumstand, mir gut zuredete und mir Luft zufächelte. Hechel! Hechel! Na, das ging ja gut los … Den Rest des Tages meisterte ich aber ganz gut, immerhin hatten wir schon gegen drei unser Soll erfüllt und durften um sechs bereits schlafen gehen – denn am nächsten Tag stand uns der härteste Teil des Pfads bevor: Wir mussten den Dead Woman's Pass bezwingen. Der lag in viertausendzweihundert Metern Höhe und war so steil und anstrengend, dass ich alle zehn Schritte (!) eine Pause brauchte. Nach zwei Stunden stand ich bereits am Rande eines Nervenzusammenbruchs, während das rüstige Rentner-Ehepaar aus Massachusetts gut gelaunt an mir vorbeizog. Am liebsten hätte ich geheult: »Ich kann nicht mehr! Ich will nicht mehr!« Aber Valentin, mein Guide, kümmerte sich rührend um mich und feuerte mich (fast wie beim Sex) immer wieder an: »Komm schon, Henriette, du schaffst das! Los, komm! Komm! Jaaaa, gut so!« Tja, was hätte er auch machen sollen? Mich mutterseelenallein im Dschungel der Anden zurücklassen?! Stattdessen unterhielt er mich mit Geschichten über Touristen, die innerhalb der letzten Jahre auf dem Inkapfad gestorben waren. Haha, sehr lustig. Als ich endlich die Spitze des Passes erreicht hatte, musste ich mich erst mal der Länge nach auf den Boden legen. Wir waren so hoch, dass Wolken um uns herum schwebten. Nach einer zehnminütigen Pause kam der Abstieg, der fast noch härter war. Meine Knie schmerzten und zitterten bei jeder Treppenstufe. Außerdem grummelte es plötzlich so komisch in meinem Magen. Panisch stopfte ich mir ein Coca-Blatt nach dem anderen in den Mund. Die Pflanze, aus der auch Kokain gewonnen wird, hilft laut Valentin gegen die Höhenkrankheit, die vermutlich verantwortlich für mein Unwohlsein war. Tapfer humpelte ich weiter und erreichte schließlich als Letzte das Camp, während der Rest schon frisch gestriegelt und geduscht bei Tisch saß. Ich brachte kaum etwas von dem Essen hinunter, das uns unser privater Koch zubereitet hatte. Mein Bauch tat plötzlich unsagbar weh, ich bekam Durchfall, musste mich mehrmals heftig übergeben und bekam auch noch einen Nervenzusammenbruch. Heulend und kotzend legte ich mich schließlich vor dem Toilettenhäuschen nieder, das etwa fünfhundert Meter von meinem Zelt entfernt stand, die steile Treppe dorthin konnte ich in meinem Zustand leider nicht mehr bezwingen. Ich war einfach zu schwach. Und so lag ich da, eine Taschenlampe vor der Stirn, und fauchte jeden an, der vorbeikam: »Lasst mich ruhig hier liegen, ich muss eh gleich wieder aufs Klo.« Ich war mir bereits sicher, dass man mich am nächsten Morgen mit dem Heli würde abtransportieren müssen. Verdammt, hatte möglicherweise sogar mein letztes Stündlein geschlagen? In dem Moment fiel mir ein, was Tiger Boy in McLeod Ganj über Nahtoderfahrungen gesagt hatte: Todesängste lösen im Körper fast identische Gefühle und Reaktionen aus wie ein Orgasmus! Wenn dem tatsächlich so war, stand ich kurz davor, ohne das Zutun eines Mannes einen (wenn auch tödlichen) Höhepunkt zu erleben. Während ich so nachdachte, beschleunigten sich mein Herzschlag und meine Atmung, mir wurde schwindelig, und ich hatte das Gefühl, den Boden unter den Füßen zu verlieren. »DAS IST MEIN ENDE! Der Tod naht! Ich bin doch noch so jung«, dachte ich verzweifelt. Und das ausgerechnet vor einem zugeschissenen Plumpsklos in einem Zeltlager in den Anden. Das war zu viel. Ich verlor tatsächlich das Bewusstsein. Als ich wieder erwachte, lag ich in meinem Zelt und blickte in das besorgte Gesicht von Valentin. »Bin ich …?«

Valentin lächelte. »Nein, du bist nicht tot. Dafür hast du im Schlaf viel zu laut gestöhnt. Du hast wohl schlecht geträumt? Nun schlaf dich gesund, Henriette. Ich bin mir sicher, dass es dir morgen früh wieder besser geht.« Und so war es auch. Obwohl ich das nie für möglich gehalten hätte. Am nächsten Tag trat ich vorsichtig aus dem Zelt, ging ein paar Schritte und stellte fest, dass ich mich eigentlich ganz okay fühlte und sogar ein bisschen Hunger hatte. Ohne Probleme überstand ich dann auch die weiteren zwei Tage auf dem Inkapfad und erreichte schließlich am frühen Morgen des fünften Tages bei Sonnenaufgang die Ruinen von Machu Picchu. Ein unglaublich tolles Gefühl! Vor Ort hielt Valentin eine traditionelle Inka-Zeremonie ab. Wir mussten uns alle im Kreis aufstellen und uns bei

den Händen fassen. Dann verteilte Jose Coca-Blätter und segnete uns im Namen von *Mother Earth*. Anschließend sollten
wir unsere Blätter in der Form eines Herzens auf dem Boden
zusammenlegen. Es folgte eine Gruppenumarmung bei der sich
jeder etwas wünschen sollte. Ich bat selbstverständlich um Erfolg für meine *Mission: Orgasmus* und fragte mich im gleichen
Augenblick: Hatte ich das überhaupt noch nötig?

Gedankenverloren kletterte ich auf einen kleinen Felsvor-
sprung, von dem aus man das peruanische Weltwunder überblicken konnte, und ließ meinen bisherigen Trip Revue passieren. Nach knapp anderthalb Jahren *on the road* hatte ich schon
so viel gelernt und erlebt: der Tantra-Workshop mit Maja, der
wilde Sex mit Yonni, meine Liaison mit Nora, die Orgie im Himalaya… All diese Erfahrungen hatten mittlerweile dazu bei-
getragen, dass ich ein völlig neues sexuelles Selbstverständnis
und -bewusstsein erlangt hatte. Ich war mutig genug, mir beim
Sex das zu nehmen, was ich brauchte. Aufgeschlossene Israelis
wie Schlomi gingen damit auch wunderbar um. Aber was war
mit den Männern in Europa? Ganz klar: Ich musste mich allmählich in Richtung Heimat bewegen und herausfinden, ob
ich in Deutschland überhaupt noch überlebensfähig war. Das
Ziel, das mich reizte, lautete Rom. Aber vorher hatte ich noch
ein heißes Date mit dem Amazonas…

23 ... like Mick Jagger
Verführung bei Vollmond

Die Erde dreht sich nicht um die Sonne, sie dreht sich um einen gigantischen Schwanz. Das ist es, worum es in der Welt geht. Es geht um Sex. Wer das nicht wahrhaben will, verarscht sich selbst.

(MARILYN MANSON)

Glücklicherweise kam es nicht in Frage, mit dem Bus von Cusco nach Iquitos zu reisen, denn Iquitos ist weltweit die größte Stadt, die man ausschließlich (!) mit dem Flugzeug oder übers Wasser erreichen kann. Daher galt sie laut meines Reiseführers als beliebter Unterschlupf für zwielichtige Gestalten aus aller Welt. Wie aufregend! Vor allem, weil ich auch noch der einzige *gringo* im Flieger war. Jeder andere Passagier konnte praktisch ein weltweit gesuchter Drogenbaron oder Ähnliches sein. Als ich zwei Stunden später in der heißen, feuchten Dschungelmetropole landete, hing ein praller rosaroter Blutmond am Himmel. Er strahlte für mich in dem Moment puren Sex, Gefahr und Exotik aus.

Ein Taxifahrer brachte mich ins La Casa Fitzcarraldo – ein echter Geheimtipp für Regenwald-Touristen, mit einem tropischen Garten inklusive Baumhaus und Pool –, in dem schon Mick Jagger und Klaus Kinski gewohnt hatten, als Werner Herzog hier in Iquitos mit ihnen Anfang der Achtziger »Fitzcarraldo« und »Aguirre, der Zorn Gottes« gedreht hatte. Heute wird das Hotel von dem damaligen Produzenten des Films betrieben.

233

»Guten Abend«, begrüßte mich der überaus liebenswürdige und charmante Walter Saxer an der Bar am Pool. »Setzen Sie sich, und trinken Sie ein Glas Chardonnay mit mir. Haben Sie schon gegessen? Mein Koch macht ein hervorragendes Sushi – das müssen Sie probieren!« Besser hätte ich es gar nicht treffen können, denn während ich das köstliche Sushi genoss, erzählte mir Herr Saxer spannende Geschichten von den Dreharbeiten mit Kinski und Jagger. Überall im Hotel hingen noch Fotos von den Stars, außerdem wurde mir später der Blue Room zuge-wiesen, das Zimmer, in dem Mick Jagger damals während der Dreharbeiten über Monate gelebt und geliebt hatte. Glücklich ließ ich mich nach dem Essen auf das breite Bett fallen, in dem es Jagger vermutlich mit unzähligen peruanischen Schönhei-ten getrieben hatte. Angeblich soll der Gute sexsüchtig gewesen sein. »Satisfaction« hatte er trotzdem nie bekommen. Vielleicht war es Mick ja so ähnlich wie mir gegangen? Ich war ja mitt-lerweile auch irgendwie ... sexsüchtig. Oh Gott – was für eine verrückte Erkenntnis! Die etwas verklemmte, unsichere Hen-riette von früher gab es nicht mehr. Und noch war meine *Mis-sion: Orgasmus* nicht beendet.

»Hast du Lust, mit mir in die Stadt zu fahren? Ich treffe mich dort mit ein paar Freunden zu einer Vollmondparty«, fragte mich kurz darauf Daria, die in der Nähe eine Dschungel-Lodge betrieb und an jenem Abend ihr Feierabendbier im La Casa Fitzcarraldo trank. Sie war eine zierliche, attraktive Peruane-rin von etwa fünfundvierzig, die mich ein bisschen an Gloria Estefan erinnerte. Ich ließ mich also nicht lange bitten, zog mir schnell ein frisches Kleid an und stürzte mich kurz darauf mit Daria in die tropisch-schwüle Nacht. Etwas Besseres, als mit einem *local* in einer fremden Stadt um die Häuser zu zie-hen, gibt es schließlich gar nicht. Als wir im Tuk-Tuk saßen, erzählte mir Daria, dass sie am nächsten Tag mit einem chilenischen Paar zu ihrer Lodge im Dschungel des Amazonas aufbrechen würde. »Willst du nicht mitkommen? Dort gibt es nur dich, die Tiere und die Geräusche der Natur. Kein Strom, kein modernes Entertainment. Dafür kannst du durch den Regenwald wandern, Krokodile beobachten und Piranhas angeln.« Darias Angebot kam mir sehr gelegen, denn bisher hatte ich in Peru nur von überteuerten Lodges gehört, in denen *touristas* ballermannmäßig mit Wasserrutsche, XXL-Swimmingpool und Flatrate-Saufen bespaßt wurden. Das fand ich total pervers. Also nahm ich ihre Einladung hocherfreut an und erzählte ihr auch gleich, weshalb ich überhaupt auf Weltreise war. »Oh, da bist du bei uns an der richtigen Adresse«, sagt Daria lachend. »Wusstest du, dass wir in Peru den *Día Internacional del Orgasmo Femenino* feiern?«

Ich schaute Daria begeistert an. »Es gibt in Peru einen Feiertag für den weiblichen Orgasmus?«

Sie nickte. »Dieser Tag wird jedes Jahr am achten August in Brasilien, Mexiko, Spanien, Argentinien, Norwegen und Peru gefeiert. Er soll Frauen ermutigen, ihre Sexualität zu entdecken und Tabus zu brechen. Es gibt viel zu viele Frauen, die noch nie einen Orgasmus hatten oder Probleme haben, beim Sex zum Höhepunkt zu kommen. Der *Día Internacional del Orgasmo Femenino* soll darauf aufmerksam machen.« *Dios mio*, warum hatten wir so was bloß nicht in Deutschland?

Die Vollmondparty fand kurioserweise in einer Bar auf einem Floß statt, das mitten auf dem nächtlichen Amazonas trieb. »Fall bloß nicht rein. Sonst fressen dich die Piranhas und Krokodile«, feixte Daria. Oder war das gar kein Scherz? In jedem Fall lohnte sich der Balanceakt. Auf dem Floß war bereits die Hölle los, und Darias Freunde hatten schon ordentlich einen im Tee. Da waren eine österreichische Ärztin, ein Maler, ein französischer Koch mit seiner peruanischen Freundin – und Jesus, der Typ, dem die Bar gehörte. Und genau dieser Typ hatte es mir angetan. Obwohl mich Daria vor ihm warnte, kamen wir irgendwie ins Gespräch. Jesus war eigentlich ständig auf Koks. Besoffen sowieso, seit seine Frau gestorben war. In Rom, seiner Heimat, lag sie begraben. Voller Trauer war Jesus vor etwa zehn Jahren nach Iquitos geflohen, um sich etwas völlig Neues aufzubauen: eine Bar für Backpacker. Zu seinem Etablissement, dessen Namen ich hier nicht erwähnen möchte, gehörten auch noch ein paar Hütten, in denen *touristas* für zwei, drei Euro die Nacht pennen konnten. Wenn sie kein Problem mit Affen, Ratten und allerlei anderem Getier hatten. Die Kombi Bar/Hostel funktionierte gut. Zuerst füllte Jesus seine Gäste mit billigem Schnaps ab, dann legte er sie in den stickigen, schwankenden Zimmern flach. Denn trotz allem schien immer noch durch, dass Jesus einmal ein schöner Mann gewesen war. Und wer auf eine Nacht mit einem *local* aus war (schuldig!), konnte ihn sich ja immer noch »verwegen« trinken, und zwar mit dem billigen Rum, den sein Angestellter mit dem Äffchen auf der Schulter ausschenkte. Während die Eiswürfel in meinem Glas klimperten, folgte ich Jesus über das Floß. Die Matratzen in den schäbigen Hütten waren von Flecken übersät. Schwer zu sagen, ob es sich allein um Sperma oder auch um Affenurin handelte. Jesus zeigte mir dennoch stolz seinen Besitz. »Ist das nicht cool?«, fragte er mich und strahlte mich unter hängenden Lidern hervor an. Dabei drängte er sich bei jeder sich bietenden Gelegenheit eng an meinem Körper vorbei. Hätte er sich in Hamburg in der U3 neben mich gesetzt, hätte ich den Platz gewechselt. Hier aber, auf dem Amazonas, war er der Boss. Eine verstörende Mischung aus Jared Leto und Mark Medlock. Attraktiv, durchgeknallt, gefährlich. Sein Rippshirt war wohl irgendwann mal weiß gewesen. Ständig rieb er sich die Nase. Seine eisblauen Augen, die in faszinierendem Kontrast zu seiner sonnengebräunten Haut standen, waren von schwarzen Rändern gezeichnet. Beim Reden nuschelte Jesus, ohnehin wirkte er irgendwie nervös. »Die Polizei hasst mich, die wollen, dass ich hier verschwinde, weil ich Ausländer bin«, jammerte er und schenkte mir Rum nach, als wir wieder an der Bar Platz genommen hatten. »Die können mich mal!« Dann steckte er sich eine Zigarette an. Er roch aus jeder Pore nach Rauch. »Willst du mal was sehen?«, fragte er mich. Ich nickte. Jesus verschwand und kehrte kurz darauf mit einer Machete zurück. »Siehste? Deshalb trauen sich die Bullen nicht an mich ran. Ich mach die kalt, wenn die mir mein Zuhause wegnehmen, das wissen die!«

Die Party war mittlerweile auf ihrem Höhepunkt angekommen. Einige Gäste tanzten, und das Floß wackelte gefährlich. An einigen Stellen strömte bereits Wasser auf den Sitzbereich.

»Komm, ich zeig dir noch was«, sagte Jesus, nahm mich bei der Hand und stieg mit mir hoch auf das Dach seiner privaten Hütte, die an die Bar angrenzte.

Ich dachte noch so: *Tu es nicht!* Aber ich tat es. Warum? Vielleicht hatte ich das Gefühl, zum Ende meines Trips was völlig Beklopptes wagen zu müssen? Oder war ich mittlerweile schon total abgefuckt? Ich hatte mich ehrlich gesagt niemals mit der Frage auseinandergesetzt, was dieses ganze Gevögele, der viele anonyme Sex, das Experimentieren eigentlich mit mir, meiner Seele und meiner Sexualität machen würde. War es das wert? Bisher hatte ich den Großteil meiner Abenteuer genossen und als wertvolle Erfahrungen verbucht, mich über jede Kleinigkeit, die ich über mich und meinen Körper gelernt hatte, gefreut. Zudem war ich ja stellvertretend für alle Frauen mit »Orgasmusproblemen« *on the road*. Es sprach also nichts dagegen weiterzumachen. Dachte ich.

Jesus' Hütte bestand aus einem quadratischen Raum, dessen Dach – Jesus' »Wohnzimmer« – man mithilfe einer Leiter erklimmen konnte. Der Ausblick auf den nächtlichen Amazonas und die Party war atemberaubend, die Matratze, auf der wir lagen, angenehm weich. Jesus kam näher.

»Du bist so jung. So … unschuldig«, raunte er. Sein qualmiger Atem raubte mir den meinigen. Und so schwieg ich einfach. Ließ es geschehen. Fünf, sechs Stöße, mehr waren nicht nötig. Als Jesus fertig war, drehte ich mich auf den Rücken, schaute in den Himmel und wartete. Darauf, dass er wieder einsatzbereit war. Das ging zum Glück erstaunlich schnell. »Nimm dir, was du brauchst«, sagte er zu mir. Aber was brauchte ich eigentlich? Ehrlich gesagt, fühlte ich in dem Moment so eine komische Mischung aus Ekel und Verlangen, die dazu führte, dass ich Jesus wehtun wollte. Die herumstehenden Kerzenstumpen kamen mir da gerade recht. Ganz langsam ließ ich das heiße Wachs auf seine Brust tropfen, während ich mich ganz langsam auf ihm bewegte. Jedes Mal, wenn er schrie, steigerte ich das Tempo meiner Hüften ein wenig. Jesus gefiel das ziemlich gut, und auch ich hatte Spaß bei diesem kleinen Machtspielchen. Es war befreiend, mal alles rauszulassen – an einem Mann, stellvertretend für alle anderen, die mich verletzt oder enttäuscht hatten. So wie Jaro. Oder Erick. *Aaargh!* Aber das war schnell vergessen. Hier ging es um mehr. In jener Nacht war ich ein wildes Tier aus dem Regenwald des Amazonas. Und Jesus war meine Beute. Ich hatte ihn erlegt. Zweimal. Deshalb störte es mich in jener Nacht auch überhaupt nicht, dass ich nicht mal ansatzweise gekommen war. Ich hatte ja etwas viel Besseres gekriegt: Macht über Jesus.

Als ich am Morgen danach in meinem schönen Hotelzimmer aufwachte und von einer Angestellten mein Frühstück im Bett serviert bekam (Kaffee, frisches Brot mit Käse, Joghurt und Rührei), traute ich mich kaum, an die vergangene Nacht zurückzudenken. Manchmal war es wirklich verstörend, welche Neigungen und Vorlieben in einem schlummerten. Aber, hey, solange beide dabei Spaß hatten. Why not?

Ein paar Tage später, ich hatte mich so langsam von meiner Nacht mit Jesus erholt, brach ich gemeinsam mit Daria und dem chilenischen Pärchen in Richtung Dschungel auf. Catia und Esteban schienen sich ehrlich über meine Anwesenheit in der Lodge zu freuen, obwohl sie in ihren Flitterwochen waren und kaum die Finger voneinander lassen konnten. Schon auf unserer Hinfahrt, zuerst in einem motorisierten Schnellboot und später in einem Holzboot, das ein Einheimischer steuerte, wurde geknutscht wie verrückt. Zum Glück hatte ich Daria, die mich bestens mit Geschichten über Krokodile und Piranhas unterhielt. Irgendwann bogen wir dann einfach so ins Gebüsch ein, und unser Steuermann ruderte ganz langsam durch das Dickicht, bis vor uns plötzlich ein großer Holzpavillion auf Stelzen aus dem grünlichen Wasser ragte. In diesem Haupthaus befanden sich eine gemütliche Sitzecke, ein Tisch mit acht Stühlen und eine Bar. Zu den privaten Hütten gelangte man über eine wackelige provisorische Brücke, die Daria aufgrund von Überschwemmungen hatte bauen müssen, denn aktuell herrschte Hochwasser, was dazu führte, dass überall nur noch die Baumkronen aus dem Wasser ragten. Auch unsere Hütten standen auf Stelzen und waren jeweils so weit voneinander entfernt, dass man sie nicht einmal sehen konnte. Das konnte einem schon Angst machen, vor allem wenn in der Nacht die Geräusche des Dschungels überdeutlich wurden: zirpende Insekten, quietschende Affen, der Gesang der Vögel – und das hemmungslos laute Gestöhne von Catia und Esteban. In wirklich jeder Nacht. Stundenlang. Ohne jede Scham. Da halfen auch meine Ohropax nichts. Und so litt ich fünf Nächte lang still vor mich hin. Während Catia und Esteban den Sex ihres Lebens hatten, herrschte bei mir (und Daria) Flaute. Das einzige Lebewesen in meiner unmittelbaren Nähe war ein ekliger Riesentausendfüßler, dessen Körpergröße die Durchschnittslänge sämtlicher Penisse, die ich jemals gesehen hatte, überstieg. Schockierend. Dabei hätte ich jetzt viel lieber Liam oder Schlomi bei mir gehabt. Oder Nora. Tagsüber lenkte ich mich von meinem plötzlichen Single-Frust mit Piranha-Angeln, abendlichen Bootstouren durch krokodilverseuchte Sumpfgebiete (natürlich mit einem fachkundigen Guide) und Trekking durch den Urwald ab. Das ging ganz gut, weil man bei diesen Aktivitäten praktisch nonstop um sein Leben fürchten musste. Trotzdem war ich froh, als ich nach einer Woche endlich wieder auf dem Festland stand und mich in meiner Mick-Jagger-Suite seelisch auf meinen Weiterflug nach Europa vorbereiten konnte.

2 Dinge,
die ich in Peru über Sex gelernt habe

1. Hin und wieder sollte man sich eine schmutzige Affäre mit einem zwielichtigen, durchgeknallten Typ gönnen, vor allem wenn er scheinheilig Jesus heißt.

2. Guter Sex ist nicht immer mit dem Erreichen des Höhepunkts gleichzusetzen. Sie können fünf Minuten uninspiriert vor sich hin rubbeln und zum Orgasmus kommen oder fünf Stunden am Stück vor Lust schreien, weil Sie so gut gefickt werden wie noch nie in Ihrem Leben. Auch ohne Höhepunkt. Und, was fänden Sie geiler?

Und nun ein peruanisches Gleichnis, das ich in Anlehnung an das Kamasutra verfasst habe: Der Unterschied zwischen einem Lama und einem Alpaka besteht im Wesentlichen in ihrer Größe. Kleine Frauen wie ich können gut auf einem Alpaka reiten, haben aber auch Spaß mit Lamas, weil sie mit ihnen häufig schneller ans Ziel kommen. Umgekehrt wird es schwieriger: Eine ziemlich große Frau kann nichts mit einem Alpaka anfangen, ihre Beine würden auf dem Boden schleifen, und das Tier würde unter ihrem Gewicht vielleicht sogar zusammenbrechen.

24 Der Urknall
Chinaböller made in Italy

Wer seinen Sex nicht gebraucht, verliert ihn.
Und das wäre arge Verschwendung.

(OSWALD KOLLE, SEXEXPERTE)

Die offensive Sexualität der Römer verwirrte mich. Egal ob Rentner oder Schuljunge – praktisch alle Männer pfeifen einem auf offener Straße hinterher, schnalzen mit der Zunge, und zudem scheint es in Rom nichts Besonderes zu sein, wenn sich im Bus ein Kerl an einem reibt. »Das gehört hier eben zur Mentalität«, erklärte mir die lässige, knapp zwanzigjährige Rezeptionistin in meinem Hostel. »Guck dir Berlusconi an. Der kann seine Finger auch nicht bei sich behalten. Mach dich einfach locker und nimm's als Kompliment, wenn dir jemand an den Arsch fasst.« Aha.

Locker machte ich mich, indem ich mir in der Mittagshitze ein Gläschen Rotwein in der Nähe der Fontana di Trevi gönnte und zwei Münzen hineinwarf. Eine Münze führt der Legende nach zu einer sicheren Rückkehr nach Rom, zwei Münzen dazu, dass man sich in einen Römer oder eine Römerin verliebt. Hach, war das alles romantisch hier. Es fehlte nur noch, dass ich mich auf den Spuren von Anita Ekberg in voller Montur in die kühlen Fluten des Brunnens stürzte und von einem italienischen Heißblut »gerettet« wurde. Stattdessen landete ich am Nachmittag in einer schicken Sexboutique. Neben Korsagen und Vibratoren in allen Formen und Farben hatte sich der Laden vor allem auf Peitschen, Masken

(u. a. mit Katzenohren), Handschellen und dergleichen spezialisiert. *Miau!* Das war ehrlich gesagt etwas, das mich schon immer fasziniert hatte: softe SM-Praktiken (dabei hatte ich nicht mal »Shades of Grey« gelesen). In Hamburg hatte ich mal eine Freundin, die seit Jahren in der Szene unterwegs war, auf eine Bondage-Party begleitet. Allerdings waren in der düsteren Location größtenteils blasse Gothics mit Gruselschminke und Robert-Smith-Gedächtnisfrisuren unterwegs gewesen. Außerdem hatte mich die ganze Zeit so ein Typ verfolgt, der aussah wie »Blade« mit seinem Ledermantel und seiner Sonnenbrille. Von dem hatte ich mich nun echt nicht fesseln lassen wollen. Aber vielleicht gab es ja hier in Rom entsprechende Partys, die ein wenig stilvoller und glamouröser vonstattengingen?

Mein Blick fiel auf die Latexkorsagen und -kleider, die an Uniformen von Zimmermädchen und Krankenschwestern erinnerten. Ob mir so etwas wohl stehen würde? Ich als ungezogene Haushaltshilfe? Das könnte ganz witzig werden… Also schnappte ich mir eins der Kostüme und verzog mich damit in die Umkleidekabine. »Sag mal, weißt du zufällig, wo ich damit in Rom hingehen kann? Gibt es vielleicht einen speziellen Club?«, fragte ich die junge Verkäuferin, die mir bei der Anprobe half. Sie überlegte eine Weile.

»Ich glaube, heute Abend steigt in der Nähe des Kolosseums eine Fetisch-Party. Ich schreib dir mal die Adresse auf.«

Ich bedankte mich und kehrte aufgeregt zurück in mein Hotel. Dort nahm ich eine Dusche, schminkte mich sorgfältig und quetschte mich in meinen neu erworbenen Fummel. Darüber zog ich meine peruanische Wolljacke. Ziemlich bescheuert bei sechsundzwanzig Grad.

Umso enttäuschter war ich, als ich später feststellte, dass es die Adresse, die mir die Verkäuferin notiert hatte, offenbar nicht mehr gab. »Na, toll«, fluchte ich und setzte mich an einen freien Tisch in einer nahegelegenen Bar, denn nach Hause gehen wollte ich SO definitiv noch nicht.

Zum Glück dauerte es nicht lange, bis mich ein interessanter Italiener namens Carlos ansprach. Carlos war siebenunddreißig, Busfahrer und sah ein bisschen, ähm, mitgenommen aus: zotteliges, nicht mehr ganz volles Haar auf dem Kopf (dafür umso mehr auf der Brust), zerknittertes weißes Hemd, kleines Bäuchlein, freches Grinsen. Carlos war auf eine raue, abgefuckte Art sexy. Wie Jack Nicholson vielleicht. Charmant und witzig war er außerdem. Er unterhielt mich etwa mit einer Aufzählung der bizarrsten Sexskandale, die sich Italiens ehemaliger Ministerpräsident Silvio Berlusconi jemals geleistet hatte. »Seine arme Exfrau hat mal in einem Interview gesagt, dass er bei keiner einzigen Geburtstagsfeier seiner Kinder anwesend war. Aber seinen minderjährigen Geliebten hat er zum Geburtstag immer Diamantschmuck geschenkt – dafür mussten sie ihn Daddy nennen.« Carlos lachte schallend und wischte sich mit einem weißen Stofftaschentuch den Schweiß von der Stirn. »Würdest du mich Daddy nennen, wenn ich dich bumsen würde?«, fragte er und lachte. Oh, mein Gott! Hatte er das wirklich gerade gesagt?

»Ein einfaches Dad würde wohl genügen«, erwiderte ich betont lässig, damit er bloß nicht merkte, wie nervös er mich machte. Blöderweise kleckerte ich dabei mit meinem Rotwein.

»Und? Was hast du sonst noch so zu bieten?«, fragte Carlos weiter und schaute mich herausfordernd an. Oh Mann, so langsam war meine Hirnaktivität lahmgelegt. Und andere Regionen meines Körpers arbeiteten auf Hochtouren …

»Ääähm, ich denke, ich bin sehr zielstrebig. Wenn ich mir etwas vornehme, dann ziehe ich das auch durch«, antwortete ich leise. Meine Güte, wie der mich die ganze Zeit ansah – als würde er mich mit seinen Augen ... zum Abendessen verspeisen. Und – *cazzo!* – ich hatte nichts dagegen.

»Und was hast du dir für heute Abend so vorgenommen?«, wollte er nun wissen.

Ich nahm einen großen Schluck von meinem mittelmäßigen Rotwein. »Ehrlich gesagt, hatte ich vor, in einen SM-Club zu gehen. Aber offenbar gibt es den Laden gar nicht mehr«, ließ ich die Bombe platzen. Einfach, um zu gucken, wie Carlos darauf reagieren würde.

»Du machst Witze?« Carlos schien hochgradig amüsiert zu sein. Ich schüttelte den Kopf und hob meine Wolljacke ein wenig an. Darunter blitzte mein Zimmermädchendress aus schwarzem Latex hervor. Mann, war ich verrucht.

»Das sieht überaus vielversprechend aus. Ich würde gerne mehr davon sehen«, flüsterte Carlos und legte eine Hand auf mein Knie. »Komm mit zu mir. Du musst mir nur sagen, was du dir wünschst, und ich tu es.« Sein Angebot gefiel mir, also schilderte ich Carlos, was ich mir ausgemalt hatte: Er sollte mir meine sexuelle Befriedigung, meinen Orgasmus, ganz bewusst verweigern. Dabei sollte er grob und herablassend mit mir umgehen, mich zappeln lassen. Das Ganze nennt sich *orgasm denial* und führt angeblich zu einer Art Superorgasmus, den man durch normalen Sex niemals erreichen kann, weil die Kombination aus sexueller Frustration und Erregung die Lust bis ins Unermessliche steigert. Yeah-ha! Das wollte ich unbedingt ausprobieren.

Etwa dreißig Minuten später verschwanden Carlos und ich in einem pastellfarbenen Mietshaus mit stuckverzierter Fassade. Dort lebte er. War er verheiratet oder hatte er Kinder? Ich wusste es nicht. Und es interessierte mich auch nicht. Beim Knutschen im düsteren Hausflur griff Carlos nach meinen Handgelenken und drückte sie mit einer Hand über meinem

Kopf an die Wand, während er mir mit der anderen in meinen Ausschnitt fuhr und meine rechte Brust fest umfasste. »Gefällt dir das?«, flüsterte er mir ins Ohr. Ich nickte und ließ mich bereitwillig von ihm mit dem Gesicht zur Wand drehen. Carlos presste sich von hinten gegen mich. »Willst du mich?«, fragte er weiter und fuhr mit seiner Hand ganz langsam von hinten zwischen meine Beine. *Madonna!* Der Mann schien ja ganz genau zu wissen, was ich wollte. »Jaaaahh«, stöhnte ich und schob mich ihm entgegen. »Weißt du was?«, sagte Carlos und bewegte seine Finger fast schon virtuos. »Du wirst gleich so gut kommen wie noch nie zuvor in deinem Leben.«

»Ja, bitte«, seufzte ich, während Carlos die Bewegungen seiner Hand beschleunigte. Und ich allmählich so weich wie Wachs wurde. In seiner Altbauwohnung, die genauso abgerockt und faszinierend war wie er, ging es dann richtig zur Sache. Carlos fesselte mich mit einem Seidenschal an den Fuß seines Bettgestells, sodass ich mich auf allen vieren kniend auf den Holzdielen wiederfand. Dann warf er mir noch ein Tuch zu. »Los, putz den Boden!« Ha, Punkt für Carlos. Ich schrubbte also kokett vor mich hin, während sich Carlos hinter mich setzte, mein Kleid hob und anfing, mir abwechselnd Klapse auf den Po, meine Oberschenkel und dorthin, wo es sich noch besser anfühlte, zu geben. Zuerst ganz langsam und dann immer schneller und fester. Aua! Ich wand mich stöhnend unter seinen Berührungen – die Kombination aus sanfter Massage und Schmerz machte mich halb wahnsinnig –, bis Carlos plötzlich von mir abließ und einfach wegging. Ohne Vorwarnung.

»Komm zurück, Baby. Ich brauch dich«, flehte ich. Aber Carlos reagierte nicht, sondern lehnte bloß lässig im Türrahmen und musterte mich.

»Du bettelst? Gedulde dich gefälligst. Ich kümmere mich um

dich, wenn ICH es will.« Ich seufzte verzweifelt und legte mich auf den Boden. Carlos goss sich unterdessen ein Glas Wein ein und trank es genüsslich aus. Erst nach einer Weile legte er sich neben mich, packte mich bei den Haaren und gab mir einen langen, leidenschaftlichen Kuss. Gleichzeitig wanderte seine Hand zwischen meine Schenkel. Doch sobald ich anfing, etwas lauter zu stöhnen, nahm er die Hand weg, flüsterte mir Obszönitäten ins Ohr und kniff dabei in meine Brustwarzen, sodass ich vor Schmerz laut schrie. So ging das bis in die frühen Morgenstunden, bis ich irgendwann derart erregt war, dass eine minimale Berührung von Carlos ausreichte, um mich in andere Sphären zu schießen. Während er gerade ganz sanft und langsam mit seiner Zunge meine Schamlippen entlangglitt, erfasste mich ein Beben – eine regelrechte Explosion, die sich wie kleine Chinaböller anfühlte, die der Reihe nach in meinem gesamten Körper hochgingen. Päng! In meinen Hüften. Päng! Auf meinen Armen. Päng! Auf meinen Lippen. Päng! In meinem Gehirn. Päng! Päng! Päng! Ich stieß einen hemmungslosen Urschrei aus: »Aaaaaaahhhhooooooohhhhhhmmmmmhhhhh!« Oder war es gar ein A-O-M? Genauso wie Guru G. es gesagt hatte: A ist der erste Laut in allen Sprachen. O ist die Gegenwart. M ist die Zerstörung. Ich war geboren, ich hatte gelebt, und nun war *la petite mort* gekommen. Vielleicht hatte ich sogar Gott gesehen!? (Das musste ich unbedingt Erick erzählen!) Und all das ausgerechnet im guten alten Italien, wo ich als Teenager ständig mit meinen Eltern die Sommerferien verbracht hatte – mit einem Busfahrer! Woran lag's? Sicher nicht (nur) an meinem verruchten Kostüm oder dem Orgasm Denial – sondern daran, dass Carlos ein Mann gewesen war, der es geliebt hatte zu geben und sich voll und ganz auf meine körperlichen und seelischen Bedürfnisse eingelassen hatte, ohne dabei auch nur eine Sekunde lang an sich selbst zu denken. Vielleicht klingt das albern, aber ich hatte irgendwie das Gefühl, dass mich meine Nacht mit Carlos hatte reifen lassen und dass ich fortan wieder Herrin über mich und meinen Körper war. Und was noch viel wichtiger war: Selten war es mir so leichtgefallen, beim Sex mit einem Mann zum Höhepunkt zu kommen. Carlos hatte mir das Gefühl gegeben, dass mein Orgasmus das Natürlichste auf der Welt war – quasi die logische Konsequenz unseres Zusammentreffens. Oh Mann, ging es mir jetzt gut!

»Danke«, sagte ich ganz leise zu Carlos, ehe ich langsam aufstand, in meine peruanische Wolljacke schlüpfte und zur Tür ging.

»Warte mal«, rief Carlos mir hinterher. »Möchtest du nicht noch ein Weilchen bleiben? Mit mir frühstücken oder einen Spaziergang machen?« Ich blieb stehen und blickte mich zu ihm um. Carlos stand am Fenster und wirkte fast ein bisschen verloren im hellen Licht. War er einsam? War jetzt ich an der Reihe, ihm das zu geben, was er brauchte? Liebe? Ich drehte mich um und ging auf ihn zu. Er zog mich an sich. Meine Lippen fanden seine Stirn.

2 Dinge,
die ich in Rom über Sex gelernt habe

1. Lassen Sie sich nicht von Äußerlichkeiten blenden. Latin-lover Enrique Iglesias hat neulich erst zugegeben, dass er den »kleinsten Penis der Welt« hat. Suchen Sie lieber nach ungeschliffenen (Sex-)Diamanten und versuchen Sie herauszufinden: Welche heimlichen Qualitäten schlummern in ihnen? Was haben sie in Sachen sexueller Kreativität zu bieten? Wer könnte mit Ihren persönlichen Bedürfnissen kompatibel sein?

2. Es kann hin und wieder ganz erregend sein, sich von einem Mann ein bisschen fesseln, hinhalten und quälen zu lassen. Am Ende wird eine einzige hauchzarte Berührung Sie ins Nirwana schießen, versprochen.

Epilog

Drei Wochen später stand ich in Hamburg-Fuhlsbüttel am Flughafen – ohne Carlos. Klar. Was sollte ich auch mit einem Italiener auf St. Pauli? Ich war ja schließlich nicht ausgezogen, um meine große Liebe zu finden, sondern meinen Orgasmus. Das hatte ich auch geschafft. Allein mit Carlos noch fünfmal. Wie in Trance ließ ich am Gepäckband die letzten Monate noch einmal Revue passieren: Munechs Höhle, Yoga am Ganges, Mangos zum Frühstück, Tiger Boys kleiner, dicker Schwanz, zu viel Raki mit Cem in Istanbul, Jeremys Geschlabber, mieses MDMA mit Hung, Carlos' sanfte Klapse auf meinem Po... Komischerweise kamen mir meine Erinnerungen jetzt, wo ich wieder sicher in Deutschland gelandet war, wesentlich heller und bedeutsamer vor, als sie in Wahrheit gewesen waren. Wahrscheinlich, weil das Endergebnis meiner *Mission: Orgasmus* so fantastisch war: Ich hatte endlich das nötige (sexuelle) Selbstbewusstsein und die geistige wie körperliche Reife erlangt, um ganz entspannt kommen zu können!

Sah man mir das an? Nun ja, ich stach schon ein wenig aus der Menge heraus mit meinen Flipflops, dem abgewetzten Rucksack – und einem breiten Grinsen im Gesicht. Außerdem umwehte mich immer noch der Duft von Sonnencreme und Räucherstäbchen. In der Heimat war es mittlerweile Herbst. Natürlich regnete es, und fast alle Menschen trugen graue Kostüme oder Anzüge und hetzten mit ihren Laptoptaschen und Rollköfferchen von Gate zu Gate. Kaum jemand lächelte, alle waren im Stress und hatten letzte Nacht vermutlich auch noch schlechten Sex gehabt. Die armen Teufel! Aber das würde sich bald ändern. Ich hatte mir nämlich vorgenommen, all das, was ich auf meiner langen Reise über Orgasmen, Männer, Frauen und zwischenmenschliche Beziehungen gelernt hatte, in einer Art Reise-Sextagebuch zusammenzufassen und zu veröffentlichen. Das Ergebnis halten Sie nun in den Händen – herzlichen Glückwunsch! Ich habe die Hoffnung, dass dieses Buch Frauen erreicht, die glauben, dass mit ihnen etwas nicht stimmt, weil sie beim Sex mit ihrem Freund nur selten oder nie zum Orgasmus kommen. Und natürlich auch Männer, die vielleicht noch nicht wissen, dass es viele Frauen gibt, die rein biologisch gar nicht dazu in der Lage sind, durch bloße Penetration zum Höhepunkt zu kommen – und die deshalb bisher die »Schuld« oder den »Fehler« bei sich oder ihrer Partnerin gesucht haben. Ich möchte diesen Leuten eine Last von den Schultern nehmen, denn es geht sehr vielen haargenau so wie ihnen. Es redet nur kaum jemand darüber, weil das »Nicht-Kommen« in unserer sexualisierten Gesellschaft als ein Tabu oder Makel begriffen wird.

»Achtung, ich komme!« ist ein Plädoyer für mehr Gelassenheit und Spaß im Bett, statt Druck und Selbstzweifel. Mein Ziel ist die dauerhafte Befreiung des weiblichen Orgasmus, der nicht mehr vorgetäuscht oder erzwungen werden, sondern kommen soll, wann, wie und mit wem es ihm passt.

Ach so, natürlich bin ich während meiner Reise um die Welt nicht ganz auf achtzig Orgasmen gekommen. (Außerdem habe ich die Namen – fast – aller Personen sowie Zeitungen und Magazine aus persönlichkeitsrechtlichen Gründen geändert.) Das wollte ich noch mal klarstellen. Das Buch hätte ja seinen Sinn auch irgendwie verfehlt, wenn das mit dem Kommen so einfach wäre. Dafür habe ich aber zahlreiche mutige Versuche gestartet, meinem sexuellen Glück ein Stückchen näher zu kommen. Auf meiner Reise habe ich gelernt, wie wichtig es ist, sich selbst auszuprobieren und sich seiner eigenen Bedürfnisse bewusst zu werden und sie dann auch selbstbewusst gegenüber dem Partner/Ehemann/Lover/One-Night-Stand auszusprechen. Dabei spielt es keine Rolle, ob man sich nun am Amazonas, im Himalaya oder in Mümmelmannsberg befindet oder welche Bedeutung der weibliche Orgasmus für den jeweiligen Mann hat, mit dem man schläft. Es ist an der Frau, dem Mann klarzumachen, wie sie tickt, was sie braucht und was er dafür tun kann.

Heute komme ich beim Sex viel leichter auf meine Kosten. Darauf bin ich verdammt stolz. Jeden Orgasmus betrachte ich als ein großartiges Geschenk. Deshalb spielt es für mich auch keine Rolle, wie häufig ich in diesen Genuss komme. Einmal am Tag oder einmal im Monat? Egal. Entscheidend ist doch, dass heute (fast) keine selbstbewusste Frau auf ihren Orgasmus verzichten muss, wenn sie weiß, wie ihr Körper funktioniert, und das Allerbeste aus dem macht, was die Natur ihr geschenkt hat. Sie wissen schon: *Your body is a temple!*

Danke

an all die planlosen Männer, die mich zu diesem Buch inspiriert haben. Danke an Bettina Querfurth für ihre Begeisterung und ihren Rat. Ebenso danke ich meiner Mentorin Dr. Bettina Hennig für ihren felsenfesten Glauben an mein Schreiben. Danke an Frank für seine brillanten Denkanstöße und seine Geduld. Danke an Sarah, die beste Fotografin der Welt. Danke an all die tollen Bands, deren sexy Songzitate ich benutzen durfte: Stereo Total (ich liebe euch!), HGich.T, Shantel, DJ Tomekk feat. Lil' Kim, Mousse T., Janina, Saâda Bonaire und Lady Bitch Ray. Danke an Wiebke Rossa für ihr Vertrauen in meine Arbeit. Danke an Susann Rehlein für ihre klugen Anregungen. Danke an Rob Hell, denn mit HELLROT hat alles angefangen. Danke an die weltoffensten, entspanntesten und coolsten Eltern der Welt, die immer für mich da waren und mich geduldig und fröhlich ertragen haben. Ebenso danke ich meiner Schwester, die immer mein Fels in der Brandung ist. Danke an Marie Sophie für ihre Freundschaft und Unterstützung. Danke an Iris, die mich indirekt nach Indien geführt hat. Danke an all die inspirierenden Menschen, die ich auf meinen Reisen kennengelernt habe – insbesondere Guru G. Und zu guter Letzt: Danke an mich, dass ich schamlos genug war, dieses Projekt umzusetzen.

Quellen

▶ http://www.welt.de/gesundheit/article123477244/
Der-weibliche-Orgasmus-bleibt-voller-Geheimnisse.html

▶ http://rsbl.royalsocietypublishing.org/content/1/3/260

▶ http://de.wikipedia.org/wiki/Orgasmus

▶ http://www.dailymail.co.uk/health/article-2566964/
So-thats-sex-anti-climax-women-No-not-mans-fault-From-
Pill-bad-circulation-health-problem-blame.html

▶ http://medicalobserver.com/gesundheit/2011111838/
frauen-haben-durch-die-antibaby-pille-weniger-sex

▶ http://www.apotheken-umschau.de/Sexualitaet/Beeinflusst-
die-Pille-die-Lust-auf-Sex-218411.html (Stand: Januar 2015)

▶ http://www.focus.de/gesundheit/news/eine-frage-der-gene_
aid_95348.html

▶ http://news.bbc.co.uk/2/hi/health/4616899.stm

▶ http://www.welt.de/politik/ausland/article112420536/
Eva-necken-Aggressionen-ueberschuessiger-Maenner.html

▶ http://www.mopo.de/lust---liebe/studie-deckt-auf-lesben-
kommen-haeufiger-zum-orgasmus-als-heterosexuelle-
frauen,5066782,28224442.html

▶ http://www.spiegel.de/spiegel/print/d-8590955.html

▶ http://www.bild.de/ratgeber/2012/penislaenge/liste-der-penis-laenge-26528590.bild.html

▶ http://www.shop-apotheke.com/pdf/DUREX-BIG-O.pdf (Stand: Januar 2015)

▶ http://nationmultimedia.com/2008/04/29/national/national_30071890.php (Stand: Januar 2015)

▶ http://www.stern.de/wissen/mensch/sex-oder-nie-ich-habe-einfach-keinen-orgasmus-586182.html (Stand: Januar 2015)

▶ http://www.ibtimes.com/international-day-female-orgasm-brings-pleasure-women-how-it-got-started-1652526

▶ http://www.merkur-online.de/aktuelles/welt/fotostrecke-besten-schlechtesten-liebhaber-welt-479338.html

▶ http://www.blick.ch/erotik/den-besten-sex-gibts-nach-4-jahren-id23073.html

▶ http://www.vice.com/de/read/wir-wollten-wissen-ob-maenner-wirklich-auch-orgasmen-vortaeuschen-236

▶ Die Zeit, Ausgabe 35; Titelthema »Porno oder prüde« (Artikel von Thomas Assheuer, Interview mit Volkmar Sigusch)

▶ Naomi Wolf: »Vagina. Eine Geschichte der Weiblichkeit«, Rowohlt Verlag, 2012